JN112228

坂口 孝則 著
Takanori Sakaguchi

調達・購買の

教科書

第2版

日刊工業新聞社

はじめに

　本書は、調達・購買担当者のための、調達の本です。

　この一冊さえあれば、自社の調達活動を強固にし、かつ自身の調達スキルアップが可能です。そのため、内容は非常に広範囲におよびました。本書は網羅的なので、机においていただければ、辞書のようにご利用いただけるはずです。新入社員からベテランまでご活用いただけると確信しています。

　教科書として調達・購買担当者に必要な内容をてんこ盛りにしました。まずは通してお読みいただき、あとから学習したい順に精読いただければ、調達スキルが身につくはずです。

　日本のかつての栄光と現在の凋落が明暗のように語られています。もはや日本は強い立場ではなく、むしろ弱い立場。諸外国に主導権を握られ、日本は流されるだけ。日本が終わりのような言説も目立っています。悲観論が支配し、さらに、もともと社内地位の低い調達・購買人材はなすすべもなくおののいているように見えます。

　本書のもう一つのテーマは、この逆流のなかでも負けない調達・購買プロフェッショナルの育成です。強い調達担当者——。それは会社のなかでも抜きん出ることにくわえ、海外勢に負けない強いプロフェッショナルになることです。大げさにいえば、私の人生を賭して、真剣に、熱っぽく本書を書きました。

●本書の五つの軸

　まずは調達担当者のプロフェッショナルとしてのスキルと知識を整理しました。

　次の図が、私の考える調達人材のスキルマップです。各種の書籍や資格制度、実経験などをもとにしています。このなかには調達システム系の知識などは入っていません。それよりも、根源的な、そしてこれから先も必要となる内容をまとめました。

　私が用意した軸は次の五つです。

1. 調達・購買業務基礎
2. コスト削減・見積り査定
3. 海外調達・輸入推進
4. サプライヤマネジメント

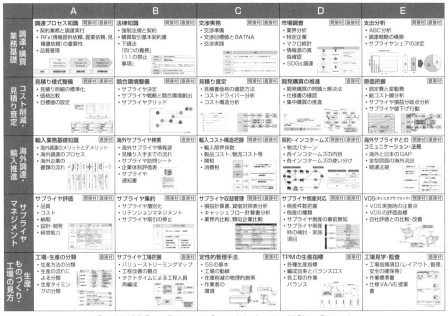

	A			B			C			D			E		
業務基礎 調達・購買	調達プロセス知識 〔間接材〕〔直接材〕 ・契約業務と調達実行 ・RFx(情報提供依頼、提案依頼、見積書依頼)の重要性 ・品質管理			法律知識 〔間接材〕〔直接材〕 ・強制法規と契約 ・購買取引基本契約書 ・下請法 ・「四つの義務」 「11の禁止」事項			交渉実務 〔間接材〕〔直接材〕 ・交渉準備 ・交渉目標値とBATNA ・交渉実践			市場調査 〔間接材〕〔直接材〕 ・業界分析 ・特定企業 ・マクロ統計 ・情報源の真偽確認 ・SDGs調査			支出分析 〔間接材〕〔直接材〕 ・ABC分析 ・調達戦略の構築 ・サプライヤシェアの決定		
コスト削減・見積り査定	見積り様式整備 〔間接材〕〔直接材〕 ・見積り明細の標準化 ・価格比較 ・目標値の設定			競合環境整備 〔間接材〕〔直接材〕 ・サプライヤ決定 ・サプライヤ戦略と競合環境創出 ・サプライヤグリッド			見積り査定 〔間接材〕〔直接材〕 ・見積価格の確認方法 ・コストドライバー分析 ・コスト構造分析			開発購買の推進 〔間接材〕〔直接材〕 ・開発購買の問題と解決法 ・仕様書の確認 ・集中購買の推進			原価把握 〔直接材〕 ・固定費と変動費 ・総コスト線分析 ・サプライヤ損益分岐点分析 ・サプライヤ値下げ行動		
海外調達・輸入推進	輸入業務基礎知識 〔直接材〕 ・海外調達のメリットとデメリット ・海外調達のプロセス ・海外企業の書類の流れ			海外サプライヤ検索 〔直接材〕 ・海外サプライヤ情報 ・見積り入手までの流れ ・サプライヤ訪問シート ・企業体制評価表 ・サプライヤ通知書			輸入コスト構造把握 〔間接材〕〔直接材〕 ・輸入限界係数 ・製品コスト、物流コスト等 ・関税 ・消費税			契約・インコタームズ 〔直接材〕 ・物流パターン ・各インコタームズの内容 ・各インコタームズの使い分け			海外サプライヤとのコミュニケーション・法規 〔間接材〕〔直接材〕 ・海外と日本のGAP ・金型図面の海外流出 ・関連法規		
サプライヤマネジメント	サプライヤ評価 〔間接材〕〔直接材〕 ・品質 ・コスト ・納期 ・設計・開発 ・経営能力			サプライヤ集約 〔間接材〕〔直接材〕 ・サプライヤ層別化 ・リテンションマネジメント ・サプライヤ取引の停止			サプライヤ収益管理 〔間接材〕〔直接材〕 ・損益計算書、貸借対照表分析 ・キャッシュフロー計算書分析 ・業界内比較、類似企業比較			サプライヤ倒産対応 〔間接材〕〔直接材〕 ・倒産件数把握 ・倒産の種類 ・サプライヤ倒産の事前察知 ・サプライヤ倒産時の検討・実施項目			VOS(ボイスオブサプライヤ) 〔間接材〕〔直接材〕 ・VOS実施時の注意点 ・VOSの評価指標 ・自社評価との比較・改善		
生産・ものづくり・工場の見方	工場・生産の分類 〔直接材〕 ・生産方法の分類 ・生産の流れによる分類 ・生産タイミングの分類			サプライヤ工場把握 〔直接材〕 ・バリューストリーミングマップ ・工程改善の観点 ・タクトタイムによる工程人員再編成			定性的管理手法 〔直接材〕 ・5Sの基本 ・工場の動線 ・工場削減の物理的施策 ・作業者の環境			TPMの生産指標 〔直接材〕 ・設備生産指標 ・編成効率とバランスロス ・各工程の作業バランス			工場見学・監査 〔直接材〕 ・工場指標項目(レイアウト、管理、安全の確保等) ・作業標準書 ・仕様VA/VE提案書		

5. 生産・モノづくり・工場の見方

　合計で、5×5＝25の知識・スキル体系となっています。25で調達・購買業務を言い尽くせるのかと思う方もいるでしょう。しかし、これは私が考え抜いたものです。

　私は海外の書籍を読んだものの、調達・購買人員に必要なスキルを体系立てて書いているものはありませんでした。したがって、大袈裟にいえば、日本発・日本初の明確なスキル・知識体系といえるでしょう。

　もちろん、業種や業態によって、追加内容があるはずです。建設業法などの追加知識が必須の企業もあります。ただし、調達・購買共通のスキルとして前提となるものなので自身の業界にとって欠けているスキルがあったら、それを追加すれば業界固有の調達スキルマップが完成するはずです。

　25個のスキルマップに自分が習得している内容を色塗りできれば、不足箇所がわかります。組織に広げれば、どのスキルを有する人材が少ないか把握できるはずです。これから本書では、これら25の内容を順次説明していきます。

●著者について

　私は大学卒業後、電機メーカーに就職し、資材部に配属されました。次に、自動車メーカーの購買部で従業。その後、コンサルティング会社で、分野は建設業から小売業まで、規模では中小から大手までのお手伝いをしてきました。運良く、受注生産から大量生産まで、さまざまな調達・購買業務にふれてきましたし、強い立場だけではなく弱い立場の調達・購買部門のどちらもわかるつもりです。

　格闘家は相手を殴ったり蹴ったりして、その卓越さでお金を得ます。私たち調達・購買部員は、自分に関わる方々の心を揺さぶって良い調達条件を獲得し自社の利益を得る。調達・購買業務は本質的に、現状に抗い改善を目指すレジスタンス（抵抗）活動なのです。環境に流されるだけなら簡単かもしれない。でも、自分の活動いかんによって自社が良くなる可能性があります。青臭くいえば、ロマンのある仕事です。私は馬鹿者ですから、本書を通じて、そのロマンを共有したいと思っています。

　私はこれまで多くの調達・購買部門から「ウチは特殊なんだよね」といわれました。逆に「ウチは平凡だ」という部門に出会ったことはありません。その言葉の意味は、「特殊だから、教科書的なノウハウは使えない」と伝えたいようなのです。

　しかし、私たちに必要なのは、官僚的に細かな差異を見つける執拗さではなく、自社に応用できるかもしれないノウハウを見つける適用力にほかなりません。

　私は机上の空論ではなく、現場での実践を通じて役立つと信じる25の内容を説明します。調達・購買業務は、サプライヤとお気軽にメールをやり取りすることではなく、自身の人生的蓄積を賭け、現状をより良くする試みです。それを重ねることでしか社内外に信頼してもらえません。

　本書で伝えたいのは、私の仕事にたいする想いでもあります。

　一人でも多くの調達・購買担当者が変わるきっかけになることを願って。

2021年9月　坂口孝則

〈本書で使用する単語〉

　なお、本書で使用する単語を下のように定めています。完全な統一はせず、文意によって書き換えていますのでご注意ください。

 他社

意味	本書で使用する単語
モノやサービスを販売する側	・サプライヤ ・取引先 ・業者（事業者）
販売する人	・営業パーソン
販売する組織	・営業部門

 自社

意味	本書で使用する単語
モノやサービスを販売する側	・自社 ・調達企業 ・買い手
調達する人	・調達・購買担当者 ・調達人材
調達する部門	・調達・購買部門 ・調達部門
製品・サービスを開発・設計・企画する人	・設計・開発者 ・設計者 ・ユーザー
製品・サービスを開発・設計・企画する部門	・設計・開発部門 ・設計部門 ・ユーザー部門

CONTENTS

第2章 コスト削減・見積り査定〈スキル6〜10〉

第3章 海外調達・輸入推進 〈スキル11〜15〉

第4章　サプライヤマネジメント〈スキル16〜20〉

第5章　生産・モノづくり・工場の見方〈スキル21〜25〉

第1章

調達・購買 業務基礎

〈スキル1〜5〉

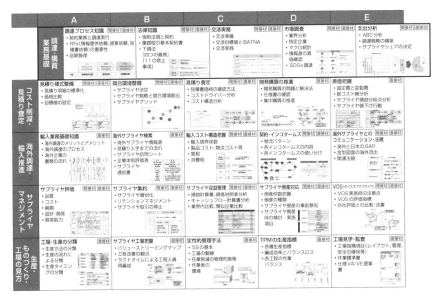

CHAPTER 1

調達プロセス知識

●「Sourcing」と「Purchasing」

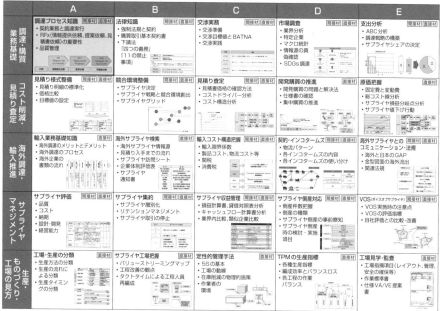

	A	B	C	D	E
調達・購買 業務基礎	調達プロセス知識 [間接材][直接材] ・契約業務と調達実行 ・RFx(情報提供依頼、提案依頼、見積書依頼)の重要性 ・品質管理	法律知識 [間接材][直接材] ・強制法規と契約 ・購買取引基本契約書 ・下請法 ・「四つの義務」 ・「11の禁止事項」	交渉実務 [間接材][直接材] ・交渉準備 ・交渉目標値とBATNA ・交渉実践	市場調査 [間接材][直接材] ・業界分析 ・特定企業 ・マクロ統計 ・情報源の真偽確認 ・SDGs調達	支出分析 [間接材][直接材] ・ABC分析 ・調達戦略の構築 ・サプライヤシェアの決定
コスト削減・見積り査定	見積り様式整備 [間接材][直接材] ・見積り明細の標準化 ・価格比較 ・目標値の設定	競合環境整備 [間接材][直接材] ・サプライヤ決定 ・サプライヤ戦略と競合環境創出 ・サプライヤグリッド	見積り査定 [間接材][直接材] ・見積書価格の確認方法 ・コストドライバー分析 ・コスト構造分析	開発購買の推進 [直接材] ・開発購買の問題と解決法 ・仕様書の確認 ・集中購買の推進	原価把握 [直接材] ・固定費と変動費 ・総コスト線分析 ・サプライヤ損益分岐点分析 ・サプライヤ値下げ行動
海外調達・輸入推進	輸入業務基礎知識 [直接材] ・海外調達のメリットとデメリット ・海外調達のプロセス ・海外企業の書類の流れ	海外サプライヤ検索 [直接材] ・海外サプライヤ情報源 ・見積り入手までの流れ ・サプライヤ訪問シート ・企業体制評価書 ・サプライヤ通知書	輸入コスト構造把握 [間接材][直接材] ・輸入限界費用 ・製品コスト、物流コスト等 ・関税 ・消費税	契約・インコタームズ [間接材][直接材] ・物流パターン ・各インコタームズの内容 ・各インコタームズの使い分け	海外サプライヤとのコミュニケーション・法規 [間接材][直接材] ・海外と日本のGAP ・金型図面の海外流出 ・関連法規
サプライヤマネジメント	サプライヤ評価 [間接材][直接材] ・品質 ・コスト ・納期 ・設計・開発 ・経営能力	サプライヤ集約 [間接材][直接材] ・サプライヤ層別化 ・リテンションマネジメント ・サプライヤ取引の停止	サプライヤ収益管理 [間接材][直接材] ・損益計算書、貸借対照表分析 ・キャッシュフロー計算書分析 ・業界内比較、類似企業比較	サプライヤ倒産対応 [間接材][直接材] ・倒産件数把握 ・倒産の種類 ・サプライヤ倒産の事前察知 ・サプライヤ倒産時の検討・実施項目	VOS(ボイスオブサプライヤ) [間接材][直接材] ・VOS実施時の注意点 ・VOSの評価指標 ・自社評価との比較・改善
生産・ものづくり・工場の見方	工場・生産の分類 [直接材] ・生産方法の分類 ・工場の流れによる分類 ・生産タイミングの分類	サプライヤ工場把握 [間接材][直接材] ・バリューストリーミングマップ ・工程改善の試み ・タクトタイムによる工員再編成	定性的管理手法 [間接材][直接材] ・5Sの基本 ・工場の動線 ・在庫削減の物理的施策 ・作業者の環境	TPMの生産指標 [間接材][直接材] ・各生産指標 ・編成効率とバランスロス ・各工程の作業バランス	工場見学・監査 [間接材][直接材] ・工場指揮周辺(レイアウト、管理、安全の観点) ・作業標準書 ・仕様VA/VE提案書

　ここからは「調達・購買 業務基礎」のAである「調達プロセス知識」を取りあげます。

　まず「Sourcing」と「Purchasing」の違いについて説明します。**図1-1**は、企業の調達プロセスを分解したものです。

　Sourcing（ソーシング）とは、業界調査から、サプライヤの選定や価格決定等を行うことです。Sourcingは「契約業務」とも訳されます。また、Purchasing（パーチェシング）は、発注から納期調整、検収（サポート）等を行うことです。Purchasingは「調達実行」と訳されます。

　自動車メーカーと電機メーカーの一部は、このSourcingとPurchasingを完全分

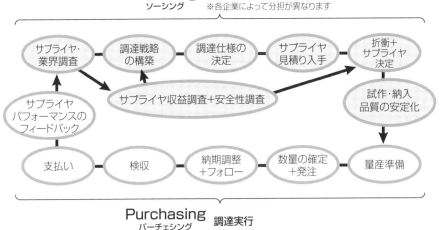

図1-1　SourcingとPurchasing

離しており、人員も分けているようです。企業によっては、Sourcing担当者が
Purchasing担当者に、ほとんど関わりません。Purchasingは納期フォローなど大
変な業務ばかりなので、それに携わらない人は幸運ともいえるでしょう。ただ、サ
プライヤ決定と価格決定のみを行う担当者は、納期を追いかけないため、生産管理
に疎くなってしまう可能性があります。実際に、納期や発注処理の煩雑さを知るこ
とが、Sourcing業務にも深みを与えるはずです。

　さて、話をSourcingからはじめましょう。Sourcingのうち主にサプライヤ・価
格決定においては次の三つのプロセスに分かれます。

RFI（Request for Information）：情報提供依頼
RFP（Request for Proposal）：提案依頼
RFQ（Request for Quotation）：見積書依頼

この三つを総称して、RFxと呼びます。

幼稚な表現でいえば、RFIは、「おたく（サプライヤのこと）何ができるの」と質問表を送ることです。RFPは各種条件を満足できるサプライヤに「具体的に調達品の提案をください」と提案依頼書を送ること。RFQは「提案仕様が良さそうだから、見積書をください」と見積依頼書を送ることです。

通常、この三つのプロセスは完全分離していません。各プロセスが混在したまま調達活動を行うケースが多いでしょう。それぞれのプロセスにおいて注意事項があります。

●RFIの重要性

まずはRFIをまとめ、各サプライヤの生産品目から特色までを記載していきます（図1-2）。

企業情報として必要な「企業基本情報」「海外・系列・関係会社」「経営」「製品」「環境・認証」「発注・支払い」に分けています。これで完全かは調達・購買側のニーズにもよります。不足分はどんどん追加してください。

「企業基本情報」
1 貴社名
2 住所
3 代表者名
4 事業開始年度
5 資本金
6 主要取引先
7 従業員数
8 弊社との取引実績
9 社史（会社経歴）

→資本金は下請法（下請代金支払遅延等防止法）の対象サプライヤかどうかを知るための項目です。また、主要取引先は所属業界を知るために必須情報となります。また、複数拠点を持つ調達・購買企業の場合は、納入可否を知るためにも住所を訊きましょう。

→自社が事業部制の場合、他の事業部とすでに取引関係があるかもしれません。

	作成:
	日時:

内容	番号	項目	記入欄				
企業基本情報	1	貴社名					
	2	住所					
	3	代表者名					
	4	事業開始年度					
	5	資本金					
	6	主要取引先					
	7	従業員数	設計開発 ／人 品質管理 ／人 生産 ／人 営業 ／人 その他 ／人		研究 ／人 検査 ／人 管理 ／人 調達 ／人		
	8	弊社との取引実績					
	9	社史(会社経歴)					
海外・系列・関係会社	10	海外営業・生産拠点 (国・地域・生産品目・開始年度等を記載)					
	11	親会社					
	12	子会社					
	13	親会社・子会社の弊社との取引実績					
経営	14	過去3年分の財務諸表(計算書類)	当資料に添付のこと				
	15	過去3年分の連結財務諸表(計算書類)	当資料に添付のこと				
製品	16	主な生産・取り扱い製品	品目	生産拠点		生産量(売上高)	
環境・認証	17	グリーン調達対応	御社方針を当資料に添付のこと (webで公開している場合は、そのコピーで可)				
	18	CSR調達対応	御社方針を当資料に添付のこと (webで公開している場合は、そのコピーで可)				
	19	ISO9001(品質)	取得有無		取得予定日		
	20	ISO14001(環境)	取得有無		取得予定日		
	21	ISO27001(情報セキュリティ)	取得有無		取得予定日		
発注・支払い	22	弊社受発注システム導入対応可否					
	23	納入製品支払い条件					
	24	開発費(試作品)支払い条件					

図1-2　企業基本情報入力フォーム

自社との取引実績を訊き、実績があれば、その事業部門に評判をヒアリングしてみましょう。取引前はすべてが想像ですが、実際に付き合っている事業部の声はリアルです。

「海外・系列・関係会社」

10 海外営業・生産拠点（国・地域・生産品目・開始年度等を記載）

11 親会社

12 子会社

13 親会社・子会社の弊社との取引実績

→海外への納入可否を訊きます。

「経営」

14 過去3年分の財務諸表（計算書類）

15 過去3年分の連結財務諸表（計算書類）

→過去3年分の財務諸表（計算書類）の状況を訊きましょう。つまり決算書です。一つの目安は、直近の2年が連続して赤字になっていないか確認することです。2年連続の赤字は企業活動の不安定さを示しています。銀行からの融資も受けにくくなります。

「製品」

16 主な生産・取り扱い製品

「環境・認証」

17 グリーン調達対応

18 CSR調達対応

19 ISO9001（品質）

20 ISO14001（環境）

21 ISO27001（情報セキュリティ）

→意識しておくべきはノックダウンファクターです。ノックダウンファクターとは「自社と取引をするに最低限満たさなければならない条件」。とくに特定資格の

取得が必須の際は、このタイミングでしっかりと訊いておきましょう。これを把握せずにその後の取引を進めることができません。

　最近ではCSR／SDGs意識が高まっています。人権遵守の経営を行っているか、また温室効果ガス排出量低減の活動なども質問し、自社基準に合致するかも確認しておきましょう。

「発注・支払い」
22 弊社受発注システム導入対応可否
23 納入製品支払い条件
24 開発費（試作品）支払い条件

　→サプライヤと自社で納入製品の支払い希望条件と実際が乖離している場合は、見積書価格のアップも考えられます。また、開発費をどう支払ってほしいかは業種によっては問題になりがちです。問題を先送りにせず、この企業情報提供依頼時に訊いておきましょう。

●RFP前の社内ヒアリング

　なかなか良さそうなサプライヤが見つかったとします。では次の開発案件でためしに相見積書の依頼をするとしましょう。欠かしてはならないのは、事前に設計者／ユーザー部門へのヒアリングです。

　あなたは「図面や設計仕様書を添付して見積書を依頼するので、その条件以外に何をヒアリングする必要があるのだ」と思うかもしれません。ただし、その図面等は譲歩条件を示してはいませんよね。

　つまり、サプライヤが仕様に完全には合致しない提案をもってきてくれた場合に、どこまで譲れて、何を死守しなければならないかは不明です。そこで、重要なポイントだけでもよいので質問しておきましょう。
・仕様のなかで譲れるところ、譲れないところは何か
・納期やサンプル品の提供時期など、どこまで後ろ倒しできるか、できないか
・たとえば既存サプライヤより何パーセント安価であれば、試験費用をかけても採用検討できるか
といった内容です。そこで、禅問答のようなフレーズを口癖にしておきましょう。
　「〜ではなく、〜でもなく、なぜ〜ですか？」
　ポイントをしぼってかまいません。たとえば、設計者がサプライヤに試作品を2

月末までに要求していたとします。前述の口癖にあてはめれば、「1月ではなく、3月でもなく、なぜ2月末ですか？」と質問が可能です。

　すると、設計者は「実は3月の第2週から試験を予定している。そこで2月末までの条件としている」と教えてくれるかもしれません。ならば、「なるほど。ではサプライヤが厳しいというなら、3月の第1週目までは延ばせますね」と譲歩条件を引き出せます。

　落とし所を把握するのは、調達・購買担当者にとって武器そのものです。サプライヤがコスト低減につながる提案を持ってきてくれても、現実可能性がわからなければどう扱ってよいかわかりません。武器を持ってRFPに臨みましょう。なお、RFPの細部については、多岐にわたるため、第2章2-D「開発購買の推進」の「仕様書の確認」で取りあげます。

●RFQの役割

　次にRFQのサンプルです。RFQ＝見積書依頼の重要点は下の通りです。
・依頼事項を明確にすることで、その後の業務効率化となる
・依情報伝達のモレやミスを抑えられる
・精緻な見積書を入手できる
　見積書について交渉する際に「そんな条件は知りませんでした」とサプライヤが言ったり、「そんな条件ならば値上げさせてください」と言ったりするリスクを抑える手段ともなります。

　今回はこのフォーマットに記載を依頼する「見積依頼書」の具体的項目について述べていきます。重要箇所の3点を取りあげます。

1．情報の共通化

　図1-3（a）のサンプルの（3）をご覧ください。「ご質問の内容が、共通性を持つと弊社が判断した際には、他見積依頼先にもご質問内容と弊社の回答を開示します。基本的にはe-mailによるご連絡をお願いします」とあります。別途、質問票フォーマットを作っておきましょう。

　英語では「apple to apple」といいます。競合見積書同士を比較する際には、当然ながら「同じレベルのもの」と「同じレベルのもの」を比較せねばなりません。そのために、サプライヤA社が解釈した仕様と、サプライヤB社が解釈した仕様が異なってはいけません。情報を等しく提示するようにしましょう。

○○○お見積依頼書

本依頼書は、○○○に対するお見積書を依頼するものです。
お取引先様は、本依頼書を基にお見積書をご提案ください。

見積依頼書No.		貴社名・ご担当者	
案件名			
製品名称			
仕様書番号			
当依頼書発行日			

(1) スケジュール：当件のスケジュールは下記の通りです。

内容	時期
当依頼書の送付	202X/XX/XX
当依頼書のご質問受付	～202X/XX/XX
ご質問の回答	随時
お見積書、納入実績書、体制表のご送付	～202X/XX/XX
お取引先様の決定	～202X/XX/XX

(2) 弊社体制：次の通りです。緊急時以外は調達部門を窓口にご連絡をお願いします。
調達部門を通じて下記の各領域担当者がご質問にお答えします。

調達	名前	
	所属	
	電話	
	e-mail	
設計・開発	名前	
	所属	
	電話	
	e-mail	
品質	名前	
	所属	
	電話	
	e-mail	
生産管理	名前	
	所属	
	電話	
	e-mail	
試作・量産準備	名前	
	所属	
	電話	
	e-mail	

(3) ご質問について：添付のご質問シートを必ずご使用になってください。
また、ご質問の内容が、共通性を持つと弊社が判断した際には、他見積依頼先にもご質問内容と弊社
の回答を開示します。
基本的にはe-mailによるご連絡をお願いします。

(4) お取引先様選定：最終決定には、QCD等を総合的に判断するものとし、その内容や基準については
ご回答できかねますこと、予めご容赦ください。

また、最終選考までに要した機密情報、および機密情報に類する内容を記載した記録媒体については
両社ともそれぞれの指示に従い、廃棄等の適切な処理を行うこととします。

図1-3（a）　見積依頼書（サンプル）

(5) お見積りについて:
①基本条件は、弊社と締結している「取引基本契約書」によります。
②お見積り価格は納入開始日から適用するものとします。
　(お見積り価格有効期間は202X/XX/XX〜202X/XX/XXとします)
③単価には、必要な費用をすべて含めたうえで、規定フォーマットに記載してください。
④単価以外の追加費用については次の通りとします。

項目	お支払いルール
金型	(各社ルールを記載)
治具・検具	(各社ルールを記載)
設備	(各社ルールを記載)
開発費	(各社ルールを記載)
試作費	(各社ルールを記載)

⑤生産性向上条件は次の通りです。

項目	目標値
年度生産性向上率	▲2.0%

⑥目標コストは次の通りです。

項目	目標値
製品単価	○○○円

⑦支払い条件は次の通りです。

(締め日、支払日、現金比率等を記載)

⑧納入条件は次の通りです。

(梱包、荷姿、納入単位・時間、その他条件を記載)

⑨仕様要件は次の通りです。

仕様書番号(XXXXXXXXXXXXXXX)、図面(XXXXXXXXXXXXXX)を参照のこと

⑩品質要件は次の通りです。

製品品質要件書(XXXXXXXXXXXXX)を参照のこと

また、仕様書・図面にくわえて、弊社と締結している「品質保証協定書」を基にしてください。
これらの条件・要件を満たさない場合には、必ずお見積書中にその旨をご記載ください。

図1-3(b)　見積依頼書(サンプル)のつづき

2. 製品単価以外の追加／付帯費用負担の明確化

　次に支払いルールを明確にしましょう。図1-3（b）のサンプル（5）の④です。金型から試作費まで、支払い方法はどうするのか。ここは自社のルールを記載します。もし支払わないのであれば、見積書の製品単価に含めてもらいます。そうしないと、サプライヤを決定した後に費用を請求されかねません。条件の明確化は、両社にとってモメごとを減らすために重要です。

3. 価格目標の明確化

　サンプル（5）の⑤と⑥です。ここではまず「生産性向上条件」を提示しています。これは、毎年のコスト低減目標率と考えてください。取引先として決定したサプライヤには毎年、この低減率が目標値だと認識いただきます。▲2.0％ならば、100円の製品の場合、翌年は98円、翌々年は96円での提供を依頼する意味です。

　もちろん強制はできません。下請法対象のサプライヤであればなおさらです。合理的な根拠なく、一方的に値下げしてしまえば「買い叩き」です。調達・購買部門によっては、見積書依頼時点で、サプライヤに数年分の価格を提示いただき、総合的に評価するケースがあります。

　また、「目標コスト」の提示はサプライヤにとって有益な情報です。ただし、明確な原価計算が可能ならともかく、ヘタに提示してしまうと「こんなに高く買ってくれるの？」と逆効果になりかねません。「目標コスト」の提示は時と場合によります。

　さらに、あまりに合理性のない値を提示し、さらに事実上、一方的に価格を決める場合は、下請法上の問題になります。くれぐれもご注意ください。

　なお、それぞれの見積案件で重要な項目があるはずです。このサンプルにこだわらず必要項目を追加してください。自社の状況や条件を把握し、サプライヤからしっかりとした見積書を入手するのは調達・購買部門の仕事なのですから。

●品質管理

　なお見積書依頼と同時に、しっかりとした品質の製品を調達できる仕組みづくりが必要です。そこで品質管理を説明しておきましょう。

　ここで、調達・購買担当者に「品質」とは何か、と訊いても、なかなか明確な回答を得られません。「品質保障」ならば、なおさらです。図1-4に、「品質保証」の定義を書いたものの、よくわからないというのが本音ではないでしょうか。

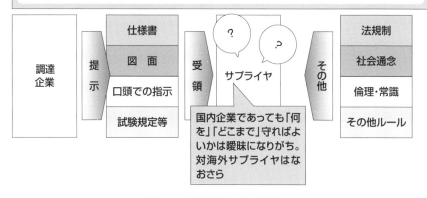

「品質保証」の定義

製品の品質（原材料、成分、構成部品、機能、安全性、製法、効果など）が所定の水準にあることを保証すること。そのための制度を品質保証制度という。日本産業規格該当表示制度（JIS（ジス）マーク表示制度）は、一種の品質保証制度である。品質保証のためには品質検査が不可欠であるが、それには個別企業によるもののほか、業界団体、政府機関、消費者団体によるものがある。

調達企業

提示

仕様書
図　面
口頭での指示
試験規定等

受領

サプライヤ
？　？

国内企業であっても「何を」「どこまで」守ればよいかは曖昧になりがち。対海外サプライヤはなおさら

その他

法規制
社会通念
倫理・常識
その他ルール

図1-4　「品質保証」の定義

調達企業は「仕様書」「図面」「口頭での指示」「試験規定等」を渡します。しかも、サプライヤには、「法規制」「社会通念」「倫理・常識」「その他ルール（！）」も遵守したうえで品質を確保することを依頼するのです。サプライヤからすれば正直にいって、何をどこまで守ってよいかわかりません。

そこで、各社では「取引先品質保証協定書」（あるいはそれに順ずるもの）をサプライヤと締結するはずです。

調達・購買担当者は、この「取引先品質保証協定書」に無頓着な人が多いように感じられます。しかし、自社の「取引先品質保証協定書」を必ず読んで理解しておくべきです。各社の品質基準を定めたISO9001では、次の項目を明確にすることになっています。おそらく、みなさんの会社の「取引先品質保証協定書」にも次の項目が網羅されているはずです（**図1-5**）。
・品質管理要領
・経営者の責任
・品質保証体制
・仕様の管理

取引先品質保証協定書	ISO9001要求事項
	各社抽出

ISO9001要求事項 〈各社抽出〉
・品質管理要領
・経営者の責任
・品質保証体制
・仕様の管理
・設計の管理
・文章の管理
・取引先の管理
・部品等の識別管理
・工程管理
・検査、試験
・検査、測定および試験装置の管理
・不合格品の管理
・是正処置および予防処置
・取り扱い、保管、梱包および引渡し
・品質記録の管理
・品質監査
・教育・訓練
・有効期間

……等を規定

図1-5 「取引先品質保証協定書」とISO9001要求事項

・設計の管理
・文章の管理
・取引先の管理
・部品等の識別管理
・工程管理
・検査、試験
・検査、測定および試験装置の管理
・不合格品の管理
・是正処置および予防処置
・取り扱い、保管、梱包および引渡し
・品質記録の管理
・品質監査
・教育・訓練
・有効期間

そこで暴論を申し上げます。調達・購買担当者はこれらの詳細を完全に把握する必要はありません。一読はしておきましょう。しかし、品質管理の専門家ではないので、詳細を掌握する必要はないという意味です。ただし、どのような項目が規定されているかは理解しておく必要があります。なぜなら、それによってサプライヤとの無意味な言い争いが回避できるからです。

たとえば、不良品を受け取った場合に、「工程管理」項目がちゃんと盛り込まれていれば、中間工程の管理徹底について、堂々と申し入れできます（サプライヤの営業パーソンの「最終的な不良品率を下げるから、中間工程なんて関係ないでしょう」といった言い訳は通用しなくなります）。

これまでの先人たちのトラブルは、契約書という形で再発防止を試みています。それならば、それを使わないのはもったいない。

また、その他で重要なこともあげておきましょう（図1-6）。

1. 製品立ち上がり時の品質調査 「ライン設計の検査」「作業者の習熟」「サプライチェーン構造」「品質保証体制」など、海外サプライヤであっても、必ず現場を品質＋調達・購買部門で調査を実施する 	**2. 両社の設計者・調達担当者・品質担当者の密なコミュニケーション** 調達担当者のみが窓口になるのではなく、各部門同士の人的コミュニケーションを図る ※ただし、他部門領域への過度な介在はしない
3. 品質実績のある製品の購入 他企業で調達し品質が証明された製品や、これまで調達実績があるなど、品質レベルが確保されている製品をサプライヤから購入する	**4. 品質指導** サプライヤの工程への積極的な指導を行い、途中・最終工程での不良品を抑える。調達・購買部門だけではなく他部門の協力が必要。また、サプライヤを絞って実施する必要がある

図1-6　契約以外での「不良を出さない」取り組み

これらを心してサプライヤからの調達品の品質を確保する必要があります。
1. 製品立ち上がり時の品質調査
2. 両社の設計者・購買担当者・品質担当者の密なコミュニケーション
3. 品質実績のある製品の購入
4. 品質指導

また、契約だけではなく、調達・購買担当者として現場と密接な対応をとることによって、不良品を抑えることができます。品質管理とは、サプライヤに、自社が要求するレベルの品質を守っていただく活動です。多くの企業ではサプライヤからの原材料や部材で成り立っています。すなわち、サプライヤの品質とは、自社の品質にほかなりません。調達・購買部門は、自社の競争力向上につながるものとして品質管理に努めましょう。

1-B

法律知識

●強制法規と契約

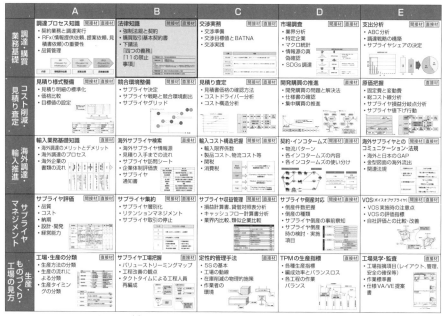

Copyright (c) Future Procurement Research Institute Inc. All Rights Reserved.

　ここからは「調達・購買 業務基礎」のBである「法律知識」を取りあげます。

　調達・購買担当者は法律家なみの専門知識は不要です。しかし、調達・購買担当者を「契約」担当者と呼んでいる企業もあるくらいなので、法律の基礎的な内容は把握しておく必要があります。

　ここでは、契約書の基本からはじめて、調達・購買担当者に必須の下請法（下請代金支払遅延等防止法）を説明します。

　調達する側の企業はサプライヤと契約を結びます。契約とは「個人間で結ぶ、権利や義務に関する約束」と考えておけばよいでしょう。もちろん、この場合は、個人間を企業間と読み替えます。また、契約は単なる約束ではなく「その権利や義務の履行に国が協力してくれるもの」とも考えておく必要があります。

法律は国家が制定するものです。そして契約は個人間で結びます。法律をもとに作られる政令や、府省令、条例などをまとめて「法令」と呼びます。法令がどんな人にも適用されるものに対して、契約は当事者しか適用されません。法令に定められている内容を、追加・変更したいときに契約を利用すると考えましょう。

　例外は「強制法規」と呼ばれるもので、個人間の契約や約束にかかわらず優先される法令です。たとえば、下請法がこれにあたります。一般的にサプライヤは調達企業に比べて弱者とみなされています。せっかくサプライヤ救済の法令があったとしても、個別契約でサプライヤに不利な条件になってしまっては法令の意味がありません。そこで、契約よりも優先する「強制法規」が弱者のために設定されました。

　この強制法規は、下請法も含めていうと

・労働基準法

・下請法

・特定商取引法

・利息制限法

などがあたります。よって、法令と契約の優先順位を考える際には、

・強制法規（強い）＞契約＞一般の法令

と考えればよいでしょう。

●契約書の把握

　契約を証明するものとして、「契約書」「覚書」「協定書」等の、いくつかの単語があります。はたして、この三つは何が異なるのでしょうか。結論としては「契約書」「覚書」「協定書」等の違いは「ない」と思ってください。重要なのは内容であって、形式・タイトルではありません。

　私が調達・購買担当者として働いていたときに「仮でよいですから、契約を結びましょう」といわれた経験があります。しかし、「仮」といっても、契約書である以上は、「本契約」と同じです。仮契約の形であっても締結してしまったら効力を有します。

　調達・購買担当者が関わる取引基本契約書では、**図1-7**のような内容が網羅されているはずです。

　調達・購買担当者として、自社の購買取引基本契約書は必ず一読しましょう。契約書の意義は、「両社の認識のズレを防止する」「後日の証拠として残る」「損害賠償、解除の基準となる」点にあります。その基本となる契約書を読んでいないとは、売買に携わる人間として危ういといわざるを得ません。

購買取引基本契約書は、調達企業とサプライヤ間における売買の
取り決めとなるもので、調達・購買担当者は内容を把握しておく
必要がある

・第１条　目的	・第10条　権利義務の譲渡
・第２条　個別契約の成立	・第11条　損害賠償
・第３条　納入	・第12条　契約期間
・第４条　検査条件	・第13条　契約解除
・第５条　所有権移転	・第14条　存続事項
・第６条　支払条件	・第15条　協議
・第７条　瑕疵担保	・第16条　管轄裁判所
・第８条　知的財産の侵害	・第17条　準拠法
・第９条　機密保持	

図1-7　購買取引基本契約書の基本条項

　サプライヤから提示された契約書を見る場合もあります。ポイントは次の三つで
す。

1.　とにかくちゃんと読む。相手先がもってきた雛形を鵜呑みにするのではなく、
かつ「こういうものだ」と思うのでもなく、不明な文章に出くわしたときは「これ、
どういう意味ですか？」と訊きましょう。

2.　修正の依頼はためらわない。日本人はどうも、「せっかく先方が契約書を作って
くれたのだから」と思い、修正をためらいがちです。しかし、鵜呑みにする必要は
ありません。修正の依頼や交渉は、普通の行為です。

3.　法務部にレビューを依頼するときも、自分の意思を持って伝える。契約書は基
本的に自社が有利になるようにするものです。自社のどのようなリスクを免れたい
のか、サプライヤに何を課したいのか。その意思を明確にすれば法務部も助言しや
すくなります。

　最後の押印は、法人間であれば、代表者が行います。本来は会社が押印すべきで
すが、会社は人間ではないので押印できません。そこで、権限のある人が押印しま
す。代表取締役か、あるいはその会社のなかで権限を与えられている人になり、押
印の印鑑は印鑑証明書で登録されているものがふさわしいとされています。

●実務的な契約書のポイント

　みなさんの会社が締結している購買取引基本契約書を確認してみましょう。調達・購買人材が知るべき点をあげます。

　1. 冒頭部分で、この契約書は「相互利益の尊重の理念に基づき、信義誠実の原則に従う」といった内容が書かれているはずです。相手を考えながら取引をしましょうと謳っています。スローガンではありません。相手には礼節をもって接するといった調達・購買部門の倫理規定は、この契約から必然的に設定されるものです。

　もちろん買い手側が偉いわけではないので優越的地位を乱用してはいけませんし、さらにサプライヤも契約を履行する義務を負います。

　なおこの項目は訴訟対応の意味もあります。多少、取引上の不備があったとしても、まずは両社に誠実な対応による問題解決が求められます。

　2. 契約書には発注に関する記述もあります。「個別契約は両社の合意により成立」とされ、調達企業はサプライヤに注文書を発行し、サプライヤは注文請書を送るよう定めたもの。あるいは一定期間のあいだにサプライヤから異議がなければ承諾とみなすなどがあります。

　いっぽうで現実的には、発注数量のフォーキャストや内示をサプライヤに提示しているケースが多いのではないでしょうか。それを受けた瞬間にサプライヤが材料手配や段取りなどを開始しなければ生産が間に合わない場合は、名称がフォーキャストや内示といった場合であっても事実上の発注と考えられます。

　もしフォーキャストや内示のあとに、その数量をキャンセルせざるをえなくなったとき、訴訟に発展すれば発生費用を補償せねばなりません。補償費用は、多くの場合は完成比率によって決まります。

　3. 金型等の譲渡や貸与として、金型等をサプライヤの工場に渡して生産してもらう場合があります。どの条件で渡しているか確認しましょう。譲渡と貸与では意味が異なります。譲渡は金型の所有権を移転し、サプライヤの所有物となった金型を使用。貸与は、金型の所有権を自社に留保したまま、金型の利用をサプライヤに許すものです。所有権とは使う権利だけではなく、処分の権利も含みます。

　譲渡で問題となるのはサプライヤが倒産した場合です。相手の持ちものですから、倒産したからといって軽トラックを借りて奪いに行けるものではありません。

再譲渡を依頼する流れになります。

　もっとも譲渡すれば固定資産の管理が不要になるものの、一長一短があると認識しておきましょう。倒産が予想される場合、譲渡した金型の有無を確認する必要があります。

●下請法について

　下請法は（下請代金支払遅延等防止法）は下請企業保護を目的としています（図1-8）。

下請法とは	・下請代金支払遅延等防止法
下請法の目的	・下請取引の公正化 ・下請事業者の利益保護

第1条
この法律は、下請代金の支払遅延等を防止することによって、親事業者の下請事業者に対する取引を公正ならしめるとともに、下請事業者の利益を保護し、もつて国民経済の健全な発達に寄与することを目的とする

下請法の由来	・昭和31年に独占禁止法の特別法として制定
下請法の対象	・取引企業の資本金の額と取引内容によって定まる

図1-8　下請法の概要

　簡単には「規模が大きな事業者が、規模の小さな事業者に委託する場合、大きな事業者に厳しい義務と厳しい禁止事項が課される」と考えてください。ただ、すべてが対象ではありません。対象となる取引は**図1-9**の通りです。

　本書のメイン読者層は、物品の製造委託等を担当する方々と思われます（1. 物品の製造委託・修理委託及び政令で定める情報成果物作成・役務提供委託）。読者の属する企業の資本金が3億円超なら、資本金3億円以下の企業に対する委託が該当します。また、読者数として多くはないでしょうが「2. 情報成果物作成・役務提供委託（政令で定めるものを除く）」は、「放送番組や広告の制作、商品デザイン、製品の取扱説明書、設計図面などの作成など、プログラム以外の情報成果物の作成」あるいは「ビルや機械のメンテナンス、コールセンター業務などの顧客サービス代行など、運送・物品の倉庫保管・情報処理以外の役務の提供」が該当します。

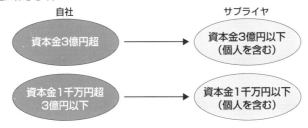

1. 物品の製造委託・修理委託及び政令で定める情報成果物作成・役務提供委託
   ◆物品の製造委託・修理委託
   ◆情報成果物作成委託・役務提供委託(プログラム作成、運送、物品の倉庫における保管及び情報処理に係るもの)

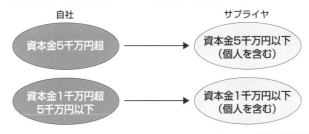

2. 情報成果物作成・役務提供委託(政令で定めるものを除く)
   ◆プログラム作成、運送、物品の倉庫における保管及び情報処理に係るものを除くもの

図1-9　下請法対象取引

　注目すべきは、対象がすべて「委託」である点です。サプライヤの規格品や標準品を購入する場合は委託に該当しません。ただし、一部を自社向けに、切断や刻印などの加工をしてもらえば委託に該当します。

●下請法における親事業者の義務と禁止事項

　この下請法対象取引の場合は「親事業者に対する四つの義務」「11項目の禁止行為」「遅延利息の支払い義務」に気をつけねばなりません。

　このうち「親事業者に対する四つの義務」(図1-10)において重要なのは、とくに「書面の発行義務」「支払期日を定める義務」です。

　①「書面の発行義務」について。曖昧な条件で発注が許されると、製品が完成してしまった状態で、下請事業者は不利な条件に変更されかねません。そこで親事業者であるみなさんが発注時点で条件を網羅した書面を発行せよ、とされています。これがいわゆる3条書面です。内容は図1-11に記載します。

義務	概要
書面の交付義務	発注の際は、直ちに3条書面を交付すること
支払期日を定める義務	下請代金の支払期日を給付の受領後60日以内に定めること
書類の作成・保存義務	下請取引の内容を記載した書類を作成し、2年間保存すること
遅延利息の支払義務	支払が遅延した場合は遅延利息を支払うこと

図1-10　親事業者に対する四つの義務

発注者名	検査完了日
下請事業者名	数量
発注日	単価
品名及び規格仕様等	代金
納期	支払方法
納入場所	有償支給品決裁方法等

基本事項を基本契約書等で通知している場合は、注文書との紐づけがされていること
（注文書に、現行の支払い方法等については、「支払い方法等について」と付記されていること）

・発注に際し書面への記載事項が網羅されていること、記載内容が法令に沿っていること
・電話での発注は書面の交付義務違反になる

図1-11　発注書面への記載項目

　もちろん、発注時にこれらをすべて網羅することが難しければ、基本契約書等であらかじめ締結しておき、発注書と紐づけてもかまいません。

　単価は必ず発注時に決めておきましょう。なお、仮単価が禁止されているわけではありません。ただし、正式単価を決められない理由と、また正式単価決定日を明確化する必要があります。社内ルールとしていったん仮単価発注を許してしまうと、煩雑な処理となる可能性があります。もちろん、修理委託など、やってみないと費用が算定できない例は存じあげていますが、個人的には単価の事前決定は必須だと考えます。

　②次に「支払期日を定める義務」です。「受領後60日以内に支払え」とされています。「受領」が起点になることは忘れてはいけません。検品や検収（製品に不良がないか確認すること）ではありません。あくまで受け取ったときが、「受領」で

す。そうしないと支払い遅延になりかねません。

補足がいくつかあります。

（1）「月末締めの翌月末払い」を採用している企業があります。その場合は、7月1日に納入されたものは、8月31日支払いとなり、60日を超過してしまいます（7月も8月も31日まである）。しかし、これについては、実務上は問題ないとされています。

（2）たとえば下請事業者との契約書で「検品や検収をもって受領とみなす」としたらどうでしょう。この場合は、契約書でどう締結していようが、認められません。やはりあくまで受け取った時点が起点となります。

③「遅延利息の支払い義務」では、支払いが遅れてしまった場合、年利14.6％を加算しなければなりません。ただ、さすがに1年間にわたって支払いを遅延する場合は多くないはずです。一日あたりは0.04％になりますので、これを覚えておきましょう（0.04％ × 365 ＝ 14.6％）。

次に「11項目の禁止事項」（図1-12）です。調達・購買業務観点からは、「買いたたき」「下請代金の減額」を取りあげます。また、先に説明した支払いに関わりますので、「受領拒否」についてすこし補足をします。

①「買いたたき」が成立する要件として「著しく低い下請代金」を「不当に定める」とありますので、これが二つの条件です。しかし、たとえば市価＝市況で100円のものを99円だと良くて、90円だと著しく低いのか、といった線引きは困難です。もっといえば、監査のときに、そもそも下請代金を見ただけで、「これは買い叩きだ」と見抜ける人はいません。

そこで監査時には「不当に定める」ものではないと証明できるようにしておきましょう。一方的に合意させたのではなく、下請事業者と双方が納得して決めた内容であると記録しておいてください。

②「下請代金の減額」は文字通り決定後の値下げです。調達・購買部門は、ときとして自部門の都合によって根拠のないコスト低減をサプライヤに依頼します。事後に、困っているから価格を下げてください、は下請法上のご法度です。

③「受領拒否」は、親事業者の義務であった「支払期日を定める義務」とも関係します。前述の通り、支払期日は「受領後60日以内に支払え」となっていました。だから基本的に受領を拒否できません。せっかく下請事業者がモノをもってきたのに、支払いを遅らせたいからと受領も遅らせてしまえば、あまりに下請事業者に不利です。

禁止行為	概　要
買いたたき	類似品等の価格又は市価に比べて著しく低い下請代金を不当に定めること
受領拒否	注文した物品等の受領を拒むこと
返品	受け取った物を返品すること
下請代金の減額	あらかじめ定めた下請代金を減額すること
下請代金の支払遅延	下請代金を受領後60日以内に定められた支払期日までに支払わないこと
割引困難な手形の交付	一般の金融機関で割引を受けることが困難であると認められる手形を交付すること
購入・利用強制	親事業者が指定する物・役務を強制的に購入・利用させること
不当な経済上の利益の提供要請	下請事業者から金銭、労務の提供等をさせること
不当な給付内容の変更及び不当なやり直し	費用を負担せずに注文内容を変更し、又は受領後にやり直しをさせること
報復措置	下請事業者が親事業者の不公正な行為を公正取引委員会又は中小企業庁に知らせたことを理由としてその下請事業者に対して、取引数量の削減・取引停止等の不利益な取扱いをすること
有償支給原材料等の対価の早期決済	有償で支給した原材料等の対価を、当該原材料等を用いた給付に係る下請代金の支払期日より早い時期に相殺したり支払わせたりすること

図1-12　11項目の禁止事項

　ところで、私の知人が、あきらかに要件を満たしていない製品を受け取りたくないといったところ、「それは受領拒否ですから違反行為です」と逆脅迫を受けた例がありました。さすがに、それまで受領しろと法はいっていません。「下請事業者の給付の内容が3条書面に明記された委託内容と異なる場合又は下請事業者の給付に瑕疵等がある場合」は受領拒否が認められます。

　ただしその場合も、あらかじめ委託内容や検査基準の明確さが必須です。また検査基準が厳しすぎるのも問題になります。

●下請法の運用ルール改定

　なお、取引条件改善のため、2016年12月の告知により、下請法運用基準の改正が実施されています。下請法違反のおそれとして、いくつかの事例が追加されていることに注意が必要です。「下請等中小企業の取引条件の改善に向けて」というタ

イトルで、運用強化の概要が発表されています。

　まとめると次の内容が強調されました。

・量産品と同単価での補給品の発注【買いたたき】

・合理性のない定期的な原価低減要請【買いたたき】

・型・治具の無償保管要請【不当な経済上の利益提供要請】

・取引対価の見直し要請があった場合には、人手不足等に伴う労務費上昇について、協議する

　もっとも買いたたきにならないために、「補給品は○％を加算して払え」「型を保管してもらうために○％を払え」と具体的に記したものではありません。ここはあくまで下請事業者と双方が納得できる金額を定める必要がある、と考えるべきでしょう。もちろん、その討議の記録は必要です。

　また、親事業者に次を要請しています。

・生産性向上に努力する下請事業者への訪問や面談

・一方的な原価低減要請の停止

・支払いは現金。手形の場合は親事業者が割引料の負担

　なお類似の内容が2021年3月にも繰り返し強調されています。下請事業者との取引は、ある種の配慮が大切なのでしょう。

　私は、調達・購買実務の経験から下請法のネガティブな側面を強調してしまったかもしれません。法の精神からいえば、下請事業者との繁栄を目指すものです。技術力のある下請事業者を活用し、先方との共栄が可能となるためにも、調達・購買担当者は下請法を把握しておく必要があります。

交渉実務

●交渉の前提

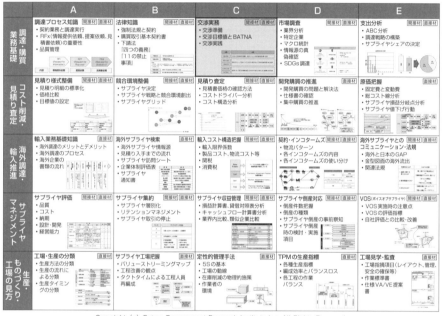

　ここからは「調達・購買 業務基礎」のCである「交渉実務」を取りあげます。

　私は交渉を「サプライヤと取引全般で発生する課題・対立を、自社にとって有利な結論へ導くための話し合い」と定義づけています。もっとも、自社に有利だといっても、サプライヤをないがしろにして取引が継続するはずはありません。

　調達・購買業務は、多くの場合、サプライヤから一度だけ調達しておしまいではなく、中長期関係を前提としています。したがって、競争的な側面ではなく、協調的な側面も有します。理想的には、両社両得になる創造的妥結点を見つけねばなりません。本来は交渉を通じてWin－Winの関係構築を目指すべきです。

　ただ、どうしても双方が合意に至らない場合、あるいは、リソースが拡大せずパイを取り合うような場合も、たしかにあります。そのような際には、No Deal（取

引しない選択肢）が、両社にとって最善策となるケースもあると覚えておきましょう（**図1-13**）。

分類	内容
Win-Win	お互いの交渉条件を理解し、双方にメリットのある解決案を導く交渉
Win-Lose Lose-Win	限られたリソースをめぐって、そのパイ拡大なしに、双方が分前を取り合う交渉
Lose-Lose No Deal	取引によって双方が被害を被る、またはそれゆえに取引しない結果となる交渉

図1-13　交渉の分類

　なお、交渉時の駆け引きによってサプライヤから1円であっても値引きさせようと目論む人がいます。私には本質的とは思えません。調達・購買担当者にとって前提となるのは、前述した通り、RFPの前に社内ヒアリングをして目標値や譲歩条件を明確にすることです。そのうえで、価格交渉であれば、相見積書の情報や、自らの価格査定を通じて、適正な価格を想定して臨むことでしょう。小手先のテクニックに私は与する気になれません。

●交渉準備シート

　その前提を共有したうえで、交渉準備シートをご覧ください。
　このシートは4ブロックに分かれています。
　①問題と目標
　②状況分析
　③取引項目・選択肢
　④結論・方向性
　①をご覧ください。上の三つは説明を省きます。
　交渉決裂時の最良代替案。これをBATNA（Best Alternative to Negotiated Agreement〜交渉代替案や交渉限界値）と呼ぶ人もいます。ただし、私はBATNAを意識しすぎるのを勧めません。なぜならば、どうしてもBATNAが事実

交渉準備シート						
①問題と目標	案件名					
	交渉の目標					
	当事者					
	交渉決裂時の最良代替案					
	交渉結果の幅	最大				
		最低				
	相手が知っているこちらの情報					
②状況分析	利害	合致ニーズ				
		対立ニーズ				
	相手	強み				
		弱み				
	自分	強み				
		弱み				
	相手の規範					
	相手が条件に合意する可能性					
③取引項目・選択肢	不等価交換できる金銭外項目					
	取引材料	分類	取引項目	最悪	最高	妥協点
		できれば NO				
		取引YES				
	譲歩不可能項目					
	影響を与える第三者					
④結論・方向性	最善の選択肢					

図1-14　交渉準備シート

上の最低値になってしまうからです。最低値さえクリアできればよいと甘さが出てしまいます。これはあくまでも、交渉が決裂した際の代案と考えましょう（図1-15）。

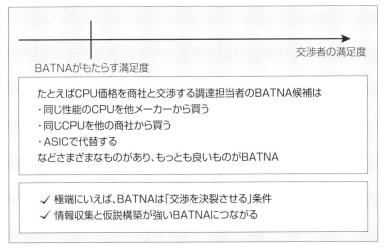

図1-15　交渉者の満足度とBATNA

次に、交渉結果の幅です。これは、たとえば価格交渉としましょう。相手の見積りが1000円だったときに、「最大」には望まれる最高の目標値を書きます。そして、「最低」には譲れない値です。たとえば、コストテーブルで計算して700円、さらに、サプライヤの競争力を発揮してもらって、600円はいけるはずと思うなら、「最大 = 600円」「最低 = 700円」です。できれば、この幅をあらかじめ部門上司と合意しておけば、なおよいはずです。そうすれば、自分の権限範囲で、どこまで譲歩できるかもわかります。

次に「相手が知っているこちらの情報」では、交渉相手が把握しているこちらの弱み＝交渉において相手に有利に働く情報を書きます。これがその後の対策検討につながります。

②では、さらに状況を深く分析します。「利害」そして「相手」「自分」の「強み」「弱み」を記載しましょう。たとえば、相手が「強み」として特殊技術を持っているとすれば、たやすく価格交渉には応じないかもしれません。ただし、「弱み」として、たとえば工場の稼働率を上げるためにどうしても案件を獲得したいといった事情があるかもしれません。

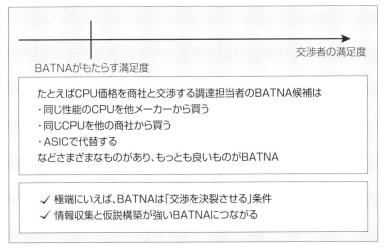

くわえて、「相手の規範」です。これは、要するに、相手の信条です。サプライヤは「売上拡大」のみを目指しているのか、「お客へのサービスレベル拡大」を第一としているのか、「先端技術を安価に提供すること」を社是として掲げているのか……さまざまです。これは、相手の行動や発言が、その信条に反していれば、相手を静止させる意味でも強力な交渉ツールになります。

　次に③です。「不等価交換できる金銭外項目」とあります。「金銭的な譲歩ではないものの、交渉を有利に運べ、相手が価値を感じる」材料です。たとえば特定の開発案件をサプライヤと組めば、その過程で習得するノウハウがサプライヤにとって大きな意味を持つかもしれません。「赤字でも経験値を積むと思って引き受けてくれ」とはさすがにいえません。ただ、自社の仕事を魅力的に見せることは価格交渉においても有利に働くはずです。

　また、自社の開発ロードマップを示す、情報を優先的に開示する、長期的な契約を示唆する、などサプライヤがメリットを感じてくれる材料はないでしょうか。

　そして、主に金銭的な「取引材料」「譲歩不可能項目」を下に記載していきます。「できればイヤ（NO）」な材料なのか「取引可能（OK）」な材料なのか、そして、それぞれどこまで譲れるのか。これらを明確にすれば、交渉がかなり心理的にラクになります。

　最後は、「影響を与える第三者」です。これは交渉の場にはやってこないものの、先方の部長が全権を握っているのか。または、自社内の技術部長から一言いってもらえば価格が下がるとか、さまざまです。もちろん、自社内の第三者が一言サプライヤに声をかければ価格が下るなどの事態は、調達・購買部員として恥じねばなりません。ただ、現実がそうであれば、その現実を見つめ、その段階では逆に利用することもできます。

　さあ、まずは交渉準備としてシートに記載しました。④にはシートのまとめを記載します。もっとも、この交渉準備シートをすべて埋めるのは時間的に困難かもしれません。その際は、「①問題と目標」の「交渉の幅」、「②状況分析」の「相手の規範」だけでも想定しておいてください。

　ここから、交渉の現場に話は移ります。

●交渉実践

　交渉実践としては、次の6ポイントがあります。

1.　明確に伝える：サプライヤには自分が目標として掲げている内容・価格を伝えましょう。相手はありえないと笑うかもしれません。しかし、具体的な根拠が

あるのですから躊躇してはいけません。伝えなければ伝わりません。

2. 相手の答えの内容を制限しない：クローズ質問とオープン質問があります。クローズ質問はYesかNoかで答える質問。オープン質問は、自由に答えてもらう質問です。クローズ質問の場合、多様な答えを聞き出せない場合があります。したがって、「この原因はAですか？」よりも、「この原因として考えられることを教えてください」のほうが、相手から多くの情報を吸い出すことができます。相手の答えを必要以上に狭めないためにも、オープン質問を心がけましょう。

3. 相手の答えを自分なりに繰り返す：「つまり、こういうことですか？」「この理解で合っていますか？」と相手の発言を要約します。交渉後に結論の解釈をめぐって争いになるケースが生じるのは、相互理解を欠いたまま進めていたからです。そのうえで、サプライヤが納得したように見える場合は「では、このような条件で、合意でよろしいですか？」と確認してください。

4. 譲歩はするにしても計画通りに行う：交渉開始前に、どこまで譲歩できるか把握しているはずです。ただ、相手の考慮の前に、あっさりと「ここまでだったら譲れる」と話してしまう人がいます。あくまで相手の反応を見ながら一つひとつ譲歩案を提示するべきです。さらに、あくまで計画の範囲内にしてください。過大な譲歩を要求されたら、「社に持ち帰って検討します」といわず、明確に断ったほうが両者の時間を無駄遣いしないのではないでしょうか。私にはそれこそが他者への優しさだと感じます。

5. 自分の意見を取り消す勇気を持つ：交渉していると、相手から、自分の過去発言との矛盾などを指摘される場合があります。このときに、論理的につながっていると反応してはいけません。以前と現在では、情報も状況も環境も変化しています。まずは過去の発言が誤っていたかを考えてみましょう。そして素直に「以前の発言は間違いでした」と認めたうえで、現在の発言に妥当性があると説明しましょう。これは相手を煙に巻くために意見を変えろ、という意味ではありません。真摯に考えて結論が変わったなら、過去に拘泥せずに、取り消す勇気を持とうというだけです。

6. 議事録はこちらで書く：すぐれた調達・購買担当者は打ち合わせ時に、かならず自分で議事録を書きます。合意をとってサプライヤに送付しておきましょう。結局のところ後世に残るのは議事録です。議事録は、かならず書いた側に有利に働きます。微妙なニュアンスの会話について、自分が不利になるような議事録を作る人はいません。それ以降の備忘録としても、議事録を作るものは交渉

を制します。

　また、交渉計画を立案、交渉のあとは、短時間でよいのでレビューをお勧めします。
　・「自分の交渉計画は正しかったのか？」
　・「関係者にあらかじめ、もっとヒアリングすべきではなかったか？」
　・「交渉の場での依頼内容は適切だったか？」
などなど……。さまざまな反省点とともに、次回以降の交渉に役立つ気づきがきっ
とあるはずです。

　交渉上手な人は、いきなり交渉上手になったわけではありません。多くの実践
と、多くの反省と、自分の弱点を克服する意思が、その人を交渉上手にさせていま
す。また、そう考えれば、交渉の場がすべて自分の研鑽の場になるはずです。仕事
をするとは、成長するということですから、自己業務の振り返りが大切になりま
す。自分なりの交渉準備・交渉チェックシートをつくれば可視化できますし、それ
が自分の「型」となるはずです。

●交渉相手を考える重要性

　ところで、私が感じているより高次な交渉をするために必要な心がけをお話しま
す。技術論ではなく抽象度が高いので読み飛ばしてもかまいません。
　それは「相手の深層を想像する」ことです。
　あるとき、こんな経験をしました。某社にお邪魔した際に、会議室に豪華な椅子
が置かれていました。しかし、社員や訪問者が座るわけではありません。経営陣し
か座らないのかな、と思っていたら回答が意外でした。「これは誰も座りません。
これは消費者の象徴です」。
　私たちは、会議室でさまざまな交渉を行います。するといつしか、自社や自分が
有利になろうとしか考えなくなってしまう。本来は、自社とサプライヤが協力して
製品やサービスを創り上げて、それを消費者に喜んでもらうのが両社の目的である
はずです。
　どんな会社にも理念があり、社会の発展や喜びの総和を上げていきたいと美辞麗
句が並んでいます。入社前にはそれに惹かれていたはずなのに、いつしか現場でも
まれながら自社の存在意義を失念してしまう。そこで某社では、交渉が行き詰まっ
た際には、その豪華な椅子を眺めて、「いけない、いけない。小競り合いしている
場合ではない。あの消費者のために何ができるか考えましょう」とクールダウンす

るそうです。

　かなり青臭いとは理解しています。しかし、自社が目指したい方向があって、理念に合致するサプライヤがいる。多忙な日常業務では忘れがちですが、目の前にいる相手が属する企業がどういう行動指針を知るのはけっして無駄にならないと思うのです。

　また、これは企業単位だけの意味ではありません。交渉相手個人もそうです。表面的には相手は条件を交渉しているかもしれません。でもほんとうは、仕事を獲得して社内で自慢したいのかもしれない。価格交渉に難航するとき、相手は社内で上司を説得したくないと考えているかもしれない。調達・購買担当者が提示したこのていどの交渉材料では自分の上司を納得させられないと思っているかもしれない。しかし、そんな内部事情を吐露するのは恥ずかしいと判断しているかもしれません。

　もし相手の真意がわかれば、それに応じて、交渉材料を提示できます。ただ、相手は人間ですから、どうすれば相手の深層を把握できるかなんて絶対的な方法はありません。もちろんテクニックとしては「私が○○さんだったら、こう考えるかもしれません」と仮定法を使って訊き出す方法があります。相手の思考をあえて仮説化し伝える方法です。

　ただ手法によらず、大切なのは文字通り、思いを馳せることです。よく調達部門は「お取引先様と一丸となった取り組み」を喧伝します。私は一丸とは、形式上の連携ではなく、相手の相手を少しでも理解しようとする取り組みの果てに実現すると思うのです。

市場調査

●情報収集の重要性

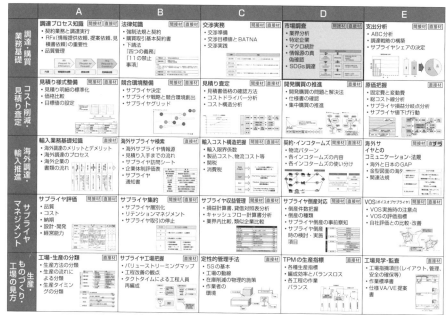

Copyright (c) Future Procurement Research Institute Inc. All Rights Reserved.

　ここからは「調達・購買 業務基礎」のDである「市場調査」を取りあげます。

　かつて調達・購買業務は情報調査だといわれました。調達・購買とは、市場のなかから自社に役立つ発意を集め、それを製品という形で還元していく仕事です。他部門よりも市況に詳しい必要があります。

　もちろん、情報収集といっても多くの方法があります。また、集めるべき情報も業種や業態によってさまざまです。情報は次のように分類できます。

・一次情報：情報源に直接あたったもの。インタビュー等

・二次情報：新聞や書籍、テレビやラジオなどのメディア等からの情報。論文、発言の間接情報等

・三次情報：情報源すら不明、何重にも編集し直されたりしたもの

ジャーナリストの書いた書籍を読むと、一次情報こそがすべてと断言したものもあります。しかし、残念ながら私たちはビジネスパーソンで、すべての一次情報にあたるわけにはいきません。

　そこで、時間的・費用的な制約が許せば一次情報を収集し、ただ基本的には二次情報を活用しながら収集に努める、といった方針にしたいと思います。そこで、ここでは、公開情報を多く紹介していきます。

　各情報源のURLは変更になる可能性がありますので記載していません。検索エンジンを活用してください。

●具体的な情報源（業界分析編）

・各社の決算説明資料（無料）：サプライヤが上場企業であれば、有価証券報告書の公告時に、経営陣が付帯の資料を説明します。その決算説明資料は有益です。市場分析や、リスク、競合環境などを把握できます。取引のあるサプライヤに上場企業がいなかったとしても、同一業界内に上場企業があればホームページに行ってみましょう。

・業種別審査事典（有料）：各業界の状況を細かく分析した事典です。複数冊にわたるので、自分の携わっている業界ぶんのみ読めばよいでしょう。

・生産・出荷集中度調査（無料）：公正取引委員会が作成しているもので、各業界の寡占がどれくらい進んでいるかを確認できます。たとえば間接材購買では、対象品目の寡占度を調べ交渉のしやすさを確認できます（寡占が進む＝交渉しにくい、寡占が進んでいない＝交渉しやすい）。なお本書の執筆時には更新が停止していますが、データとしては参考になります。

・各産業の業界紙（有料）：業界動向を知るには、各業界を専門に取材する記者の記事が参考になります。意外な業界であっても業界紙が発行されている可能性があり、たとえば国会図書館のリサーチ・ナビで検索が可能です。

・日経テレコン（有料）：過去の日本経済新聞社関連媒体の記事を検索できます。また、特定商品の売れ行き、企業人検索も可能です。

●具体的な情報源（特定企業編）

・KOMPASS（無料）：全世界の商工会議所に登録した企業を特徴ごとに検索できます。もちろん日本企業も検索できるため重宝します。連絡先もわかります。

・登記情報提供サービス（有料）：企業の本店住所、役員構成など、登記情報を検索できます。

・帝国データバンク（有料）／東京商工リサーチ（有料）：非上場企業の決算状況を調査できます。売上高と損益だけではなく、詳細な企業レポートも購入が可能です。

・TKC計算書類公開データベース（無料）：一部の非上場企業の決算状況であれば、このサイトで検索できるものもあります。また、本来は自社のホームページや官報などに貸借対照表の要旨などを公告する必要があるものの、実際にはほとんど公告されていません。

・D&B（有料）：海外サプライヤの信用情報等を入手できます。なお、日本では東京商工リサーチと提携しています。

●具体的な情報源（マクロ統計編）

・消費者物価指数（無料）：企業間ではなく、あくまで消費者の物価指数ですが、商品の販売価格推移がわかります。

・時系列統計データ検索サイト（無料）：金利、為替、通貨量などの時系列推移にくわえて、企業間物価の推移を検索できます。全体の調達戦略を構築する際に役立ちます。

・JETRO投資コスト比較（無料）：海外の代表都市におけるさまざまなコストを比較できます。相当な項目を検索できますが、調達・購買部員であれば、現地のワーカー、エンジニア、マネージャーなどの賃金比較は有益でしょう。

・ICP（International Comparison Program）（無料）：世界銀行が定期的に発表しているもので、世界各国の物価水準を比較できます。なお、類似の調査をOECD（Organisation for Economic Co-operation and Development：経済協力開発機構）（無料）も公開しています。

・毎月勤労統計調査（全国調査・地方調査）（無料）：国内の労働関連情報を調べられます。

・法人企業統計（無料）：年、四半期ごとの、日本企業の経営実態を調査できます。売上高、経常利益といった代表的なものから細部にいたるまで、資本金区分ごとに比較できます。サプライヤと同規模、同業種の日本平均値を知りたい場合に活用できます。

●情報収集時の確認点

漠然と情報収集するのではなく、意識すべき項目をあげました。

・そもそもなぜ情報を収集するのかを自問する

調達・購買部員として情報を集めるとき、あらためてその目的を理解しましょう。たとえば、調達戦略を構築する際に、業界シェアを調べたいとします。しかし日本全体のシェアを調べても、地場ごとにサプライヤがバラバラであれば、あまり意味がないかもしれません。そのようなときは、たとえば概要であっても、取引先の営業パーソンにヒアリングしたほうが効率的かもしれません。

また、上司から情報収集を依頼された際には、上司にヒアリングしておきましょう。何に使うのか、情報から何をいいたいのか。そして、情報収集に許された時間・期限はいつまでなのか。これによって深度がだいぶ違います。

・情報収集し作成する資料は「会社の役に立つもの」でなくてはならない

これは私自身にとっても厳しい話です。たとえば市場調査をしたり、サプライヤの決算状況を調べたりしたのち、どんな有効な打ち手を導けるかが重要です。「調べました。困難な状況がわかりました」ではいけません。せめて、困難だからこれ以上の工数をかけるのは避けるべきです、くらいの結論は必要です。

調べた結果、こういうアクションにつながる、と行動に結びつけねばなりません。みなさんも、社内で過去の資料を探していると、先輩たちが意外なほど詳細の情報収集をしていたと気づきませんか。しかし行動につながらないどころか、後輩に引き継ぎもされていない。みなさんが動くのは会社にとってコストにほかなりませんから、ぜひ費用対効果を意識したいものです。

●情報源の真偽確認

最後に、どの情報源を信じてよいかの判断を説明します。これをメディアリテラシーと呼び、情報の信憑性を見極める力を指します。結論でいえば、絶対的な方法はありません。近年では行政の統計データにすら意図的な改ざんがあると判明しました。また、当事者を直接インタビューしたのに、デタラメを話され、それを大手新聞社がそのまま報じてしまう大事故がありました。

ただし、できるだけ間違いや虚偽に絡み取られないコツはあります。

・複数の情報源からの確認：これは裏取りと呼ばれます。誰かから訊いたことを、他の誰かからの情報でも同じような裏付けができるか。市場規模調査などは、どうしても仮説になりがちです。とすれば他の調査会社も同程度の市場規模と予想しているか。あるいは、海外企業から提示される決算書が正しくない可能性が指摘されています。ならば、複数の調査会社のデータを突き合わせるのは有効で

しょう。

　もちろん、どうしても一つの情報源を信じて資料を作成する場面もあります。そのときはその情報源の信憑性を考えましょう。行政が間違ったデータを出すかもしれない。そのようにどこまでも疑うことは可能です。そして、実際に改ざんしたケースがありました。しかし、その場合、行政データを引用した調達・購買担当者が責められはしないはずです。

・調査方法や対象などを確認する：怪しげな調査は、そもそも調査方法や対象が明記されていません。たとえば身近な人だけに質問している場合、対象がたったの数十人なのに結論を出しているパターン、回答者が偏っているパターン。政権の支持率という基本的なアンケートでも調査主体や質問項目によってバラつくと知られています。探し当てた調査が、結論ありきで作成されていないか確認してください。

・たいていの真実はつまらないと知る：あまりに常識や直感とかけ離れた結果を示すデータは、まず疑ってください。それくらいの態度がちょうどよい、というのが私の実感です。世の中は徐々にしか変化しません。人間は1000年以上も、似たような物語に共感したり、感涙したりしているではないですか。かなり多くの真実は凡庸です。逆に、あまりに突飛な結論を提示する人がいたら、鵜呑するのではなく、批判的に検証してみてください。

　そして、情報の目利きになるのは、地道に情報と触れ合って真偽を確認した経験によるところがあります。さまざまな情報にふれ、自ら解釈しなおすことが、調達・購買担当者の役割であり、情報購買の基礎となるのです。ぜひ、紹介した情報源に一度は目を通していただき、自分自身の調達・購買活動に活用できるか検討してみてください。

●SDGs調達

　また広い意味の情報収集の観点から、SDGs調達も説明しておきます。世界や、業界、他企業がどんな取り組みをしているかを把握するのは重要です。

　このところSDGsや、CSR、ESGといった単語を聞かない日はありません。そこで関係性を図示しておきました（**図1-16**）。

　まず、どれも持続可能な社会の実現を目指している点では変わりません。日本にいると、危機感が薄いかもしれませんが、世界では異常な気象で熱波、竜巻、解氷など惨事に襲われています。そこで、このまま人類の活動が続くと、地球がとても

持続可能な社会の実現

17の目標 → 達成

SDGs
(Sustainable Development Goal)

世界全体を対象

・貧困撲滅、健康と福祉の充実
・ジェンダー平等
・気候変動対応
……等17の目標を制定

行動規定 → 非財務開示

CSR
(Corporate social responsibility)

企業を対象

・持続可能社会に貢献する行動
・社会に責任をもった活動を推進

行動開示 → 投資

ESG
(Environmental, social and corporate governance)

投資家を対象

・運用銘柄としての指定
・投資家として企業へプレッシャー

図1-16　SDGsとCSRとESGの関係

持続しないと考えるのは当然でした。

　SDGsは2015年に国連で採択された指針です。17の目標があり「貧困をなくそう（No poverty）」「飢餓をゼロに（Zero hunger）」などが続きます。これらに完全に紐づくわけではないものの、CSRでは企業に持続可能な社会に向けた責任ある活動が求められます。

　さらに挟み込むようにESGが企業を監視します。これは環境、社会、ガバナンスを投資家から企業に求めるものです。単に利益を稼げばいいのではなく、環境等に優れた企業に投資したり、優れた活動を迫ったりするものです。とくに、現在では年金機構や中央銀行が企業の株主になっており、公的な機関の意向を企業に伝えやすい環境にあります。

　以前はSDGsやCSRというと、企業イメージ向上の側面から語られるケースが大半でした。しかし、現在では消費者の商品選択時や、取引先の選定時に、活動の深度が問われるようになりました。つまり実利に直結する時代になったのです。

　SDGsやCSRではさまざまな課題に取り組みますが、そのなかで、サプライチェーンや調達・購買の業務と関わるものといえば①人権の遵守　②温室効果ガスの排出削減といえます。

①人権の遵守

　90年代の後半に有名ブランドの、インドネシア・ベトナムの委託工場における強制労働などの人権侵害が表面化しました。委託工場の問題だったものの、ブランドの不買運動につながりました。消費者が、企業に人権遵守を求める動きは以前からあったものの、国家も多国籍企業に人権遵守を求めるようになりました。

　世界的な企業間の競争が激しくなっています。企業が特定の地域や事業者の人権を踏みにじり安価なコストを実現しシェアが伸びてしまうと、それは適正な競争を歪ませてしまいます。そこで各国際認証では、ILO（国際労働機関）の宣言にのっとり各企業に「児童労働（最低年齢未満の児童労働の禁止）」「強制労働（囚人労働や奴隷労働を含む強制労働の禁止）」「健康と安全（安全で衛生的な労働環境の提供）」「懲罰（精神的・肉体的抑圧、言葉による虐待などの体罰の禁止）」等を細かく規定しています。

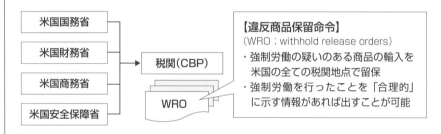

　ここでは先進的な米国の例を使って説明します。では、強制労働等が疑われる地域の活動をどのように止めるかといえば、税関で抑止をかけています。米国では、各省が税関にWROという命令を出します。そこで、クリーンな貨物のみを受け入れるようにしています。これは強制労働を基にした貨物を国内に入れない、連邦法に従った命令です。

　なお強制労働等が疑われる地域について米国税関は一覧表を公開しています。さらに厳しいことに、強制労働の該当地域以外で生産した証明ではなく、商品の全部または一部が強制労働で製造されて「いない」ことを証明せよとしています。

　この「該当地域で生産していない」ことを証明するのは、「安全な特定地域で生産した」のを証明するのにくらべてハードルが高いのはいうまでもありません。人権蹂躙地域に該当しないのであれば、米国税関は証明の手段として、

他地域で生産された細かな明細や生産リスト、輸送書類などを提示するように求めています。

該当地域のなかで生産しているにもかかわらずその生産物に限っては人権の蹂躙がないと証明するのは、より困難がつきまといます。

これからグローバルなサプライチェーン、調達網に携わるのであれば、人権蹂躙地域から間接的であっても関与しないような調査が必要になります。また、安全な地域から調達しているとしても、疑念を抱かれた際には否定できるように、生産情報の細部を取得できるような仕組みづくりが重要です。グローバル調達の恩恵だけを享受できる時代は過ぎ去り、それなりの業務負担が必要な時代になったのでしょう。

②温室効果ガスの排出削減

なぜ調達・購買部門が温室効果ガス排出に注目せねばならないかというと、自社分ではなくサプライヤの排出分に責任を持つからです。

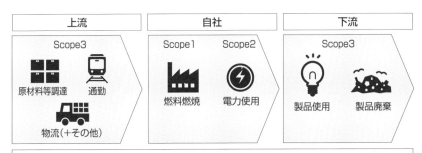

GHGプロトコルという、企業、NGO、政府機関の集合体が規定する内容によれば、サプライチェーンの温室効果ガス排出量はScope1 + Scope2 + Scope3で算定されるとします。このScope3では調達する他社の排出も合算されます。

サプライヤ側の算定手法には二つあるとされ（1）サプライヤからの情報提供　（2）サプライヤ活動を自社試算　です。

（1）は、「202X年の貴社向け生産において総排出量は○○トンだった」等の報告を受けるもので、これが良いはずですが、環境庁は中小企業サプライヤが計算していないのが現実だとしています。

そこで（2）の、調達した品目の金額や量から、サプライヤの排出した量を試算する方法が取られます。金額や量だけでどうやって排出量がわかるかというと、環境庁や各種団体が出している、排出原単位をかけます。

調達品は下の式で計算する

●CO_2排出量 ＝「調達金額」×「排出原単位」

たとえば、調達企業がプラスチック製品100万円を購入しているとします。排出原単位に、プラスチック製品は百万円あたり4トンのCO_2を排出していると載っていれば、それを掛け合わせて計算します。

調達物流は下の式で計算する

●CO_2排出量 ＝ 輸送トンキロ × トンキロ法燃料使用原単位 [D]
　　　　　　　　 × 単位発熱量 [A] × 排出係数 [B] × 44/12
●輸送トンキロ ＝ 貨物質量 (t) × 輸送距離 (km)

これは調達品を運んでくる調達物流も同じです。図にある「トンキロ法燃料使用原単位［D］」「単位発熱量［A］」「排出係数［B］」らは同じく環境庁が発表している原単位に載っていますので、実際のトラックや積載に即したものを選択すれば算定できます。

もっとも、サプライヤが毎回おなじ状況で運んでいるはずなく、算定は困難を極めますが、ある条件を仮定として設定し、その仮定が現実と乖離していないことが求められています。

サプライチェーン全体の排出量が算定できれば、現実とのギャップを把握し、各サプライチェーンと目標値を設定することになります。たとえば2050年にカーボンニュートラルを目指すのであれば、年率3%削減を目指す等です。

なお、この領域は技術革新や電源変更など、さまざまなトピックが予想されます。事業環境情報として調査し続けましょう。

人権でも、排出量であっても、世界の意識は急速に変わります。EUは独自の規制を設定し、それを満たせない企業は、いつしか市場から締め出されます。情報収集と対応は、まさに企業が生き残れるかを左右します。

1-E

支出分析

●支出分析とは何か

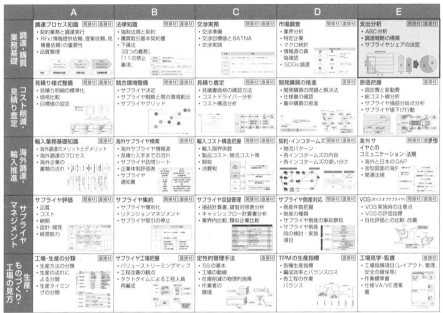

		A	B	C	D	E
調達・購買業務基礎	調達・購買業務基礎	調達プロセス知識 間接材 直接材 ・契約業務と調達実行 ・RFx(情報提供依頼、提案依頼、見積書依頼)の重要性 ・品質管理	法律知識 間接材 直接材 ・強制法規と契約 ・購買取引基本契約書 ・下請法 ・「四つの義務」 「11の禁止事項」	交渉実務 間接材 直接材 ・交渉準備 ・交渉目標値とBATNA ・交渉実践	市場調査 間接材 直接材 ・業界分析 ・特定企業 ・マクロ統計 ・情報源の真偽確認 ・SDGs調達	支出分析 間接材 直接材 ・ABC分析 ・調達戦略の構築 ・サプライヤシェアの決定
コスト削減・見積り査定	コスト削減・見積り査定	見積り様式整備 間接材 直接材 ・見積り明細の標準化 ・価格比較 ・目標値の設定	競合環境整備 間接材 直接材 ・サプライヤ決定 ・サプライヤ戦略と競合環境創出 ・サプライヤグリッド	見積り査定 間接材 直接材 ・見積価格の確認方法 ・コストドライバー分析 ・コスト構造分析	開発購買の推進 直接材 ・開発購買の問題と解決法 ・仕様書の確認 ・集中購買の推進	原価把握 直接材 ・固定費と変動費 ・総コスト線分析 ・サプライヤ損益分岐点分析 ・サプライヤ値下げ行動
海外調達・輸入推進	海外調達・輸入推進	輸入業務基礎知識 間接材 ・海外調達のメリットとデメリット ・海外調達のプロセス ・海外企業の書類の流れ	海外サプライヤ検索 直接材 ・海外調達情報源 ・見積り入手までの流れ ・サプライヤ訪問シート ・企業体制評価表 ・サプライヤ通知書	輸入コスト構造把握 間接材 直接材 ・輸入限界係数 ・製品コスト、物流コスト等 ・関税 ・消費税	契約・インコタームズ 間接材 直接材 ・物流パターン ・各インコタームズの内容 ・各インコタームズの使い分け	海外サプライヤとのコミュニケーション・法規 間接材 直接材 ・海外と日本のGAP ・金型図面の参照 ・関連法規
サプライヤマネジメント	サプライヤマネジメント	サプライヤ評価 間接材 直接材 ・品質 ・コスト ・納期 ・設計・開発 ・経営能力	サプライヤ集約 ・サプライヤ層別化 ・リテンションマネジメント ・サプライヤ取引の停止	サプライヤ収益管理 ・損益計算書、貸借対照表分析 ・キャッシュフロー計算書分析 ・業界内比較、類似企業比較	サプライヤ倒産対応 間接材 直接材 ・倒産件数把握 ・倒産の種類 ・サプライヤ倒産の事前察知 ・サプライヤ倒産時の検討・実施項目	VOS(ボイスオブサプライヤ) 間接材 直接材 ・VOS実施時の注意点 ・VOSの評価指標 ・自社評価との比較・改善
生産・ものづくり・工場の見方	生産・ものづくり・工場の見方	工場・生産の分類 ・生産方法の分類 ・生産の流れによる分類 ・生産タイミングの分類	サプライヤ工場把握 直接材 ・バリューストリーミングマップ ・工程改善の観点 ・タクトタイムによる工程人員再編成	定性的管理手法 直接材 ・5Sの基本 ・工場の動線 ・在庫削減の物理的施策 ・作業者の環境	TPMの生産指標 直接材 ・各種生産指標 ・稼働効率とバランスロス ・各工程の作業バランス	工場見学・監査 直接材 ・工場指摘項目(レイアウト、管理、安全の確保等) ・作業標準書 ・仕様VA/VE提案書

　ここからは「調達・購買 業務基礎」のEである「支出分析」を取りあげます。

　支出分析とは、自社の調達状況を把握し、何をどこからいくら買っているかを確認するものです。そのためには、経理データや調達履歴データなどを利用します。

　支出分析では「ABC分析」という分析が使われます。これは「重点分析」とも呼ばれるものです。ABC分析では、支出金額の大きいものを左から順に並べます。

　ABC分析には、品目毎の分析と、サプライヤごとの分析があります（図1-17）。

　頻度が高いのは、品目別ABC分析です。グラフ化すると、何をコスト削減のターゲットにせねばならないかがわかります。

　ABC分析の結果としてよくパレートの法則の傾向が見られます。「金額の8割は、上位2割の品目が占めている」、あるいは「金額の7割は、上位3割のサプライ

第1章　調達・購買 業務基礎

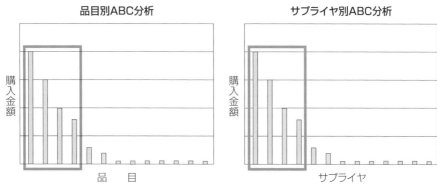

図1-17 品目別とサプライヤ別のABC分析

ヤが占めている」傾向です。ABC分析を行い、効果を期待できる上位品目からコスト削減をアプローチするのが重要です。

　家計の節約でも、まず自分が何に支出しているかを把握します。印象ではなく、家賃や食費、携帯電話料金など、上位品目の金額と比率を知るのが第一歩です。ただ、このABC分析をしていない調達・購買部門は意外なほど多い。「これがコスト削減しやすそうです」と、ほとんど購入金額がない品目に注力している企業があります。もちろん、少額品であっても、コスト安を追求する態度はあってもよいでしょう。ただし、優先順位付けは重要です。

●調達戦略書の作成

　ABC分析を実施したあと、上位品目をターゲットに、調達戦略書（**図1-18**）を書きましょう。「その品目をどうしたいか」を描いた航路図です。

　図の右側は、分析データを表示したイメージとしてとらえてください。図の左側が、この品目の方向性です。サンプルでは、「品目マーケットの状況」、そして、「工場の支出状況」（「工場」だけではなく、「営業所」「支社」「研究所」「店舗」でもかまいません）。「シェア状況とサプライヤ評価、サプライヤ保有技術・設備」までを書いて、「調達基本方針」を述べます。

　以前、私の上司から「企業の代表として購入しているのだから、調達品に何らかの戦略を持たねばならない」と口酸っぱくいわれたものです。社内関係者から依頼されたものを注文するだけだったら、誰にでもできます。何の策もなく日々の調達活動をしてよいはずがありません。

20XX年購買金額　X,XXX,XXX千円
コスト削減目標　XX%

■品目マーケットの状況
・XXXXメーカーは数多く存在しており、主にXX、XX、XX用途多数等向けに生産している。XX用途は全体のごく一部。
・XX用XXは他用途のXXとは共通に使用することはない
・XX工場のXX、XXX、XX等の量産品向けXX（原料メーカーが品質、組成を合わせてつくるもの）は代替可能。

■工場の支出内容
・XX工場の支出金額が全体の約X割を占めている。XX工場の場合、購入量が多いためメーカーがXX工場の要求仕様に合わせて製造してくれている。また、複数社購買もできている。

■シェア状況とサプライヤ評価、サプライヤ保有技術・設備
・取引先はXX社、メーカーと商社の両方と取引がある。
・XX㈱、XX㈱、XX㈱の上位3社で購買金額のXX%を占めている。

■調達基本方針
・継続的に発注しているものについて、価格交渉を行う。
・大量購買品で、複数社発注可能な材料は、XX㈱、XX㈱、XX㈱でマルチソース化している。（工場主導）
・上記について定期的な価格見直し、サプライヤのシェア変更を行う。

図1-18　調達戦略書のサンプル

調達環境はどうなっていて、調達・購買部員として何を行うべきか。それを具体的に書きましょう。これから使う手引書を作るためです。そして考えをまとめておくと、社内への説明資料にもなります。

たとえば特定品目で調達しているサプライヤがA社とB社があったとします。今後、両社への発注比率＝シェア比率をどうすればよいか。もちろん優れたサプライヤの比率を上げて、劣ったサプライヤの比率を下げることです。

発注比率の絶対的な法則はありません。多くの企業では、5：5とか7：3などと、直観的に決めているはずです。方法の一つとして価格比率法があります。これ

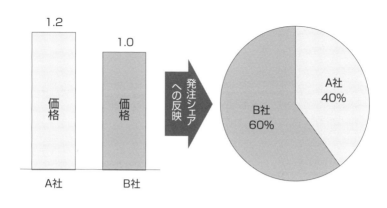

図1-19　価格比率法のサンプル

は、価格差を使い、価格が安価なサプライヤが、その比率分を競合他社よりも多く
シェアを設定する方法です。

　具体例をあげます。たとえば、1年を通じて、A社とB社から相見積書を入手し
ていたとします。さらに、A社がB社の1.2倍ほど価格が高かったとしましょう。
これは単純化するために価格だけを比較しているものの、総合的な評価でも基本的
には同じです。

　この場合、A社はB社より2割高価なので、B社のほうが2割多いシェアとしま
す。競争環境を残しつつ、しかし優位だったサプライヤにシェアで報いるのです
（**図1-19**）。

　2社ではなく、3社でも同様にシェアを分配できます。A社、B社、C社の価格レ
ベルが、A：B：C＝1.2：1.0：0.7としましょう。そうすると、シェアはA：
B：C＝10％：30％：60％とできます。B社はA社より2割多く、C社はB社より3
割多いシェアとなっています。

　なお、支出分析で単なる金額の多寡を見るのではなく、今後の方針を練るまでが
肝要だと説明しました。すると今後の調達業務に役立てようと思えば、支出分析の
時期は調達計画策定月マイナス2ヶ月くらいになるでしょう。

〈調達計画策定月マイナス2ヶ月〉

・各社内関係部門が調達・購買部門とともに、それまでの調達状況（サプライ
　ヤ・品目・金額）を分析

・同様に、サプライヤや品目毎にコスト削減進捗を確認

・次期のコスト削減対象品目を確認。ならびにコスト削減見込みの算定

〈調達計画策定月〉
・各社内部門のコスト削減目標決定
・全社を合計したコスト削減目標決定

●支出分析の実務的問題点

ところで調達・購買の実務書では支出分析の重要性を強調します。しかし企業によっては予期せぬ問題が生じます。履歴データが乱雑で、そもそも何を発注したか不明の場合があります。

たとえば、まったく同じ製品を注文しているのに、品目コードが使用されていない（あるいは適当）場合があります。品目コードを使用しないとしても、同一品なのに書き方が設計部門や担当者によってバラバラの場合もあるでしょう。

調達品を「CR　10K-25A　FF　3t」と書いて注文しているケースを想定してください。なおこれはサンプルなので、何を指すか理解する必要はありません。このCRは材質を指すのですが、そう書く設計者もいれば「ネオプレン」と書く設計者もいるかもしれません。または、「ゴム」と書く場合もあります。さらに、この「25A」は径称を指すものの、大文字だったり小文字だったりします。

これを解消しなければ支出分析はできません。社内システムから調達履歴をダウンロードしたあと、同種の問題で困っている方がいるでしょう。実務的には、そのようなとき、まずはデータを修正する必要があります。

手作業で修正できる量なら修正してください。ただ量が莫大ならば、具体的には、データをエクセルでVBA（Visual Basic for Applications）を活用し記述内容を統一化します。たとえば、調達品の仕様として厚みが、3tだった場合、3.0tと書く設計者もいれば、t=3mmと書く設計者もいるかもしれません。それを3tなら3tという記述に置き換えて統一します。

これはデータクレンジングと呼ばれる、データ成形のことです。データ成形ができれば支出分析のまな板に乗せられます。ぜひVBAを学んでみましょう。

また別の問題として、ABC分析でどこまで細分化する必要があるでしょうか。たとえば、電源装置を調達している場合、「電源」と大カテゴリでよいのでしょうか。あるいは「オンボード電源」「ユニット電源」と分けるべきか、あるいは「標準品」「カスタム品」と分ける必要があるでしょうか。

その答えは、分ける意味によります。前述の例でいえば「オンボード電源」「ユニット電源」でプレイヤー＝サプライヤが重複しなければ、分けて語るべきでしょう。なぜならば「オンボード電源」「ユニット電源」を一緒くたに語っても、互い

の領域に侵食できないのであれば本質的に別物だからです。

さらに支出分析から指針作成までの流れで、皮相的な支出金額で終わらせずに、支出している理由までを深堀りしようとすれば、次の情報を調べるのも有益でしょう。

〈設計・開発部門〉

・製品に求める主仕様、必須要件

・その他仕様条件、WANT要件

・付帯サービス主内容

・開発体制・環境に求める条件

・その他（特許・設備等）に求める条件

〈品質・生産管理部門〉

・製品に求める主仕様、必須要件

・その他仕様条件、WANT要件

・付帯サービス主内容

・品質に求める条件

・納入に求める条件

これが方針そのものにも深みを与え、社内関係者への説得力も増します。

●社内関係者と指針の合意

そこで、将来の指針について、社内関係者と合意しておきましょう。上司だけではありません。設計・開発者や社内関連部門を含みます。調達基本方針を調達・購買部門だけに閉じ込めておいても効力を発揮しません。社内関係者の協力が必要です。

たとえば「今後、A社から切り替えて、B社を活用したい」と方針をまとめていたらどうでしょう。その考えが社内関係者の想いと異なれば、ネガティブな反応が返ってくるでしょう。しかし、最初はそんなものです。

そもそも、戦略を立てて具現化するのは、めんどうくさい作業です。紙に書いたら実現するわけではありません。努力と説得が必要です。投げ出したくなり、「これなら社内関係者に流されて、何も考えずに調達しておいたほうがラクだ」と思ってしまうほどです。

こんな会話がよくあります。

設計者「なぜ調達・購買部門は、このサプライヤを推薦するんですか？」

調達・購買担当者「いや、発注方針でそう決まっていまして」

設計者「だから、なぜだって聞いているんだよ」

調達・購買担当者「戦略なんです」

　調達戦略には、根拠と納得性と、ある種の熱情が必要です。なぜこのサプライヤから調達したほうがよいのか説明できること。それが短期的ではなく、中長期的な視野に立っていること。そして、社内関係者を動かすために真剣であること。

　よく「社内関係者がいうことを聞いてくれない」と嘆く調達・購買担当者がいます。同情はするものの、そもそも自分が提案したい内容にどれほどの妥当性があるでしょうか。かなり厳しい言い方になるものの、私たち調達・購買従業者はぜひ自問したいものです。

●サプライヤの個別提案

　さきほど、調達戦略書が「絵に描いたモチ」にならぬよう社内説得の重要性を述べました。さらに重要なのは、その結果として、戦略書通りになっているかを確認することです。あるいは想定したサプライヤシェアの図に近似しているかを確認しましょう。

　ただ、多くの調達・購買部員が大方針は大方針で、日常業務は日常業務と考えています。つまり、かっこうのよい方針を立てても、普段の業務ではその方針を反映させていないのです。

　これでは運を天に任せた業務になってしまいます。成り行きで狙ったサプライヤシェアになるはずはありません。そこで私がお勧めしたいのは、具体的な製品ごとに活用サプライヤを社内関係者と合意しておくことです。方針の時点では、大きな方向性として、A社を活用したいだとか、B社の使用頻度を減らすといった合意をしているはずです。そこから踏み込んで、個別の製品について、どのサプライヤを使用するか決めてみましょう。

工場/製品		20XX年	20XX+1年	20XX+2年	20XX+3年	20XX+4年	20XX+5年
XX工場	製品:XXX						
	製品:XXX						
	製品:XXX						
	製品:XXX						
	製品:XXX						
○○工場	製品:XXX						
	製品:XXX						
	製品:XXX						
	製品:XXX						
	製品:XXX						

図1-20　調達戦略書に記載するサプライヤマップ

そうすれば、さらに社内関係者の本音や実情がわかります。ときにはケンカになるかもしれません。なぜなら「A社のシェアを伸ばしたい」と聞いて、切迫感のなかった設計者も、具体的な製品で使用すると聞けば反対するかもしれないからです。

　その過程で、調達・購買部員は自分の案の稚拙さを知るかもしれませんし、あるいは賛同を得るかもしれません。それは自分の業務が甘いのか、あるいは社内で通じるレベルなのかを知る機会にもなるでしょう。

　よく、「3年でドラスティックなサプライヤのシェア変動を行う」と述べる調達・購買部門があります。しかし、その会社が扱っている商品のライフサイクルが長い場合、とても3年でドラスティックなシェア変動などできません。たとえば、重電の分野であれば、10年、20年と使わざるをえない部品がたくさんあります。いったん認定されてしまえば、それを転注することは難しいのが現実です。

　そんな状況で、あまりに現実と違った目標を掲げてもしかたがありません。できることは、新規調達品からの新サプライヤへの移行であるはずです。既存サプライヤから調達しているものは切り替えられないとすれば、そのサプライヤを籠絡して、安くしてもらう戦略を構築せねばなりません。戦略に実現性がなければ机上の空論にすぎないのです。

　たかが支出分析と思ったかもしれません。しかし、支出分析から見えた事実をもとに戦略を紡ぎ出せます。前項の市場調査と合わせて、調達品の戦略を考えてみましょう。もちろん、私が紹介した指標だけではなく、アイディア次第でさまざまな分析が可能なはずです。自ら考え分析することが調達・購買部員本人に付加価値を与えます。

　調達・購買部員の知的戦略はそこからはじまるのですから。

第2章

コスト削減・見積り査定

〈スキル2〜6〉

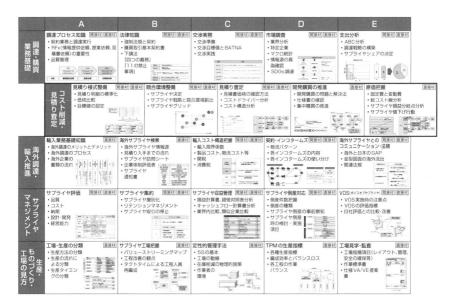

	A	B	C	D	E
調達・購買 業務基礎	**調達プロセス知識** [間接材][直接材] ・契約業務と調達実行 ・RFx(情報提供依頼、提案依頼、見積書依頼)の重要性 ・品質管理	**法律知識** [間接材][直接材] ・強制法規と契約 ・購買取引(基本契約書) ・下請法「四つの義務」「11の禁止事項」	**交渉実務** [間接材][直接材] ・交渉準備 ・交渉目標値とBATNA ・交渉実践	**市場調査** [間接材][直接材] ・業界分析 ・特定企業 ・マクロ統計 ・情報源の真偽確認 ・SDGs調達	**支出分析** [直接材] ・ABC分析 ・調達戦略の構築 ・サプライヤシェアの決定
コスト削減・見積り査定	**見積り様式整備** [間接材][直接材] ・見積り明細の標準化 ・価格比較 ・目標値の設定	**競合環境整備** [間接材][直接材] ・サプライヤ決定 ・サプライヤ戦略と競合環境創出 ・サプライヤグリッド	**見積り査定** [間接材][直接材] ・見積書価格の確認方法 ・コストドライバー分析 ・コスト構造分析	**開発購買の推進** [間接材][直接材] ・開発購買の問題と解決法 ・仕様書の確認 ・集中購買の推進	**原価把握** [直接材] ・固定費と変動費 ・総コスト線分析 ・サプライヤ損益分岐点分析 ・サプライヤ値下げ行動
海外調達・輸入推進	**輸入業務基礎知識** ・海外調達のメリットとデメリット ・海外調達のプロセス ・海外企業の書類の流れ	**海外サプライヤ検索** [直接材] ・海外サプライヤ情報源 ・見積り入手までの流れ ・サプライヤ訪問シート ・企業体制評価表 ・サプライヤ通知書	**輸入コスト構造把握** [直接材] ・輸入限界係数 ・製品コスト、物流コスト等 ・関税 ・消費税	**契約・インコタームズ** [間接材][直接材] ・物流パターン ・各インコタームズの内容 ・各インコタームズの使い分け	**海外サプライヤとのコミュニケーション・法規** ・海外と日本のGAP ・金型図面の海外流出 ・関連法規
サプライヤマネジメント	**サプライヤ評価** [間接材][直接材] ・品質 ・コスト ・納期 ・設計・開発 ・経営能力	**サプライヤ集約** [間接材][直接材] ・サプライヤ層別化 ・リテンションマネジメント ・サプライヤ取引の停止	**サプライヤ収益管理** [直接材] ・損益計算書、貸借対照表分析 ・キャッシュフロー計算書分析 ・業界内比較、類似企業比較	**サプライヤ倒産対応** [間接材][直接材] ・倒産件数把握 ・倒産の種類 ・サプライヤ倒産の事前察知 ・サプライヤ倒産時の検討・実施項目	**VOS(ボイスオブサプライヤ)** [間接材][直接材] ・VOS実施時の注意点 ・VOSの評価指標 ・自社評価との比較・改善
生産・ものづくり・工場の見方	**工場・生産の分類** [直接材] ・生産方法の分類 ・生産の流れによる分類 ・生産タイミングの分類	**サプライヤ工場把握** [直接材] ・バリューストリーミングマップ ・工程改善の観点 ・タクトタイムによる工程人員再編成	**定性的管理手法** [直接材] ・5Sの基本 ・工場の動線 ・作業削減の物理的施策 ・作業の環境	**TPMの生産指標** [間接材][直接材] ・各種生産指標 ・編成効率とバランスロス ・各工程の作業バランス	**工場見学・監査** [間接材][直接材] ・工場指摘項目(レイアウト、管理、安全の確保等) ・作業標準書 ・仕様VA/VE提案書

CHAPTER 2

見積り様式整備

●見積り様式整備の重要性

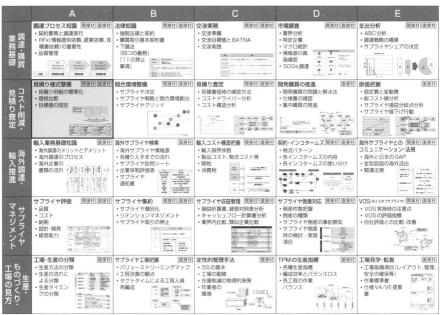

	A	B	C	D	E
業務基礎 調達・購買	調達プロセス知識 <small>間接材 直接材</small> ・契約業務と調達実行 ・RFx(情報提供依頼、提案依頼、見積書依頼)の重要性 ・品質管理	法律知識 <small>間接材 直接材</small> ・強制法規と契約 ・購買取引基本契約書 ・下請法 ・「四つの義務」 「11の禁止事項」	交渉実務 <small>間接材 直接材</small> ・交渉準備 ・交渉目標値とBATNA ・交渉実践	市場調査 <small>間接材 直接材</small> ・業界分析 ・特定企業 ・マクロ統計 ・情報源の真偽確認 ・SDGs調達	支出分析 <small>間接材 直接材</small> ・ABC分析 ・調達戦略の構築 ・サプライヤシェアの決定
コスト削減・見積り査定	見積り様式整備 <small>間接材 直接材</small> ・見積り明細の標準化 ・価格比較 ・目標値の設定	競合環境整備 <small>間接材 直接材</small> ・サプライヤ層別化 ・サプライヤ戦略と競合環境創出 ・サプライヤグリッド	見積り査定 <small>間接材 直接材</small> ・見積書価格の確認方法 ・コストドライバー分析 ・コスト構造分析	開発購買の推進 <small>直接材</small> ・開発購買の問題と解決法 ・仕様書の確認 ・集中購買の推進	原価把握 <small>直接材</small> ・固定費と変動費 ・総コスト線分析 ・サプライヤ損益分岐点分析 ・サプライヤ値下げ行動
海外調達・輸入推進	輸入業務基礎知識 <small>直接材</small> ・海外調達のメリットとデメリット ・海外調達のプロセス ・海外企業の書類の流れ	海外サプライヤ検索 <small>直接材</small> ・海外サプライヤ情報源 ・見積り入手までの流れ ・サプライヤ訪問シート ・企業体制評価表 ・サプライヤ通知書	輸入コスト構造把握 <small>直接材</small> ・輸入限界係数 ・製品コスト、物流コスト等 ・関税 ・消費税	契約・インコタームズ <small>直接材</small> ・物流パターン ・各インコタームズの内容 ・各インコタームズの使い分け	海外サプライヤとのコミュニケーション・法規 <small>間接材 直接材</small> ・海外と日本のGAP ・金型図面の海外流出 ・関連法規
サプライヤマネジメント	サプライヤ評価 <small>間接材 直接材</small> ・品質 ・コスト ・納期 ・設計・開発 ・経営能力	サプライヤ集約 <small>間接材 直接材</small> ・サプライヤ層別化 ・リテンションマネジメント ・サプライヤ取引の停止	サプライヤ収益管理 <small>直接材</small> ・損益計算書、貸借対照表分析 ・キャッシュフロー計算書分析 ・業界内比較、類似企業比較	サプライヤ倒産対応 <small>間接材 直接材</small> ・倒産件数把握 ・倒産の種類 ・サプライヤ倒産の事前察知 ・サプライヤ倒産時の検討・実施項目	VOS(ボイスオブサプライヤ) <small>間接材 直接材</small> ・VOS実施時の注意点 ・VOSの評価指標 ・自社評価との比較・改善
ものづくり・工場の見方 生産・工場の見方	工場・生産の分類 <small>直接材</small> ・生産方法の分類 ・生産タイミングによる分類 ・生産タイミングの分類	サプライヤ工場把握 <small>直接材</small> ・バリューストリーミングマップ ・工程改善の観点 ・タクトタイムによる工程人員再編成	定性的管理手法 <small>直接材</small> ・5Sの基本 ・工場の動線 ・在庫削減の物理的施策 ・作業者の環境	TPMの生産指標 <small>直接材</small> ・各種生産指標 ・編成効率とバランスロス ・各工程の作業バランス	工場見学・監査 <small>間接材 直接材</small> ・工場指摘項目(レイアウト、管理、安全の確保等) ・作業標準書 ・仕様VA/VE提案

　ここからは「コスト削減・見積り査定」のAである「見積り様式整備」を取りあげます。

　調達・購買担当者は、自分が買う調達品の価格構成を知らねばなりません。100円、90円、50円……とプライスだけを記した見積書をもらっても、それが高いのか安いのかがわからないからです。もちろん相見積書でサプライヤ間の比較はできるものの、査定ができません。

　そのため調達・購買部員が自ら見積書のフォーマットを作成しましょう。そうすれば、サプライヤ間の比較がやりやすくなります。作成したのち、サプライヤにその見積書フォーマットへ記載してもらいましょう。

　調達・購買担当者はエクセル等で、見積り（書様式）をフォーマット化し、サプ

ライヤに見積依頼書（RFQ）と同時に渡してください。見積条件に、見積書フォーマットを使用いただくことを条件に盛り込むのも有効です。

　サプライヤが見積書の詳細情報を開示してくれないかもしれません。ただし、新規の見積り依頼品からは見積明細をもらうように努力はできるはずです。少なくとも、要求しなければもらえませんが、要求すれば1%であっても入手できる確率が高まります。

　次に重要なのは、コスト情報の継続した備蓄です。「一つの情報であればゴミだが、それが積み重なったときに宝になる」といった人がいました。見積明細のデータがたくさんあれば、類似品のコスト削減に役立ちます。

●見積書様式のサンプル

　では私の考える見積書様式のサンプルを紹介します。これは製造業、とくに部品などの調達品における見積書様式です（図2-1）。このフォーマットにあてはまらない調達品もたくさんあるでしょう。ただし、どのような調達品であっても見積書の様式に共通するポイントがあります。

①査定のために集めるべき詳細項目に分かれていること
②その見積りが三本立て「過去類似製品」「今回仕様見積り」「今回仕様に対する
　VA/VE提案見積り」になっていること
③算出基準年月日が明確なこと

　『①査定のために集めるべき詳細項目に分かれていること』この見積書フォーマットでは、①材料費、②加工費、③その他、④金型費、その他投資（開発費含む）、⑤物流費等、に分けています。これは、この①〜⑤で分けることによって、見積査定ができ、そしてサプライヤ間の比較もできるようになっています。

　このサンプルのように、いかに分解するかは、調達・購買担当者しだいです。詳細を分類して、サプライヤに記載してもらっても、それを使わなければ意味がありません。どのコスト要素に問題意識を持っていて、メスを入れたいだとか、サプライヤ間の比較をしたいといった戦略がなければなりません。

　『②その見積が三本立て「過去類似製品」「今回仕様見積り」「今回仕様に対するVA/VE提案見積り」になっていること』この見積書フォーマットを左から右に見てください。そうすると、この「過去類似製品」「今回仕様見積り」「今回仕様に対するVA/VE提案見積り」となっています。

見積フォーマット

会社名		コード		生産工場		見積通貨		見積条件	

承認　確認　作成

過去類似製品 / **今回仕様見積り** / **今回仕様に対するVA/VE提案見積り**

商品名
付番番号　XXXXX
設計変更番号　XXXXX
第出図番号月日　201X.X.XX
年間予定発注数量　20,000　個

①材料費

材料名	投入量(Kg)	製品量(Kg)	材料単価	スクラップ単価	材料価格
PP	1.3	1.2	220.00	90.00	277.00
				材料費計	277.00

②加工費

加工名	設備名	個数	加工単価
樹脂成形	600t	13.5	118.13
組み付け	治具	10.0	8.00
デリス検査	労務者	3.0	3.00
		加工費計	129.13

③その他

品名	数量	単価	価格
梱包クリップ(購入品)	1.3	4	5.20
		その他計	5.20

④金型費・その他治具費(償却費含む)

金型名	材質	償却数	償却費
G-Cover金型	SKR材	6,000,000	150.00
		40,000	150.00
		金型費計	150.00

⑤物流費等

項目	数量	単価	価格
物流費			0.00
関税等			0.00
		物流費計	0.00

⑥その他経費＝利益率＝　61.70
製品仕入単価(①＋②＋③＋④＋⑤)　473.02
現状仕入製品単価(①＋②＋③＋④＋⑤＋⑥)　534.72

図2-1　見積書様式のサンプル

これは一つの大きなノウハウです。サプライヤに見積書を作成してもらう際に、必ず「過去類似製品」との比較をしてもらいます。というのも、調達・購買担当者は毎年のようにサプライヤから「コスト競争力を進化させている」といった資料を受け取っています。それは会社PR資料だったり、定期ミーティング資料だったりするかもしれません。なのに、実際にコスト競争力を進化させているか、過去類似製品と比べて検証するケースは少ないものです。

　過去類似製品と同じ作業をしているのに、何年もまったくコストが改善していなかったり、同じ機械で生産しているのにまったく秒数や歩留まりが上昇していなかったり、といった事実が見えてきます。交渉のネタに使えます。

　また、右側には「今回仕様に対するVA/VE提案見積り」があります。これは、中央の「今回仕様見積り」と比較するものです。二つの意味があります。一つは当然ながら、VA/VE提案力を見るものです。そして、もう一つは、サプライヤが中央の「今回仕様見積り」に勝手にVA/VEを入れた価格にしないためです。安い見積書を見せたいがあまり、なんの断りもなくVA/VEを入れたり、自社の標準品で見積ったりするケースがあります。

　もちろん、競合で勝とうとするサプライヤの心意気は評価すべきです。ただ、調達・購買担当者が見積り依頼した製品をそのまま生産してもらった価格と、VA/VEを加味した価格は分離しておきます。VA/VEが採用可能かどうかは、あくまでも調達・購買担当者が決めるものです。

　なお、この見積書フォーマットで収集では、「過去類似製品」「今回仕様見積り」「今回仕様に対するVA/VE提案見積り」は、それぞれ、過去・現在・未来と考えられます。過去からの進化、将来への技術提案力。総合的にサプライヤを評価する仕掛けが、この見積書フォーマットといえるでしょう。

　『③算出基準年月日が明確なこと』見積書フォーマットで、三本立ての「過去類似製品」「今回仕様見積り」「今回仕様に対するVA/VE提案見積り」のいずれにも、上部に載っています。見積書提出日ではありません。算出基準年月日とは、見積書の原価を算出した基準日を記載いただくものです。

　これは二つの意味があり、一つめは原材料市況です。たとえば、ポリプロピレンでも、鋼板でも、なんでもかまいません。材料を使って製品を生産している場合、いつの市況情報を使って材料価格を算出し見積書を作成したか。これが基準日です。

　もしかすると、数年後にこの製品の値上げ申請があるかもしれません。その際、

かつての見積書を探し、「算出基準年月日」を見てみましょう。短期間で大きく価格変動する材料であれば、その「算出基準年月日」から価格上昇しているか市況価格をチェックします。

　そしてもう一つの意味は、サプライヤの内部生産コストの基準日です。業種業態によっては、労務コストが問題になるケースもあります。または設備の減価償却費（償却済かどうか）が問題になるケースもあります。前者であれば、労務コストの上昇・下落が見積書に反映すべきであれば、材料市況と同じく、いつの労務コストを利用したかが重要です。後者であれば、いつの償却費を利用したかが同じく重要です。

●見積書様式の作成とその活用

　よく「どう分解して見積フォーマットを作成してよいかわからない」と質問する人がいます。たとえば、プレス部品や樹脂成形品であれば、前述の見積書フォーマットがそのまま使えるでしょう。

　ただ、自分の担当する製品の価格要素が想像できない場合。素直にサプライヤの営業パーソン何人かに聞いてみてください。あるいは調達・購買部門の先輩でもよいでしょう。どのような価格要素を盛り込めばよいか明らかになります。営業パーソンを巻き込めば、その結果に完成した見積書フォーマットを使用する理由になるでしょう。

　これには試行錯誤が必要です。また、どこまで価格要素を細部まで分類するかは、どこまで分析・比較したいかにもよります。ただ、細部のデータは今後の調達業務において重宝するでしょう。

　なお調達品の種類によって、そのフォーマットも整備します。基本フォーマットを決めておき修正すればよいでしょう。見積書フォーマットにサプライヤから記載してもらえるようになれば、それをデータベースに保管し、参照できるようにします。以降の予定価格算出時には、過去の詳細見積書を確認すれば、おおよその予定価格が算出できるようになるはずです。またデータベースといっても、クラウドやサーバーでの共有フォルダで調達・購買部員が閲覧できればかまいません。

　目の前を通り過ぎて行く見積書の詳細も、それを溜めればコストテーブルにも化けます。たとえば、どういう加工をする際にどれくらいの賃率なのか、そして何秒が妥当なのか、機械の賃率、妥当なサイクルタイム、類似品の金型はいくらなのか。過去の履歴は将来の武器になります。

　これは難しい話ではありません。履歴から見ても妥当な価格での調達に努めるだ

けです。調達・購買部門によっては、類似品なのに過去よりも極端に高く調達しているケースがあります。しかも調達・購買部員が気づいていない、意識もしていない場合すらあります。これならサプライヤはやりたい放題ですね。そのとき、調達・購買部員が過去のコストレベルを把握しサプライヤ提示すれば、値上げの抑止力になります。

●価格比較時の注意点

その後、サプライヤの見積書同士を比較します。実務的な問題は、各社から詳細見積書が提示されない点です。見積書フォーマットを作成したからといって、ただちにサプライヤが詳細を提出してくれるわけではありません。細部を出したら、各サプライヤの安価な部分だけを抽出して交渉されるだけではないか、と勘ぐられるかもしれません。

ぜひ、見積書の詳細をサプライヤが出したくなるしかけを作ってください。どんな条件だったらサプライヤはみなさんに原価明細を出すでしょうか。オープン・ポリシーなる言葉があります。これは、詳細を開示してくれたサプライヤを優先的に採用する姿勢です。明細を公開して損はしない、むしろメリットがある、とサプライヤに感じてもらう。たとえば、細部を教えてくれたサプライヤに、自社の開発ロードマップの開示など、情報提供レベルの違いをつける方法もあります。

そのうえで、見積書の比較においては、「単に並べない」と意識しておきましょう。私は以前、上司に「入手した見積書を横に並べたエクセルを作成するのであれば、バイトでじゅうぶん」といわれ、たしかにそうだ、と衝撃を受けました。つまり、普通の調達・購買担当者はバイトでも可能な仕事しかしていません。

見積書比較では、そこに洞察がなければなりません。

1. 最安価サプライヤについて
   (1) 他サプライヤよりも競争力を発揮できる理由
   (2) 他サプライヤよりも比較劣位な点があればその説明
   (3) 次なる改善の方向性
2. 敗者サプライヤについては、今後なにを改善させていくか

つまり、今回の案件における優劣を明確にする。それは当然として、将来の種まきをするのが価格比較の意義です。見積書は提示された瞬間を写し出します。でも調達・購買担当者は、同時にそれ以降を考えねばなりません。

また、残念ながら価格がいかに優位でも、品質も納期条件も優れていても、しが

らみや他部門の意向で採用できないサプライヤがいるのは事実です。つまり論理的ではない結論を下さないといけない場面があります。そのときに調達・購買部門が納得しているか。

採用しないとわかっていれば、そもそも見積書を依頼するなという話でしょう。ためしに「御社は当て馬で、採用する気もありませんが、本命を揺さぶるために見積書をください」といってみてください。いえないのだとしたら、相見積書を依頼すべきではありません。いわずとも態度は伝わります。

●間接材でもコスト要素の横並び比較が重要

ここまで、やや直接材に特化した内容になってしまったものの、これは間接材でも同様です。見積書のフォーマット化と、その価格情報の備蓄を進めましょう。

図2-2は、翻訳業務見積りの実例です。見積フォーマットを統一していなかったとき、某社は各社からばらばらの見積りを入手していました。具体的には、サプライヤは、A社、B社、C社。翻訳の見積りを、「ページ単価×ページ数」で見積るところもあれば、「単語単価×単語数」で見積るところもあれば、「作業時間単価×

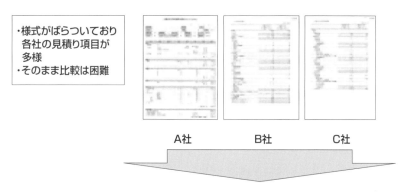

（単位：円）

A 社		B 社		C 社	
ページ単価	6,000	単語単価	12	作業時間単価	6,000
ページ数	24.5	単語数	11,520	作業時間数	24
翻訳費	147,000	翻訳費	138,240	翻訳費	144,000
その他経費、利益	18,700	その他経費、利益	23,736	その他経費、利益	15,080
合計	165,700	合計	161,976	合計	159,080

図2-2　統一されていない見積書

作業時間数」で見積るところもありました。

　これでは横並びの比較は困難です。実際に、調達・購買担当者は最終価格でしか
サプライヤを決定していませんでした。

　そこで、見積りフォーマットの統一を行いました。具体的には、B社が採用して
いた「単語単価×単語数」の見積り形式に統一しました。また、図表単価も明確化
してもらわねばなりません（それまでは「経費」のなかに紛れ込んでおり、いくら
かかっているのかわかりませんでした）。加えて、利益率も明示化してもらいまし
た（図2-3）。

（単位：円）

A　社		B　社		C　社	
単語単価	12.8	単語単価	12.0	単語単価	12.5
単語数	11,520	単語数	11,520	単語数	11,520
翻訳費	147,000	翻訳費	138,240	翻訳費	144,000
図表フォーマット単価	2,000	図表フォーマット単価	1,500	図表フォーマット単価	2,500
図表数	2	図表数	2	図表数	2
図表フォーマット費	4,000	図表フォーマット費	3,000	図表フォーマット費	5,000
利益	14,700	利益	20,736	利益	10,080
合計	165,700	合計	161,976	合計	159,080

図2-3　見積書記載項目の統一

　これで、次が可能となります。
・同項目でのA社、B社、C社のコストレベル比較
・これまで不明確だった価格の詳細内容把握
・各社の「強み」「弱み」の明確化と、目標価格の設定

このうち、最後の〈各社の「強み」「弱み」の明確化と、目標価格の設定〉について補足しておきます。これは要するに「いいとこ取り」です。見積り項目を統一すれば、A社、B社、C社のそれぞれが、どの項目について最安値かわかります。その3社のうち、最安値項目だけを抽出して「目標価格」を設定するのです。

A 社		B 社		C 社			min価格	
単語単価	12.8	単語単価	12.0	単語単価	12.5		単語単価	12.0
単語数	11,520	単語数	11,520	単語数	11,520		単語数	11,520
翻訳費	147,000	翻訳費	138,240	翻訳費	144,000		翻訳費	138,240
図表フォーマット単価	2,000	図表フォーマット単価	1,500	図表フォーマット単価	2,500		図表フォーマット単価	15,00
図表数	2	図表数	2	図表数	2		図表数	2
図表フォーマット費	4,000	図表フォーマット費	3,000	図表フォーマット費	5,000		図表フォーマット費	3,000
利益(翻訳費の10%)	14,700	利益(翻訳費の15%)	20,736	利益(翻訳費の7%)	10,080		利益	5,677
合計	165,700	合計	161,976	合計	159,080		合計	150,017

・各社から統一項目で見積りを入手
・各社のmin価格を抽出し、min価格合計を算出
・その価格をもとに各社と交渉を実施した

図2-4　見積書比較による目標値の設定

たとえば、**図2-4**の例では、B社は3社のうちで「単語単価」「図表フォーマット単価」が最も安く、C社は「利益率」がもっとも低くなっています。その「いいとこ取り」をするのです。図では「min価格」と右側に載せておきました。

ところで各社の最安値要素を抽出したものを「目標価格」と呼ぶのは、いささか逡巡があります。なぜなら、それは各サプライヤの実情を無視しているからです。ただ、前述の「目標価格」は「絶対」目標値ではありません。むしろ、論理的可能値としての「目安」目標単価です。ただ、何の基準も持たないより、この「目標価格」を持ち交渉するほうが有利となります。その点からも、「目標価格」設定の重要性を語っておきたいのです。

●見積書様式の整備がすべての基本

これまで、「コスト削減・見積り査定」のA「見積り様式整備」をお話してきました。見積様式の整備は最適なサプライヤや価格決定の土台です（**図2-5**）。

そして理想は、細部の分析によって、サプライヤ毎の強みと弱みを把握すること

1. 見積り明細の標準化とコスト情報の蓄積

✓ 一過性ではなく、以後の調達にも利用できるよう、情報を意識してためることが重要
✓ 属人的ではなく、部門として共有することが重要

2. 相見積りの実施と詳細内容の入手

✓ 相見積りを必ず入手し、毎回妥当性を確認する
✓ 調達・購買担当者が必要とする見積り詳細項目を決め、サプライヤに回答してもらう

3. 見積り値の比較・適正な目標値の設定

✓ 見積り詳細はもらいっぱなしではなく、サプライヤの「強み」「弱み」を分析する
✓ 分析後、min値で目標値を作り、サプライヤ交渉に役立てる

図2-5　最適サプライヤ・価格決定の土台

です。同じプラスチック製品を供給してくれるＡ社とＢ社がいたとして、もしかしたら小型品はＡ社が安価で、大型品はＢ社が安価かもしれません。それは保有設備の違いかもしれませんし、特定のサイズは外注に依頼しているかもしれません。得手不得手がわかれば、交渉や工場見学の際に視点が加わります。また調達・購買部員が社内で会話するときに、「その製品ならＡ社ではなくＢ社だ」と目利きを喧伝できるかもしれません。

　考えてみれば、なんとなくＡ社が安い、感覚でＢ社が安い、といった直感的な調達業務から脱するためには、やはり見積の明細が必要です。

　面倒だと思わずに、製品ごとの見積書の様式を整備してください。

競合環境整備

●競合環境整備に必要なこと

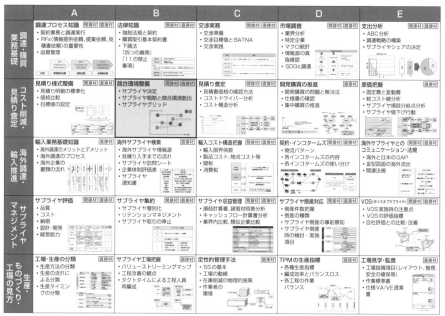

　ここからは「コスト削減・見積り査定」のBである「競合環境整備」を取りあげます。

　見積書様式の準備により見積明細がわかり、サプライヤ間の比較も容易となります。そのうえで、調達・購買部員が意識すべきは、「サプライヤと価格決定のルール化」です。調達・購買担当者のさじ加減でサプライヤを決めてしまえば、サプライヤには不信感が残ります。調達・購買部門とは、企業のなかでコストの番人です。その番人が、何のルールも基準もなくサプライヤと価格を適当に決めてはいけません。

　競合が上手く機能するためには、当然ではあるものの、サプライヤが「正しく評価されている」と感じる必要があります。優れた提案や価格を提示したら仕事を獲

得できると思えなければ誰も真剣にはなれません。あらかじめ仕事を獲得するサプライヤが決まっている出来レースの競合には、どのサプライヤも参加しなくなります。

ゆえにまず土台として、サプライヤ決定においては、他者が見ても公平・公正な評価を心がける必要があります。

図2-6　相対・絶対値評価によるサプライヤ決定

図2-6の左側は、◎○×△などを使い相対的に評価するもの。右側は、なんらかの指標をもって絶対値で評価するものです。他者が見ても公平・公正な評価を心がけましょう。Q（品質）C（コスト・価格）D（納期）を基本として、「開発、技術力」や「経営体制」「経営安定度」「企業姿勢」等を必要に応じて評価します。

多くの企業では「使いたいサプライヤに、意図的に高評価を与える」実態ではないでしょうか。それであれば本命以外のサプライヤから見積りを取る必要があるのでしょうか。単に「ちゃんと複数のサプライヤを比較して決めました」と証拠や言い訳を捏造したいだけではないかと疑ってしまいます。

高評価のサプライヤを採用できない企業間のしがらみもあるでしょう。しかし、だからといって評点を否めるのは別問題です。まずは純粋に評価をしたあとで、どうしても低評価サプライヤから調達するときは、それを記録として残しておくべきでしょう。そして高評価サプライヤから調達できるように考えることが、調達・購買部門の仕事だ、と私は思います。

本来は、正しい評価のうえで調達・購買部門の観点を反映せねばなりません。
・短絡的なサプライヤ決定になっていないか
・長期的な観点に立ったサプライヤ選定になっているか
・選択されなかったサプライヤの財務リスクはないか

調達・購買担当者は「点」で意思決定しがちです。目の前の案件だけを見た短絡的な意思決定になっていないでしょうか。中長期的な評価に耐えうるサプライヤ決

定となっているでしょうか。

　選択されなかったサプライヤは生産縮小等、財務リスクはないでしょうか。最悪の場合、倒産する可能性はないでしょうか。これら詳細を詰めていけば、戦略性のあるサプライヤ決定となるでしょう。競合環境整備には地道な積み上げが重要です。

●サプライヤ戦略と競合環境創出

　なお、競合環境創出の大きな方向性としてマトリクスで表現ができます。横軸が自社のサプライヤ依存度、縦軸がサプライヤの自社依存度です（**図2-7**）。このように整理すると自社とサプライヤのポジショニングが理解できます。

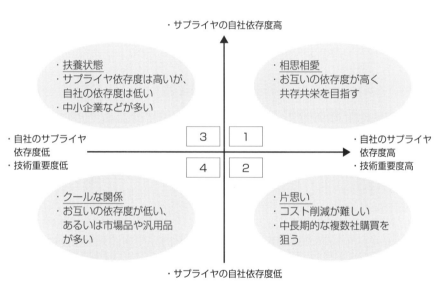

図2-7　サプライヤのポジショニングマトリクス

・第一象限：相思相愛。自社のサプライヤ依存度＝高／サプライヤの自社依存度＝高
・第二象限：片思い。自社のサプライヤ依存度＝高／サプライヤの自社依存度＝低
・第三象限：扶養状態。自社のサプライヤ依存度＝低／サプライヤの自社依存度＝高
・第四象限：クールな関係。自社のサプライヤ依存度＝低／サプライヤの自社依存度＝低

　この場合、たとえば**図2-8**のような環境創出が考えられます。

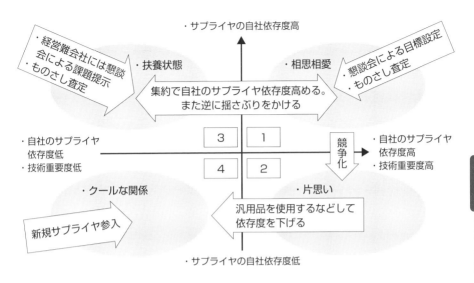

図2-8　サプライヤのポジショニングによる環境創出

・第一象限：相思相愛。両社が依存状態にあるため、トップ同士の定期的な懇談会などを通じて、先方の営業戦略と自社の調達戦略が軌を一にしているか確認します。そのうえで、彼らのコスト競争力の実力が、自社の調達品の実力に直結しますので、特定テーマの目標値を設定し両社で近づけるような施策を講じましょう（「ものさし査定」）。たとえば、特定の製造プロセスを○○秒以下、特定工程の賃率を○○円以下などです。ただ、同時に、この領域のサプライヤが立場に安穏としてもらっては緊張感を欠きます。そこで、目標を達成できなければ発注量を減らすなど、揺さぶりをかけていくのも重要です。立場を失うかもしれない緊張感。集約かつ競争状態、という矛盾に満ちた扱いです。

・第二象限：片思い。サプライヤは、自社からの受注がなくても困らない状態です。自社は主要顧客ではありません。したがって、片思いゾーンについては、第一象限の相思相愛サプライヤが参入できないか検討したり、依頼したりしてみましょう。片思いサプライヤが他社の参入によって本気になってくれるかもしれませんし、あるいは相思相愛サプライヤに置き換え、価格の適正化が実現したりするかもしれません。また、そもそも仕様を見直し、汎用品などを使用できれば、そもそも第四象限の位置に変化させられるかもしれません。

・第三象限：扶養状態。自社からの受注に大きく依存している状態です。QCDなどに優れたサプライヤであれば問題がありません。相思相愛ゾーンに移行できな

いか検討しましょう。それが既存の相思相愛サプライヤへの揺さぶりになります。また、優れたサプライヤの活用を広める意思の表明にもなります。ただし、逆に、依存度は高いもののQCDに優れていない、あるいは経営難のサプライヤが存在する場合も多々あります。言葉は悪いのですが、切るに切れない場合です。その際、第一象限と同じく、トップ同士の懇親会が欠かせません。経営状態を監視し、改善目標を提示しましょう。生き残っていただくために、価格レベルはこの程度でなければならないとか、技術水準としてこれができなければならないといった具体的なテーマを提示しましょう（「ものさし査定」）。

・第四象限：クールな関係。自社もサプライヤも互いに重要視していません。ショッピング状態にありますので、新規サプライヤの参入を狙います。

●サプライヤグリッド

なお前述の競合環境創出を考えるマトリクスにおいては、依存度を軸にしていました。おなじ相思相愛でも、おなじ扶養状態でも、説明したとおりサプライヤのパフォーマンスによって取り扱いを左右します。

そこで、このマトリクスを通じて思惟を重ねたあとに、中長期的なサプライヤごとのシェアを視覚化するのがサプライヤグリッド（**図2-9**）です。これはそのまま競合環境創出の見取り図になります。

このサプライヤグリッドは調達・購買部門の方向性を示す際に、よく使われま

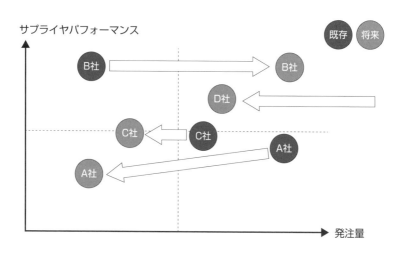

図2-9　サプライヤグリッドのサンプル

す。横軸が発注量で、サプライヤのシェアを示します。縦軸はサプライヤパフォーマンスです。上に行くほどすぐれたサプライヤだと考えてください。価格が安価だったと考えていただいてもよいですし、本書でのちほど説明する評価の評点が良かったと思ってもかまいません。

このサプライヤグリッドでは、「既存」状態と「将来」状態を図示しています。

・A社：パフォーマンスはさほど良くないのに、圧倒的なシェアを誇っています。この位置にはふさわしくない。そこで中期的には発注シェアを落とすとしましょう。

・B社：優れたパフォーマンスにもかかわらずシェアは高くありません。これは報いるために発注量を増やしていく方向性とします。

・C社：パフォーマンスには凡庸。中期的には発注量を減らします。

・D社：国内外の新規サプライヤです。B社のシェアを増やしていくものの、B社にもライバルがほしい。競合環境を創出するために、新たな競合相手を連れてくるイメージです。

このようにサプライヤグリッドでまとめれば、社内で議論する際にも有益でしょう。調達・購買部門の考えをぱっと見せられます。

●競合環境整備後に魂を入れる

また、当然ですが、競合環境が整っても、調達・購買部員が環境破壊しないように努めましょう。

・取り扱いの公平性：特定サプライヤに肩入れすることなく、すべてのサプライヤを公平・公正に扱う

・情報漏えいの回避：他サプライヤ情報を漏らさない

冒頭で説明したとおり、優れた提案や価格を提示したら仕事を獲得できると思えなければ誰も真剣にはなれません。それなのに、信じられないほど多くの調達・購買部員が、採用しなかったサプライヤに通知をしていません。サプライヤから質問されて「あの案件は他のサプライヤに決まりました」というくらいです。しかも、敗北の理由を訊いても、はぐらかすか、無視するのが当然の調達・購買部門もあります。

考えてみればわかるとおり、見積書や提案書には相当な時間がかかっているはずです。なしのつぶてであれば、次回に奮い立つ人はほとんどいません。サプライヤがかけた時間くらいは、真剣に説明する時間を費やすくらいの覚悟が必要ではない

でしょうか。

　私は以前、「当て馬から見積書をもらうくらいだったら、その見積書を偽造したほうがマシだ」と主張しました。極論ですが、間違っていると思えません。逆に、どの点がいたらなかったのか、そして、どう改善してもらったら次回こそは採用の可能性が高まると説明したほうが訴求性は高まります。

　ふざけた態度の調達・購買人員のいる企業の製品や商品を買おうと思わないはずです。むしろ、調達・購買業務とは、自社のファンを増やす取り組みではないでしょうか。SNSは人々をつなげ価値を生み出しています。調達・購買業務は企業と企業をつなげ価値を創出する仕事とすれば、調達を通じて多くの企業と触れ合う意味を再考するべきだと私は思うのです。

　それが最適調達への近道だ、とすら私は考えています。

見積り査定

●見積書査定の重要性

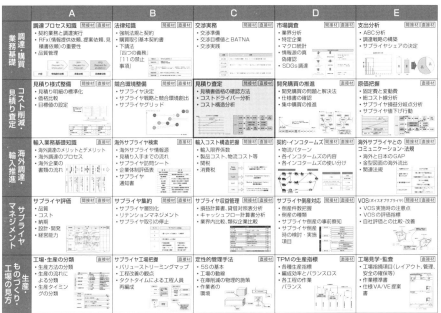

	A	B	C	D	E
調達・購買業務基礎	調達プロセス知識 [間接材][直接材] ・契約業務と調達実行 ・RFx(情報提供依頼、提案依頼、見積書依頼)の重要性 ・品質管理	法律知識 [間接材][直接材] ・強制法規と契約 ・購買取引基本契約書 ・下請法 「四つの義務」 「11の禁止事項」	交渉実務 [間接材][直接材] ・交渉準備 ・交渉目標とBATNA ・交渉実践	市場調査 [間接材][直接材] ・業界分析 ・特定企業 ・マクロ統計 ・情報源の真偽確認 ・SDGs調達	支出分析 [間接材][直接材] ・ABC分析 ・調達戦略の構築 ・サプライヤシェアの決定
コスト削減・見積り査定	見積り様式整備 [間接材][直接材] ・見積り明細の標準化 ・価格比較 ・目標値の設定	競合環境整備 [間接材][直接材] ・サプライヤ決定 ・サプライヤ戦略と競合環境創出 ・サプライヤグリッド	見積り査定 [間接材][直接材] ・見積書価格の確認方法 ・コストドライバー分析 ・コスト構造分析	開発購買の推進 [直接材] ・開発購買の問題と解決法 ・仕様書の確認 ・集中購買の推進	原価把握 [直接材] ・固定費と変動費 ・総コスト線分析 ・サプライヤ損益分岐点分析 ・サプライヤ値下げ行動
海外調達・輸入推進	輸入業務基礎知識 [直接材] ・海外調達のメリットとデメリット ・海外調達のプロセス ・海外企業の書類の流れ	海外サプライヤ検索 [直接材] ・海外サプライヤ情報源 ・見積り入手までの流れ ・サプライヤ訪問シート ・企業体制調査表 ・サプライヤ通知書	輸入コスト構造把握 [間接材][直接材] ・輸入限界係数 ・製品コスト、物流コスト等 ・関税 ・消費税	契約・インコタームズ [間接材][直接材] ・物流コスト ・各インコタームズの内容 ・各インコタームズの使い分け	海外サプライヤとのコミュニケーション・法規 [間接材][直接材] ・海外と日本のGAP ・金型図面の海外流出 ・関連法規
サプライヤマネジメント	サプライヤ評価 [間接材][直接材] ・品質 ・コスト ・納期 ・設計・開発 ・経営能力	サプライヤ集約 [間接材][直接材] ・サプライヤ層別化 ・リテンションマネジメント ・サプライヤ取引の停止	サプライヤ収益管理 [間接材][直接材] ・損益計算書、貸借対照表分析 ・キャッシュフロー計算書分析 ・業界内比較、類似企業比較	サプライヤ倒産対応 [間接材][直接材] ・倒産件数把握 ・倒産の種類 ・サプライヤ倒産の事前察知 ・サプライヤ倒産時の検討・実施項目	VOS(ボイスオブサプライヤ) [間接材][直接材] ・VOS実施の注意点 ・VOSの評価指標 ・自社評価との比較・改善
生産・ものづくり・工場の見方	工場・生産の分類 [直接材] ・生産方法の分類 ・生産の流れによる分類 ・生産タイミングの分類	サプライヤ工場視点 [直接材] ・バリューストリーミングマップ ・工程改善の観点 ・タクトタイムによる工程人員再編成	定性的管理手法 [直接材] ・5Sの基本 ・工場の動線 ・在庫削減の物理的施策 ・作業者の環境	TPMの生産指標 [直接材] ・各種生産指標 ・編成効率とバランスロス ・各工程の作業バランス	工場見学・監査 [直接材] ・工場指標項目(レイアウト、管理、安全の確保等) ・作業標準書 ・仕様VA/VE提案書

　ここからは「コスト削減・見積り査定」のCである「見積り査定」を取りあげます。

　サプライヤの価格は、競合によって下がります。相見積書の効果です。しかし、競合環境を整備すると同時に、調達・購買担当者はコストを見る目を養う必要があります。単に競わせるだけなら誰にでもできます。もちろんそれが一つのスキルであったとしても、サプライヤを競わせるだけでは、調達・購買担当者としては未熟です。

　そこで、コスト査定方法はどうすればよいでしょうか。みなさんが椅子を調達しているとしましょう。その際、もらった見積書が高いかどうかを確認するためには、どのような確認方法があるでしょうか。

図2-10に記載しておきました。

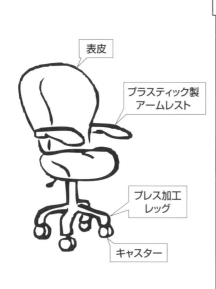

表皮

プラスティック製
アームレスト

プレス加工
レッグ

キャスター

どんな方法があるでしょう？

競合他社比較
競合結果により価格の妥当性を見る方法。
最も一般的かつ、どのパターンにも適用可能

類似品実績比較
同一/他サプライヤで以前発注したことのある
類似品と比較し価格の妥当性を見る方法

前回発注比較
同じ製品をかつて発注していれば、その時点からの
変化を考慮し価格の妥当性を見る方法

製品機能比較
コア機能を比較し、類似品・近似品からの
機能変化を考慮し価格の妥当性を見る方法

市場流通品比較
マーケットリサーチや店頭販売価格、web等で入手
した価格と比較し価格の妥当性を見る方法

コストテーブル比較
材料費、加工費、購入部品、設備・金型・検査具の、
過去実績と比較して価格の妥当性を見る方法

図2-10　コストの比較方法

1. 競合他社比較
2. 類似品実績比較
3. 前回発注比較
4. 製品機能比較
5. 市場流通品比較
6. ストテーブル比較

　これらのうち、1. はいわゆる相見積書を取得するもので、ほかを補足しておきます。

　2. と4. の違いは、こう考えてみてください。2. 類似品実績比較は、かつてプレス部品を調達していたとして、その穴あき品を調達する場合です。その場合は、穴あけコストだけが加算されているかを見ます。それ以外の不要なコストが加算されていないかを確認しましょう。いっぽうの4. 製品機能実績は、たとえば14インチのディスプレイを調達したことがあるときに、21インチのディスプレイを調達

する場合。この場合は、中心となる機能はディスプレイの大きさですから、その比例分の価格になっているかをチェックします。

　次に、3.　前回発注比較ですが、少なからぬ企業では、同一品でも過去の価格と現在の価格がばらついています。コスト削減のネタを探す前に、調達価格が上がっていないか確認しておきましょう。中身は同一品なのに図面番号や製品番号が異なる際には注意が必要です。

　そして、5.　市場流通品比較。これにはさまざまな方法があります。webで調査する場合もあれば、調査会社に委託する場合もありますし、サプライヤからおおよその市場価格をヒアリングする場合もあるでしょう。また、やや意味が外れるものの、自社の他事業所が購入している価格の把握も有益です。たとえば、自社の海外事業所が何をいくらで購入しているのか知っているでしょうか。また建設資材であれば市販の物価集も参考になります。これらを総合的に勘案して市場の価格を類推する方法です。

　これらの調査・把握を行ったうえで、6.　コストテーブル比較、につながる二つの査定方法を説明していきます。

●コスト査定の二つの査定方法

　その二つの査定方法とは「コストドライバー分析」と「コスト構造分析」です（図2-11）。直感的にいうと、前者は価格に決定的な要素（コストドライバー）を見つけて、それと価格との相関から適切な価格を導いていく分析のことです。

コストドライバー分析

・製品の主要なコスト決定要因（コストドライバー）と価格の関係を分析するもの
・主に部品間、取引先間などの価格比較のための分析

コスト構造分析

・部品、アイテム単位でのコスト構造に関する分析であり、
　原価計算をもとにコストを積算していくもの

図2-11　コストドライバー分析とコスト構造分析

（1）コストドライバー分析

　たとえば、アルミの加工品を調達する場合を考えましょう。さまざまなアルミの加工品を調達しているうちに、この調達担当者は製品の重さと価格に相関があると

第2章　コスト削減・見積り査定

気づきます。1kgのアルミ加工品、2kgのアルミ加工品、5kgのアルミ加工品……と調べると、たしかにキロ数を確認すれば価格を類推できそうです。あらたにアルミ加工品を調達する際には、図面を確認し、まず重さを確認するようにしました。この場合は、「重さ」がコストドライバーになるからです。

　もちろんこの重さは一例にすぎません。もしかすると製品の長さ、面積、体積、時間……などがコストドライバーになるかもしれません。仕様・特徴のうち単一要素で価格を予想できる調達品は、コストドライバー分析が適しています。

　(2) コスト構造分析

　いっぽう、コスト構造分析は、原価（コスト）要素を一つひとつ積み上げていくものです。材料費はいくらで、労務費はいくらで、設備加工費はいくらで、金型費はいくらで、経費・利益はいくらが適正かを計算して、合算し適切な価格を類推します。

　さきほどのアルミ加工品で考えるのであれば、アルミの材料費はどれくらいかかるか、それを加工する作業者のコストを計算したり、機械のコストを計算したりします。そしてアルミ加工品を生産している同業者の状況を確認し、妥当と考えうる粗利益などを加算して、その製品の価格を決定します。

　コストドライバー分析は、製品の仕様・特徴から一つの要素を抜き出して価格を類推しました。対比となるコスト構造分析は、むしろゼロからすべての価格要素を試算し積み上げることで真のコストに近づこうとするものです。

　なお、このコストドライバー分析とコスト構造分析は、どちらかが正解ではありません。時と場合によって使い分ければよいでしょう。そもそも時間的に余裕がなければ、コストドライバー分析とコスト構造分析のどちらも実施が難しく、相見積で安価なサプライヤを選択するだけかもしれません。

　ただし、重点的に管理する調達品であればコストドライバー分析を実施、さらに最重要調達品であればコスト構造分析までを実施するなど、それは調達・購買部門の意思しだいです。

●コストドライバー分析の実践

　コストドライバー分析を実践してみましょう（図2-12）。

　コストドライバー分析で必要なデータを得るために、これまでの調達履歴を調べて、価格とコストドライバーを抽出していきます。製品名称と調達価格については、調達システムからすぐさまダウンロードできるはずです。次にコストドライ

①共通のコストドライバーで分析できる類似品を抽出

②縦軸を調達価格とし、横軸にコストドライバーをプロット

③グラフ上に傾向線を引く

④バラツキを見て、差異を確認

⑤妥当性がない品目についてはコスト削減を検討

図2-12　コストドライバー分析の手順

バーですが、まずみなさんが「コストドライバーではないか」と思うものでかまいません。「製品の重さと価格に相関があるのではないか」と思えば、製品図面を調べ、それぞれの重さを一つひとつ抽出しエクセルに書き入れましょう。あるいは社内の設計者や、サプライヤの営業パーソンに訊いてもかまいません。ただ、みなさんが「コストドライバーではないか」と思ったものを使い価格を類推できるかどうか。そもそも選んだコストドライバー候補が間違いではないか。あとで、その正否については説明します。

　データができたら、エクセルでグラフ機能の散布図を使って図示してみましょう。図2-13はサンプルなので、横軸は「g」と思っていただいても「kg」と思っていただいても構いません。いわゆるコストドライバーの値です。縦軸も同様に「円」でも「千円」でも、なんと思っていただいても大丈夫です。なんにせよ、それぞれのコストドライバー数値とそれぞれの調達品の価格（単価）のグラフを作成

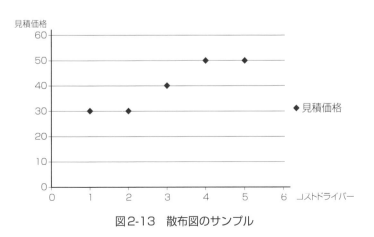

図2-13　散布図のサンプル

します。

　ここで散布図の点上から、「近似曲線の追加」→「線形近似」と選択していき（**図2-14**）、「グラフに数式を表示する」「グラフにR-2乗値を表示する」をチェックしてください（**図2-15**）。

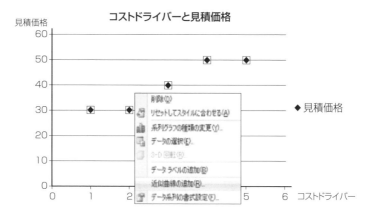

図2-14　エクセルでの操作①

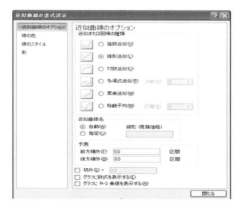

図2-15　エクセルでの操作②

　するとグラフに数式とR^2と表示された値が登場します（**図2-16**）。この数式の意味は、y（価格）は、x（コストドライバー）の6倍に22を足したものですよ、ということです。たとえば、コストドライバーの値が10の調達品を買うときには、

$10 \times 6 + 22 = 82$円程度が適切ということになります。

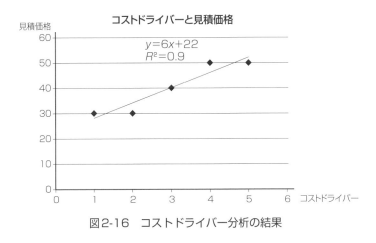

図2-16　コストドライバー分析の結果

　ここで、先にあげた通り、注意が一つあります。このコストドライバーが間違っていたときはどうしたらよいでしょうか。というのも、どんなデタラメなコストドライバーを抽出したとしても、エクセルでなんらかの線が引けてしまうからです。極端な例をあげれば、サプライヤの操業年数と価格に相関があると考えたとします。そんなことはありえません。なので、めちゃくちゃな散布図になるはずです。

　このチェックに、さきほどチェックした「グラフにR-2乗値を表示する」が使えます。これは、統計的な意味では、決定係数といって、相関を自乗（2乗）したものです。厳密な解説ではないものの、相関とは二つのデータの親和性とこの二つのデータを使うことの正しさを示します。相関はマイナス1から、プラス1までの範囲をとります。それを自乗するので、直感的には、この決定係数が1に近いほど、「使える」コストドライバー分析となるのです（図2-17）。

　相関が0.9あれば、決定係数は0.8になります（正確には$0.9 \times 0.9 = 0.81$）。これくらい値が高ければ、コストドライバーとして使用可能です。では、決定係数が高くなかったらどうしたらよいでしょうか。残るは二つです。

　一つめ、そもそもコストドライバーの設定が間違っていた場合。ならば、あらたなコストドライバー候補を探してみましょう。二つ目、そもそもコストドライバー分析で価格を類推できるほど単純ではなく、コスト構造を行うべき場合。その際は、79頁から説明するコスト構造分析をやってみましょう。

決定係数（R²）の値	コストドライバー適合度
0.8以上	コストドライバーとして使用可能
0.5以上	コストドライバーとして使用可能だが、絶対目標としては危険
0.5未満	コストドライバーとして使用は困難

図2-17　決定係数（R²）の見方

●独学者のために（参考パート）

　勉強熱心な読者のために補足します。コストドライバー分析の結果としてグラフに表示された数式「y = 6x + 22」について、より深い解説を知りたいでしょう。この係数や切片である「6」「22」の二つの数字はどうやって計算すればよいのでしょうか。このサンプルでは、「6」「22」とわかりやすい数字であるものの、小数点がある場合は正しく把握したいはずです。おなじくグラフ上に記載される「0.9」という決定係数を自分でも計算したくなるでしょう。

　そこで、三つのエクセル関数を紹介します。

1. 「slope」関数：傾きを求める
2. 「intercept」関数：切片を求める
3. 「rsq」関数：決定係数を求める

エクセルで試行すれば、すぐにわかります。

　「=slope（既知のy，既知のx）」「=intercept（既知のy，既知のx）」「=rsq（既知のy，既知のx）」と表示されます。繰り返すと、y（＝縦軸）は価格、x（＝横軸）はコストドライバーですから、それを入力してください。これらの関数を使えば、グラフ上ではなく、セルのなかに「傾き」「切片」「決定係数」を計算できます。これらを計算し、新規調達品の価格を具体的に試算できるはずです。もしこのコストドライバー分析にご興味のある方がいれば、パソコンで実際に手を動かして確認してみてください。

●コストドライバー分析の例外処理

　ところで、こんな場合のコストドライバー分析を考えてみましょう。

　図2-18をもとにコストドライバー分析をすると、決定係数が高いにもかかわらず、図2-19のようになります。

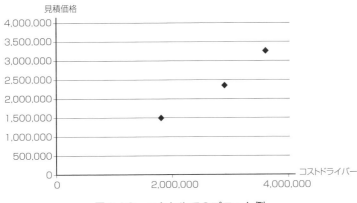

図2-18　エクセルでのプロット例

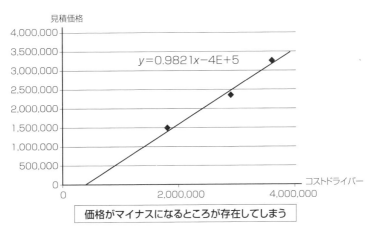

$$y=0.9821x-4E+5$$

価格がマイナスになるところが存在してしまう

図2-19　コストドライバー分析の不具合

　これには違和感があります。コストドライバー値が小さいものを調達しようとすると、価格がマイナス（つまりサプライヤからお金をもらえる）になります。データの処理としては正しいかもしれないものの、これでは気持ち悪くてしかたがありません。この対処法は、次の通りです。

・対応①：無対処『気持ち悪いけれど、そのまま』
　価格がマイナスになるようなコストドライバー値のものを調達しない場合、そのまま放置することもありうる。

・対応②：固定費の設定『切片を0に設定』

エクセルのグラフでは、切片＝固定費を設定できる。そこに0などと設定することで、マイナス価格を回避できる。

・対応③：グラフの指数化『曲線的なコストドライバー線を模索』

　作れば作るほど、コストが発生する場合は、指数分析を行う（エクセルで指数近似を選択する）。サプライヤの実際のコスト構造もこれに近い場合は、直線のコストドライバー分析よりも精緻になる。ただし、数式が複雑になりすぎるためレベルは高くなる。

　統計的・数学的な正しさよりも、実務的に使えるかが優先です。自社がコスト交渉するのに使える分析結果となるよう、上記3対応策をご参考に、コストドライバー線を調整してみましょう（図2-20）。

　なお、前述のサンプルもこのサンプルでも、10個未満のデータを散布図で表現しています。ただし、可能であれば、20〜30個以上の過去履歴データを抽出してください。絶対的な基準ではなく、一つの目安です。少ない調達履歴で分析しよう

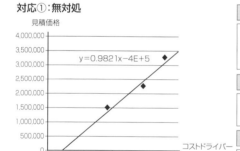

対応①：無対処
・コストテーブル上で価格がマイナスになる範囲の製品を購入せず、実務上問題がない場合はそのまま使用する

対応②：固定費の設定
・固定費0（ゼロ）あるいは固定数で設定することによりマイナスを回避する

対応③：グラフの指数化
・価格が直線ではなく指数的に上昇するものについては、指数分析を行う

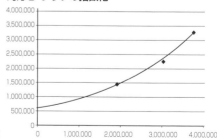

図2-20　コストドライバー分析の例外処理

とするよりも、多くの調達履歴で分析したほうが精度は高くなります。

コストドライバー分析は、文字通りコストドライバーとなる価格要素だけで価格を類推します。ただ、ちゃんと分析するのは難しい。決定係数の値に気をつけながら分析してみてください。

●コスト構造分析の基本

コストドライバー分析できない場合、コスト構造分析の登場です。コスト構造分析では次の項目をそれぞれ試算します（**図2-21**）。

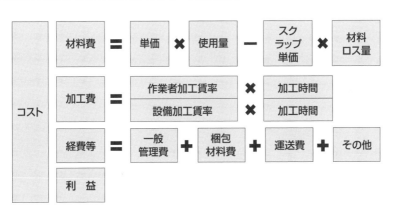

図2-21　コスト構造分析の原価構成

「材料費」「加工費」「経費等」「利益」です。最後の「経費等」「利益」の名称は厳密ではありませんが、あわせて「管理費利益」か「粗利益」と呼んでもかまいません。製造原価に加算するマージンと考えてください。

たとえば、ボールペンの樹脂ケースを調達するとすれば、
・材料費：樹脂（プラスチック）のコスト
・加工費（1）：工場作業者のコスト
・加工費（2）：設備加工（射出成形）のコスト
・経費・利益：その他工場や本社の直接・間接コスト
を計算します。

①コスト構造分析〈材料費〉
材料費は、**図2-22**のように計算します。

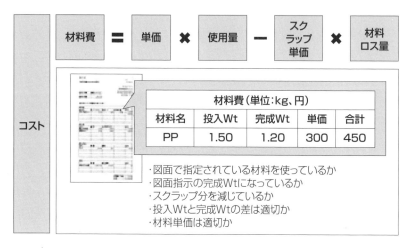

材料費（単位：kg、円）

材料名	投入Wt	完成Wt	単価	合計
PP	1.50	1.20	300	450

・図面で指定されている材料を使っているか
・図面指示の完成Wtになっているか
・スクラップ分を減じているか
・投入Wtと完成Wtの差は適切か
・材料単価は適切か

図2-22　材料費の計算

　単純にいえば、使った材料量に、その材料単価を掛け算します。もしサプライヤの工場が、材料のスクラップ分を売却すれば、スクラップ分を引きましょう。

　上記の図（見積りサンプル）では、スクラップ分が減じられていません。ということは、サプライヤは「ロス分を売却できない」と主張しています。材料特性にもよりますので、ヒアリングのうえ査定します。

②コスト構造分析〈加工費〉「作業者」
　加工費は、図2-23のように計算します。

　加工費には二つあり、まず作業者のコストを取り上げます。ここではまず賃率を求めましょう。賃率とは、その作業者を雇うことで、サプライヤが1秒あたりいくらかかるかを示したものです。1秒あたりの費用負担がわかれば、自社向けの製品に作業者が100秒ほど働いてくれたら、賃率×100秒でコストが計算できますね。

　賃率は、1分あたりでも、1時間あたりでも、1日あたりでもかまいません。用途に応じて計算しましょう。正しく計算しようと思えば次になります。

　・作業者加工賃率＝（作業者にかかるコスト）÷（稼働可能時間×稼働率）

　作業者にかかるコストは、図にあるとおり、給料や賞与などさまざまです。日本語の定義上、「福利厚生費」に社会保障費を含みます。ここには年金や医療費が包

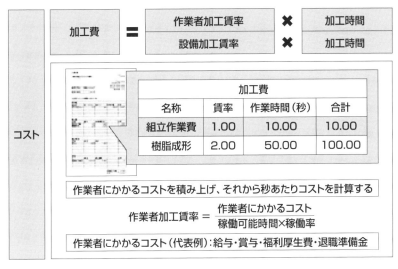

図2-23　加工費「作業者」の計算

含され、さらには各種手当や日当なども包まれます。

　たとえば、作業者にかかるコストが年間で1000万円として、稼働日数が200日、一日10時間働き、稼働率は100％だとしましょう。現実とは離れた仮定ですが、この作業者の賃率はこうなります。

　・10,000,000円÷（200×10×60×60×100％）≒1.39円

　上記の式では「×60×60」として、秒あたりの賃率を求めています。時間あたり賃率ならば、この「×60×60」は不要です。必要に応じて計算してください。

　ところで、この賃率の計算はやっかいです。というのも、調達・購買担当者がサプライヤの工場を見学するときに、働いている作業者を雇うことによるサプライヤの必要コストを計算できませんよね。私たちには教科書的な賃率計算とともに、現実的な計算手法が必要です。そこで教科書的な説明から飛躍し実務的な結論を述べます。

　・賃率：1秒＝1円

　上記の賃率で計算してください。作業者が調達品一個あたり10秒動いてくれて

いれば10円と計算するのです。これはわかりやすい指標だと私は思います。時間あたり3600円、稼働率込みで1日7時間働き、月に22日勤務するとします。そうすれば、月のコストは55万円くらいになるはずです。この金額は工場作業者の実際と比較すると妥当でしょうか。

結論をいえば、各種調査を参考にし、さらに、直接作業に関わらない班長やライン長などのコスト分を加算してみると、1秒＝1円は現実としても妥当な数字です。もっとも私は1秒＝1円が絶対的に正しいと主張してはいません。各種のコスト調査を見ていただければ、地域差が大きいとわかるでしょう。それに、業種・業態によってさまざまです。また、その他労働条件によって、賃率が低くなる場合もあります。したがって、1秒＝1円は簡易的な指標とし、それ以降の深掘りは各自にお任せします。

②コスト構造分析〈加工費〉「設備」

もう一つの加工費、設備加工費の計算です（図2-24）。

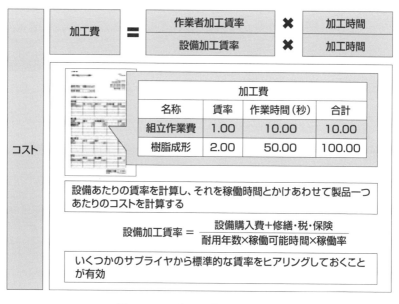

図2-24　加工費「設備」の計算

これは、下の式で計算できます。

・設備加工賃率＝（設備購入費＋将来にわたってかかると予想される、修繕・税・保険）÷（耐用年数×稼働可能時間×稼働率）

たとえば、分子（設備購入費＋将来にわたってかかると予想される、修繕・税・保険）が3億円として、分母は、耐用年数が10年、稼働日数が年間300日、一日10時間の稼働で、稼働率は100％だとしましょう。すると、この設備の賃率はこうなります。

・300,000,000円÷（10×300×10×60×60×100％）≒2.78円

直感的にいえば、10年使う設備があるときに、1秒の稼働あたりお客に2.78円を請求できれば設備費がまかなえます。10年を超えても使い続ける場合は、お客に請求しているコストが、実際には回収済みです。そのような設備を「償却済設備」と呼びます。逆にいえば、「償却済設備」を動かせば、サプライヤの利益になるのですね。

ここで、練習問題をやってみましょう。

【練習問題】
設備購入費と将来それに付随する修繕・税・保険（予想値）をすべて含めて2億円だったとします。また、この設備の耐用年数は10年で、稼働日数は年間200日、一日稼働可能時間は10時間、稼働率は100％とします。
このとき、「設備加工賃率はいくらになるか」計算してください。

1. 時間あたり設備加工賃率＝200,000,000÷（10×200×10×100％）
　　　　　　　　　　　　　＝10,000円
2. 分あたり設備加工賃率＝10,000円÷60
　　　　　　　　　　　　＝166.67円
3. 秒あたり設備加工賃率＝166.67÷60
　　　　　　　　　　　　＝2.78円

（単位：円）

設備購入費等	耐用年数	年間稼働日数	一日稼働可能時間	稼働率	時間あたり設備加工賃率	分あたり設備加工賃率	秒あたり設備加工賃率
200,000,000	10	200	10	100%	10,000	166.67	2.78

③コスト構造分析〈経費等・利益〉

最後に、「経費等」「利益」の計算です。「経費等」は、製品一つひとつにかかる、その他の直接・間接コストです（**図2-25**）。

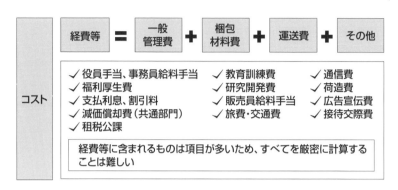

図2-25　経費等の内訳

しかし、製品一つひとつに間接コストを計算するのは現実的には不可能です。理論的には可能ですが、すくなくとも難しいとはいえます。たとえば、経費として加算すべき一般管理費には役員報酬が入っているものの、どうやって計算するのでしょうか。ボルト1本を調達しようとするとき、どうやってそのサプライヤの役員報酬をその1本に分解すればよいのでしょうか。

もちろん、間接コストを複雑な計算式によって導くことはできます。ABC（Activity-Based Costing）分析という手法があり、間接人員の活動した時間をベースに、一つひとつの製品にかかるコストを計算できます。しかし、製品を買う立場からいえば、相手（サプライヤ）の間接人員の活動秒数を把握できません。

そこで、よく使われているのは「経費等」「利益」を計算するために、「材料費」「加工費」に一定率をかける方法です（**図2-26**）。

調達・購買担当者とサプライヤがあらかじめ合意をしておき、そのパーセンテージをかけます。たとえば、材料費100円、加工費100円で、かつ一定率＝経費等・利益率＝10％で合意していたとすればこうなります。

・（材料費＋加工費）×経費等・利益率＝200円×10％＝20円

この査定価格は、200円＋20円＝220円になります。このように経費等・利益を計算すれば容易です。この率の業種平均を知りたければ、財務省が提供している

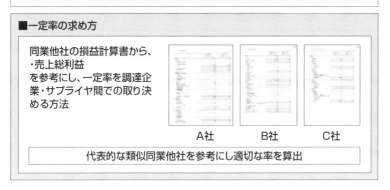

同業他社・類似製品・調達実績から一定率を定め、「材料費」「加工費」に掛ける方法

■一定率の求め方

同業他社の損益計算書から、
・売上総利益
を参考にし、一定率を調達企
業・サプライヤ間での取り決
める方法

A社　　B社　　C社

代表的な類似同業他社を参考にし適切な率を算出

図2-26　「経費等」「利益」の一定率の求め方

「法人企業統計」が参考になります。売上高100円にたいして、売上原価80円、売上総利益20円としましょう。この場合、売上原価とは工場で生じるコスト、売上総利益は売上高から売上原価を差し引いた粗利益です。この節でいう（材料費＋加工費）は売上原価と厳密にはイコールではなく、（経費等・利益）も厳密には粗利益とイコールではありません。

　ただ近似として考えれば生産するのに80円かかったものに、20円を加算して100円で販売しているイメージです。80円×1.25＝100円ですから、生産コストの80円に25％を加えていると理解できます。

　先の「法人企業統計」は業種平均を調査できますが、個別サプライヤの決算書からもこの経費等・利益率を確認可能です（**図2-27**）。同じく、売上総利益の箇所を参考にしましょう。

　財務諸表の読み方について長々とは書かないものの、「材料費」と「加工費」は、損益計算書のなかの「売上原価」に入っていることだけ覚えておいてください。経費等・利益を見たければ、「売上総利益」＝粗利益をチェックします（**図2-28**）。

　こうやって、業種平均ならびに、そのサプライヤの損益計算書の実績値も参考にしつつ計算するのです。

　査定とは、見積書を眺めるだけでは終わりません。各種のデータを自ら試算して、適正なコストを探求していきます。自分が納得できるよう、多面的に検証していきましょう。

　コストドライバー分析でもそうですが、とくにコスト構造分析では、それぞれの

第2章

コスト削減・見積り査定

区分	内容	内訳
Ⅰ売上高		収益
Ⅱ売上原価	売上高分に必要だった原価	費用
売上総利益	粗利益	利益
Ⅲ販売費及び一般管理費	営業パーソンの給与や建屋など	費用
営業利益	本業で達成した利益	利益
Ⅳ営業外収益	受取配当金など	収益
Ⅴ営業外費用	銀行への支払利息等	費用
経常利益	財務活動を含めた利益	利益
Ⅵ特別利益	有価証券の売却益など	収益
Ⅶ特別損失	災害による損失など	費用
税金等調整前当期純利益		利益
法人税、住民税、及び事業税		(費用)
当期純利益	税金を引いた後の事業の最終的な利益	利益

図2-27　損益計算書（P/L）の内訳

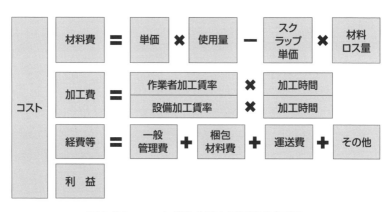

図2-28　コスト構造分析の原価構成（再掲）

計算仮定をいかに置くかによって最終査定価格も変化します。概算にしかならないかもしれません。

　ただ、まずはそれでよいと思うのです。調達・購買担当者が自ら、査定して計算してみる。そうすれば間違いであっても、サプライヤと価格の議論が進むはずです。サプライヤから、「この計算は成り立たない」といわれたら、むしろ喜ばしい。

それがきっかけとなって、正しい計算を学べるはずです。

　見積り査定は、「調達・購買側からすると、この価格が妥当に思える」というサプライヤへの「メッセージ」なのですから。

開発購買の推進

●上流段階でのコスト決定比率

	A	B	C	D	E
調達・購買 業務基礎	調達プロセス知識 [間接材][直接材] ・契約業務と調達実行 ・RFx(情報提供依頼、提案依頼、見積書依頼)の重要性 ・品質管理	法律知識 [間接材][直接材] ・強制法規と契約 ・購買取引基本契約書 ・下請法 ・「四つの義務」「11の禁止事項」	交渉実務 [間接材][直接材] ・交渉準備 ・交渉目標値とBATNA ・交渉実践	市場調査 [間接材][直接材] ・業界分析 ・特定企業 ・マクロ統計 ・情報源の真偽確認 ・SDGs調達	支出分析 [間接材][直接材] ・ABC分析 ・調達戦略の構築 ・サプライヤシェアの決定
コスト削減・見積り査定	見積り様式整備 [間接材][直接材] ・見積り明細の標準化 ・価格比較 ・目標値の設定	競合環境整備 [間接材][直接材] ・サプライヤ決定 ・サプライヤ戦略と競合環境創出 ・サプライヤグリッド	見積り査定 [間接材][直接材] ・見積書価格の確認方法 ・コストドライバー分析 ・コスト構造分析	開発購買の推進 [直接材] ・開発購買の問題と解決法 ・仕様書の確認 ・集中購買の推進	原価把握 [直接材] ・固定費と変動費 ・総コスト線分析 ・サプライヤ損益分岐点分析 ・サプライヤ値下げ行動
海外調達・輸入推進	輸入業務基礎知識 [直接材] ・海外調達のメリットとデメリット ・海外調達のプロセス ・海外企業の書類の流れ	海外サプライヤ検索 [直接材] ・海外サプライヤ情報源 ・見積り入手までの流れ ・サプライヤ防詐シート ・企業体制評価表 ・サプライヤ通知書	輸入コスト構造把握 [直接材] ・輸入限界係数 ・製品コスト、物流コスト等 ・関税 ・消費税	契約・インコタームズ [間接材][直接材] ・物流パターン ・各インコタームズの内容 ・各インコタームズの使い分け	海外サプライヤとのコミュニケーション・法規 [間接材][直接材] ・海外と日本のGAP ・金型図面の海外流出 ・関連法規
サプライヤマネジメント	サプライヤ評価 [間接材][直接材] ・品質 ・コスト ・納期 ・設計・開発 ・経営能力	サプライヤ集約 [間接材][直接材] ・サプライヤ層別化 ・リテンションマネジメント ・サプライヤ取引の停止	サプライヤ収益管理 [間接材][直接材] ・損益計算書、貸借対照表分析 ・キャッシュフロー計算書分析 ・業界内比較、類似企業比較	サプライヤ倒産対応 [間接材][直接材] ・倒産件数把握 ・倒産の種類 ・サプライヤ倒産の事前察知 ・サプライヤ倒産時の検討・実施項目	VOS(ボイスオブサプライヤ) [間接材][直接材] ・VOS実施時の注意点 ・VOSの評価指標 ・自社評価との比較・改善
生産・ものづくり・工場の見方	工場・生産の分類 [直接材] ・生産方法の分類 ・生産の流れによる分類 ・生産タイミングの分類	サプライヤ工場把握 [直接材] ・バリューストリーミングマップ ・工場の動態の観点 ・タクトタイムによる工程人員再編成	定性的管理手法 [直接材] ・5Sの基本 ・工場の動態 ・在庫削減の物理的施策 ・作業者の環境	TPMの生産指標 ・各種生産指標 ・編成効率とバランスロス ・各工程の作業バランス	工場見学・監査 [直接材] ・工場指摘項目(レイアウト、管理、安全の観点等) ・作業標準書 ・仕様VA/VE提案書

　ここからは「コスト削減・見積り査定」のDである「開発購買の推進」を取りあげます。

　開発購買を「研究・企画・開発の上流段階からコスト、品質、納期、サプライヤなどの情報を考慮しながら業務を進める取り組み」と定義します。考えてみればあたりまえです。調達・購買部門が関与していなくても、設計・開発部門は、QCDをはじめとするさまざまな要素を考えながら、製品開発や研究を進めているからです。

　皮肉ながら、開発購買という言葉は、調達・購買部門側からの一方的な想いを象徴しているように思えます。いわば、調達・購買部門が「研究・企画・開発の上流段階からコスト、品質、納期、サプライヤなどの情報を考慮しながら業務を進める

こと」に携われなかったので、「開発購買」なる単語が創出されたのです。ただ、皮肉は控えたとしても、実際に開発購買が実現できれば、より良い調達構造を実現できるのは間違いありません。

では、上流に介入することは、どれくらい重要なのでしょうか。一般的に経験カーブとして、製品コストの決定率が語られます。

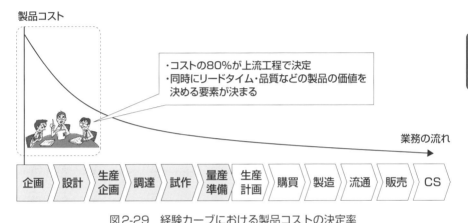

図2-29　経験カーブにおける製品コストの決定率

図2-29が表現しているとおり、製品コストの80％が企画・開発の上流工程で決定します。実際、某社で調査した結果もほぼ同じです。これ以降、サプライヤとの交渉を頑張っても、左右できるコストはプラスマイナス20％でしかありません。根本的なコスト削減を目指すのであれば、上流に介入する必要があります。企画・設計上流段階でのQCDの作り込みが自社の利益にダイレクトにつながるのです。

●開発購買が実施できない問題と解決策

ならば、すぐさま調達・購買部門と設計・開発部門の協業をはじめればよいはずです。一緒になって議論を重ね、仕様やサプライヤを決めればよい。しかし、各社ともなかなかうまくいっていません。私が思うに、その理由は三つあります。

1.　各部門目標の問題

設計・開発部門は、新たな技術を適正な価格で製品化しようと目指しています。単に安価な製品や安価なサプライヤを使いたいわけではありません。調達・購買部門が単純な「コスト削減」を目標にしている場合はギャップが生じます。

設計・開発部門からすれば、製品開発に調達・購買部門が参入して、どのような効果があるのかわからないかもしれません。メリットがない、あるいはメリットがわからないのに積極的に動く人はいません。

2. 情報の質の問題

　設計・開発部員は、自らが携わる技術領域のプロフェッショナルです。調達・購買部門が情報を提供しても、設計・開発部門は「そんなこと知っているよ」と感想を抱くかもしれません。それに、設計・開発部門が何らかの情報をほしいと思っても、それを調達側が察知できず、タイムリーに提供できない場合があるでしょう。

3. 調達・購買部門の評価設定問題

　設計・開発部員が調達・購買担当者に相談し、新たなサプライヤを探すとします。調達・購買担当者がサプライヤを検索し採用を検討することは、あきらかに自社に寄与する行為です。しかし、調達・購買部門内で、そのような活動が担当者として評価されなかったらどうでしょう。調達・購買担当者の最適解は、設計・開発部門と協業せずに、受領した仕様書に対して単に見積りを取ったり、交渉を繰り返したりすることです。

　ここで、これら1から3までの問題に一対になっているわけではありませんが、いくつかの解決策を述べておきます。

●解決策1. チーム化による開発購買

　チーム化とは、文字通り、複数の部門からメンバーを集める方法です。自動車産業のように大型プロジェクトを発足させ、メンバーを専任化する場合もあります。大部屋方式と呼ばれるものもあり、この方式においては製品・商品開発に関わる設計・開発部員、生産技術部員、調達・購買部員を、数十人単位で集め、全員で開発を進めます。物理的な近さが有効といわれ、実際にひとつの大部屋に集約させます。これが「大部屋方式」の由来です。

　大掛かりではなくても、すぐに実行できる方法もあります。それは、たとえば、調達・購買部員の席を設計・開発部門に置くことです。実際に、若手調達・購買担当者の席を設計・開発部門に置く場合があります。最初はコピーなどの雑用が多いものの、そのうち人間関係を構築でき、設計部門から技術的な相談も受けるようになるでしょう。

某自動車部品メーカーから聞いた話ですが、以前は同じフロアに調達・購買部門と設計・開発部門があったものの、フロアが分かれると、設計・開発部門から調達・購買部門に相談する機会が少なくなったといいます。いまだに物理的な近さは重要のようです。

●解決策2．IT活用による開発購買
　IT活用とは、調達・購買部門の推奨部品を設計段階から伝達するためにシステムを利用することです。製品設計時に、設計・開発部門が勝手に部品を選定していると、その品目数は莫大に膨らみます。そこで、あらかじめ「選んでほしい」部品を、データベース化しておき、使用を促すのです。
　某社では、CADに連携して、推奨部品を提示しています。具体的には、設計・開発部門がたとえばチップ抵抗器を選定するとします。スペックを入力すると、これまでの実績部品がリストアップされます。そのときに、調達・購買部門が推奨するものは無色、調達・購買部門が推奨しないものは赤色で表示されるのです。そのようにして、一つひとつの部品選定に調達・購買部員が介在せずとも、自動的に推奨部品を選択してもらう仕組みを構築しています。
　また、部品選定の際にシステム上で、必ず調達・購買部門に競合見積りを依頼しなければ、部品を決定できない仕組みを採用する企業もあるようです。これは上流に介入する開発購買とまではいえません。ただ可能な限りサプライヤ選定に携わろうとする試みです。

●解決策3．ルール・仕組み化による開発購買
　ルール化・仕組み化とは、開発購買せざるをえなくすることです。たとえば、某社では設計・開発部門は図面を描くものの、サプライヤや価格の決定はできないルールにしています。すべての部品について、サプライヤ名と価格を記載するリストを登録せねばならず、その役割と責任は調達・購買部門のみにあります。
　ちなみに、その企業では、設計・開発部門の勝手なサプライヤや価格決定を「越権行為」と呼び、三回ほどそれを犯すと、懲戒免職の可能性もあるようです。年に一度、そのような越権行為をなくすよう、調達・購買部門から設計・開発部門に講習を行い、講習の最後にはその旨を理解したとサインまで求めています。
　また、仕様決定と価格決定を完全に分離している企業があります。なぜ、設計・開発部門がサプライヤや価格を決定したがるかというと、それは最終的に自部門の責任になるからです。最終的に自分の責任になるのであれば、調達・購買部門など

に任せておられず、自分で交渉したくなる気持ちもわかります。

　それらの企業で設計・開発部門は、仕様を決定し、理論コストとして与えられた目標コストに到達していれば、それ以上の責任は問われません。その理論コスト通りに調達できなければ、調達・購買部門が超過した責任を負うわけです。その理論コストとは、両部門が作成したコストテーブルで計算されます。調達・購買部門も納得し合意したコストテーブルで試算するわけですから、実際の調達価格が試算値より高くても、設計・開発部門の責任ではありません。もちろん、このやり方をやろうと思えば、厳密なコスト査定力とコストテーブルを持つ必要があります。

●仕様書の確認

　また、開発購買の推進には仕様書の確認が欠かせません。仕様書は別の言葉でいいかえても構いません。いわゆる、自社が要求する製品や商品を記述したものです。これまで、調達・購買担当者がいかに仕様書を眺めればよいか、いかに修正すればよいか（修正させるか）について述べた書籍はありませんでした。

　調達・購買担当者には、技術者と同じ「目」が必要になります。設計者が書いている仕様書を批判的観点で眺めねばなりません。ただし、調達・購買担当者は技術者ではありませんよね。調達・購買担当者としてこの仕様書のどこをチェックすればよいのでしょうか。

　まず、仕様書は六つの要素から構成されています（**図2-30**）。

1	・表紙、あいさつ、件名
2	・仕様書の趣旨
3	・仕様書が求めるもの 1. 事務要求 2. 技術要求 3. 管理要求
4	・予算、支払方法
5	・スケジュール
6	・特記事項、事務的な連絡

図2-30　仕様書の構成要素

　重要なのは図の3に記述した「事務要求」「技術要求」「管理要求」の三つです。

ここに、仕様書が求めるものを記載します。仕様書によって「何を」ほしいのか。それを明確化するわけです。仕様書を眺めるとき、まずこの「事務要求」「技術要求」「管理要求」が満たされているかを確認しましょう。

では、この「事務要求」「技術要求」「管理要求」とは何でしょうか。順に説明していきましょう。まずは「事務要求」です（図2-31）。

●この仕様書が求める製品・サービス・商品を提供するにあたって
　必要とされる事務的な手続き・要求事項などを記載する

・提案の提出期限と提出先
・調達に関連する日程
・提案書の作成要領
・提案（回答）提出窓口と連絡先等
・その他、サプライヤが必要とする情報

・知的財産権について
・再委託について
　……等々

図2-31　『事務要求』について

そして二つ目が、「技術要求」です（図2-32）。

●この仕様書のもとになった問題や課題、それを解決する
　製品・サービス・商品の仕様や性能要求等を記述する

・プロジェクト、サービス、商品の目的と目標
・現行システムの機能仕様
・計画中のシステムの機能仕様
・性能要求
・ハードウェア要求
・ソフトウェア要求

2つの注意事項

できるだけ図示することを心がける

要求にはソリューションをできるだけ入れない（後述）

図2-32　『技術要求』について

三つ目が「管理要求」です（**図2-33**）。

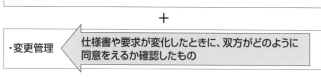

●実装、導入、教育、訓練、保守、および計画書等を作成する際にサプライヤ
　が必要とする情報を記載する

・プロジェクト実行要求
・要員配置要求
・作業場所確保責任
・出荷（や導入）のスケジュール計画
・受入テスト要求
・保守要求
・教育要求
・文章化要求

＋

・変更管理　　仕様書や要求が変化したときに、双方がどのように
　　　　　　　同意をえるか確認したもの

図2-33　『管理要求』について

　そして、これら「事務要求」「技術要求」「管理要求」を単に確認するだけではいけません。ここに、調達・購買の思想を注入する必要があります。その思想とは、三つの排除項目です。**図2-34**には「仕様書で排除すべき三つ」をあげました。

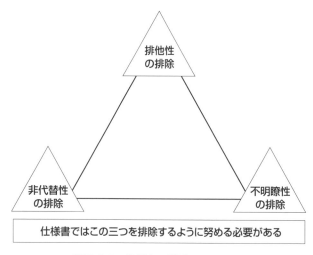

排他性
の排除

非代替性
の排除

不明瞭性
の排除

仕様書ではこの三つを排除するように努める必要がある

図2-34　仕様書で排除すべき三つ

・排他性の排除
・非代替性の排除
・不明瞭性の排除
の三つです。

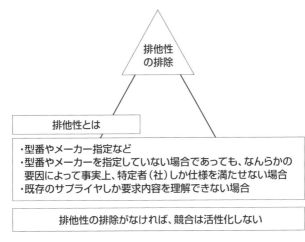

排他性
の排除

排他性とは

・型番やメーカー指定など
・型番やメーカーを指定していない場合であっても、なんらかの
　要因によって事実上、特定者（社）しか仕様を満たせない場合
・既存のサプライヤしか要求内容を理解できない場合

排他性の排除がなければ、競合は活性化しない

図2-35　排他性の排除

　「**排他性の排除**」とは、要するに「メーカーや型名指定をやめさせましょう」という意味です。競合を活性化させねばならない場合に、事実上、仕様書によって1社、あるいは特定メーカーの特定製品のみしか使えない場合があります。それを指示する文言を排除するのです（**図2-35**）。

　「**非代替性の排除**」とは、「ガチガチの仕様条件だと、サプライヤから安価な提案が出てきませんよ。だから、必須項目は最低限にせねばなりませんよ」という意味です（**図2-36**）。
　「**不明瞭性の排除**」は、要するに「誰が読んでも明確な記述になっていないと、サプライヤは見積り作成が不可能になったり、バラが生じたりしますよ。だから、ちゃんと書きましょう」という意味です（**図2-37**）。
　一般的には、同じ仕様書を提示しているのに、サプライヤ間で20％〜25％程度の価格の差がついているときは、仕様書の精度を疑ったほうがよい（たとえば、同じ仕様書を提示して、サプライヤAが100万円、サプライヤBが125万円だったような場合）とされます。これは一つの目安ですし、他にも価格差の要因はあるで

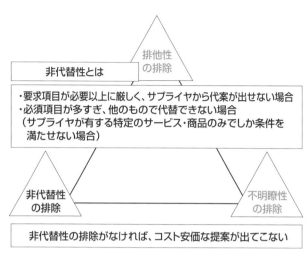

図2-36　非代替性の排除

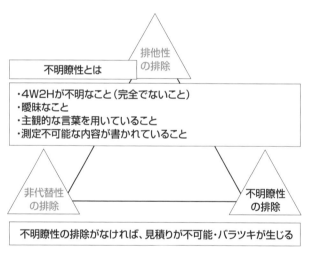

図2-37　不明瞭性の排除

しょう。ただ、ほぼ同じものを供給するのに、25％も乖離することはあまりない、くらいには考えておきます。

　この「不明瞭性の排除」に調達・購買部門としての肝要があります。調達・購買担当者が読んでみてわからない仕様書は、サプライヤが読んでもわかるわけがありません。仕様書を眺めるときには、「4W2H」を満たしているかを確認する必要が

あります。

Why?	何の目的のためにこの製品が必要か？

+

What?	具体的に何が必要か？　何をするべきか？
Who?	誰がするべきか？　誰に提供すべきか？
When?	いつ提供すべきか、納入すべきか？　いつまで提供すべきか？
Where?	どこで提供すべきか、納入すべきか？
How?	どのように提供すべきか？
How much?	いつ支払われるのか？　どうすれば支払われるか？（評価基準は？）

図2-38　仕様書の「Why？と4W2H」

●「4W2H」観点で仕様書を眺めてみる

4W2Hの確認とは何か。文字通り、英語を学ぶ際に出てくる4W2Hを観点に仕様書をチェックしていくことです。具体例を通じて仕様書をいかに修正していくかを見ていきましょう。

（1）What

What?	具体的に何が必要か？　何をするべきか？

具体例:

・乙は甲の固有事項についての、財務報告に係る内部統制の整備及び評価に係る業務についての専門的な助言を行うこと

→何をするのかが不明。（第三者が読んで不明な仕様書では競合環境を構築できない）

・乙は当業務を遂行するにあたって、作業者に適切な教育を施さねばならない

・ソフトウェア機能は直観的に明らかで、ユーザー教育を必要としないものでなければいけない

→「適切な」「直観的に明らか」の定義がなされない限り、既存取引先しか理解できない

図2-39　仕様書の「What?」

ここでは、仕様書で「具体的に何が必要か」や「供給者が何をするべきか」について明確化しているかを問います。直接材だけではなく、間接材の調達・購買担当者も役立つように題材を工夫しました。もちろん、例としてあげた品目も、ご自身の担当品目に置き換えて考えてください。

　調達・購買担当者が自分で読んでもわからない仕様書をサプライヤに渡さないでください。自分が何を買っているかを知らない調達・購買担当者は問題外ですが、仕様内容を理解していない調達・購買担当者はたくさんいます。

　図の例でいえば、「適切」とか「直観的に明らか」とは、具体的に何を指すのか把握しているでしょうか。意図的ではないのであれば、このような曖昧な言葉が何を指すのか、説明できなければいけません。

　このWhatについて、さらに別の例で考えてみましょう。

What?	具体的に何が必要か？　何をするべきか？

例：乙はハードウエアコンポーネントのいずれにおいても、雑音レベルが60dBを超えてはならない

 この記述の何が問題か？

図2-40A　「What?」の具体例

What?	具体的に何が必要か？　何をするべきか？

例：乙はハードウエアコンポーネントのいずれにおいても、雑音レベルが60dBを超えてはならない

問　題 この記述の何が問題か？

答え：このままでは、計測することができない。具体的に何をするかをサプライヤの立場で考える必要がある。

乙はハードウエアコンポーネントのいずれにおいても、計器を机上0.5メートルに置き、2メートルの距離から標準デシベルメーターで測定したときの雑音レベルが60dBを超えてはならない

図2-40B　具体例の答え

仕様書で、このような書き方があった場合、何が問題なのでしょうか。見積書を検討するサプライヤの立場に立ってみてください。疑問がいくつも浮かんでくるはずです。

このままでは、雑音を計測できません。模範例としては計測方法に言及しました。

ここまで記載する必要があるかどうかは別問題です。私が述べたいのは、「What」に関して、不明瞭性がないか。そこに尽きます。

この「What」に関しては、NGワードを設定しておきました（**図2-41**）。

NGワード集

〜下記表現があった場合は、注意・書き換えが必要

・容易な	・複数の	・十分な	・保持する
・効率的な	・適切な	・処理する	・機能する
・柔軟な	・妥当な	・管理する	

図2-41 「What?」に関するNGワード

このような言葉が仕様書にあるかどうか、チェックをおすすめします。「NGワード」と述べましたが、これらの言葉を使ってはいけない、という強い意味ではありません。これらの言葉があれば、不明瞭性が残ってしまう場合が多いという意味です。調達・購買担当者は確認しておくべきでしょう。

(2) Who

Who?	誰がするべきか？　誰に提供すべきか？

具体例：

・乙は甲の従業員の環境意識を高めるために、その向上を図ることのできる講義を提供しなければならない

→内容とともに、対象者が不明。対象者によって内容が左右されるものであれば、記載が必須

・乙は甲の健康センターに対し、医師を派遣すること

→どのような医師を派遣すべきかわからない。また対象患者がわからない。専門職のような高度サービスを必要とする場合は、資格やスキルレベルを設定する必要がある
→記載されていない場合は、既存サプライヤしか理解できない

図2-42 仕様書の「Who?」

供給者（サプライヤ）に資格等の条件を付与する場合、あるいは、受給者（調達企業側）の属性について言及すべきときがあります。これは「Who（あるいはWhom）」で確認すべきです。

　これは間接材の例ですが、WhoやWhomが不明瞭さを残している場合、サプライヤは安全を見て見積書を高くしてしまいます。

(3) When

When?	いつ提供すべきか、納入すべきか？　いつまで提供すべきか？

具体例：

・……（無記載）

→大掛かりなシステムなどの場合、開発段階に応じた日程が書かれていないことがある

・○○を月に一度、指示に従い適宜納入すること

→いつ（どれくらいの量を）納品すべきかわからない

・乙は甲のユーザー部門からの問い合わせに電話で答えねばならない

→どれくらいの頻度で対応すべきかがわからず想定工数を設定できない（見積りは予想値とならざるをえない）

図2-43　仕様書の「When?」

　これは文字通り、「いつ提供すべきか、納入すべきか？　いつまで提供すべきか？」を指します。これは仕様書に書くべきかという議論もあるでしょう。もちろん、別途指示しているのであればかまいません。

　図では代表的なものを載せました。ここでも意識すべきは、「サプライヤが過剰な見積りをせざるをえない状況を回避できるか」です。サービスでも物品の納入でも、その頻度がわかればより精緻な見積書が期待できます。

　たとえば、簡単な例であるものの、**図2-44**の場合はどうでしょうか。

When?	いつ提供すべきか、納入すべきか？　いつまで提供すべきか？

例：乙は4月1日から4月25日の期間において、隔日一回、○○施設の△△場所の喫煙所（灰皿3セット）の清掃を行うこと。

問　題　▷　この記述の何が問題か？

図2-44　「When?」の具体例

答えが**図2-45**です。

When?	いつ提供すべきか、納入すべきか？　いつまで提供すべきか？

例：乙は4月1日から4月25日の期間において、隔日一回、○○施設の△△場所の喫煙所（灰皿3セット）の清掃を行うこと。

問　題　▷　この記述の何が問題か？

答え：「隔日」とは、具体的にいつから始めるのか、また「一回」とはいつの一回を指すのか、わからない。

乙は4月1日から平日の隔日一回、4月25日にいたるまで（合計9回）、○○施設の△△場所の喫煙所（灰皿3セット）の清掃を午前中に行うこと。

図2-45　具体例の答え

　いつから始めるのかがわからなければ、サプライヤの見積りは概算にならざるをえません。また、午前中なのか午後なのかがわからなければ、これも厳密な計算の妨げになるでしょう。

(4) Where

Where?	どこで提供すべきか、納入すべきか?

具体例:

・納入場所は適宜指示する

→どこに納入すればよいかわからず物流費が正しく計算できない

・納入場所は都内の8箇所を想定すること

→場所 (とそれぞれの量) がわからない

図2-46　仕様書の「Where?」

　これは文字通り「どこで提供すべきか、納入すべきか?」を指します。製品によって、物流コストはとるにたりません。いっぽうで5%～10%を占める製品もありますので、その際には指定は重要です。

(5) How

How?	どのように提供すべきか?

具体例:

・完成されたシステムは○○を満たしていること

→プログラムの使用言語が書かれておらず、どのような言語・システム構成にすべきかが不明
→ただし、意図的に手段を提案させるようなものであれば可

・床面の汚れなきようにしておくこと

→清掃レベルを明記したうえで、どのような手段 (清掃器具・モップ) でそれを達成するかが不明瞭
→ただし、意図的に手段を提案させるようなものであれば可

図2-47　仕様書の「How?」

　これは「どのように提供すべきか?」を指します。目的物をどのように提供すべきか。例はシステムだったり清掃だったりするものの、製造業においても同様です。問題を考えてみましょう (**図2-48**)。

| How? | どのように提供すべきか？ |

例：○○の仕様を満たすために、システムのレスポンス99%は1秒以内であること。

問 題 ▷ この記述の何が問題か？

図2-48 「How?」の具体例①

　システム導入を目的とする場合、このようにレスポンス条件を規定する場合があります。99%は規定されているのです。しかし、残りの1%のHowが規定されていません（**図2-49**）。

| How? | どのように提供すべきか？ |

例：○○の仕様を満たすために、システムのレスポンス99%は1秒以内であること。

問 題 ▷ この記述の何が問題か？

答え：残りの1%は1時間かかってもよいか。例外の規定はどうするかを明記する。（意図的であればこれも可。）

　○○の仕様を満たすために、システムはレスポンスの99%は1秒以内であること。また、残り1%も10秒以内に抑えること。

図2-49 具体例の答え①

　また、**図2-50**の問題はどうでしょうか。

| How? | どのように提供すべきか？ |

例：365日24時間、サポート体制を用意し、問い合わせに対応すること。

問 題 ▷ この記述の何が問題か？

図2-50 「How?」の具体例②

これは「サポート体制」や「問い合わせ」対応方法が不明です（**図2-51**）。

How?	どのように提供すべきか？

例：365日24時間、サポート体制を用意し、問い合わせに対応すること。

問 題 ▷ この記述の何が問題か？

答え：どのように対応すべきかがわからない。何が「対応」といえるのか。また、頻度も不明。

> 365日24時間、サポート体制を用意し、ユーザーからの電話での問い合わせに答えること。それにより設備の不可動を抑止すること。また、問い合わせによっても設備稼働に問題がある場合は、50分以内に現地にかけつけること。

図2-51　具体例の答え②

また、「24時間365日」と書く場合は注意が必要です。

How?	どのように提供すべきか？

例：365日24時間、サポート体制を用意し、問い合わせに対応すること。

問 題 ▷ この記述の何が問題か？

答え：（ほとんど事例はないが）うるう年で366日の稼働がある場合は、1日の不稼働日を与えることになる。

> 365日24時間（うるう年は366日24時間）、サポート体制を用意し、問い合わせに対応すること。

図2-52　うるう年の場合

　図2-52のように、「うるう年」は考慮されているでしょうか。うるう年の2月29日にシステム障害があったとして、残りの365日24時間は仕様書通り動いていた、と反論されたらどうでしょうか。気をつけすぎることはありません。

(6) How much

How much?	いつ支払われるのか？　どうすれば支払われるか？（評価基準は？）

具体例：

・……（無記載）

→何をもって対価が支払われるのかが不明

・請求に関しては別途部門の指示を受けること

→まとめ払いか月払いかわからず、正しい見積り作成不可

・受託者は、委託期間の各月末に、その月の作業内容を取りまとめ提出したうえで、請求することができる

→対価の支払われる作業が何なのかがわからない。また、作業内容の取りまとめ基準は何かわからない
→既存サプライヤしか理解できない内容となっている

図2-53　仕様書の「How much?」

これは「いつ支払われるのか？　どうすれば支払われるか？（評価基準は？）」を指します。

支払い条件によってサプライヤの価格は変化します。わかっていながら、支払い条件（支払基準）を何も書いていない場合があります。記載しましょう。

ここまで仕様書の見方を説明してきました。もちろん、仕様書をあまりに明確にしすぎるとサプライヤからVA/VE提案が出てこない障害が想像できます。理想的な仕様書は「目的を明確化し、それを達成する手段はサプライヤ（取引先）に任せること」です（**図2-54**）。

仕様書を確認し、その明確化に努める。そして、外せない要件や目的以外はサプライヤの叡智を集結する仕様書にする。そして、サプライヤが必要以上に「高く見積もってしまう」状態から脱するよう努めましょう。

おそらく、みなさんは一人で調達・購買業務をやっているわけではありません。他のメンバーもいるでしょう。大切なのは、これまで仕様書を修正したり、訂正したりした実績を集めておくことです。「こう書いたら安くなる」「こう変更したらサプライヤからVA/VE提案が集まりやすい」……そのような実例をできるだけ集めておき、メンバーで共有しましょう。これだけで、優れた仕様書に近づき、見積価

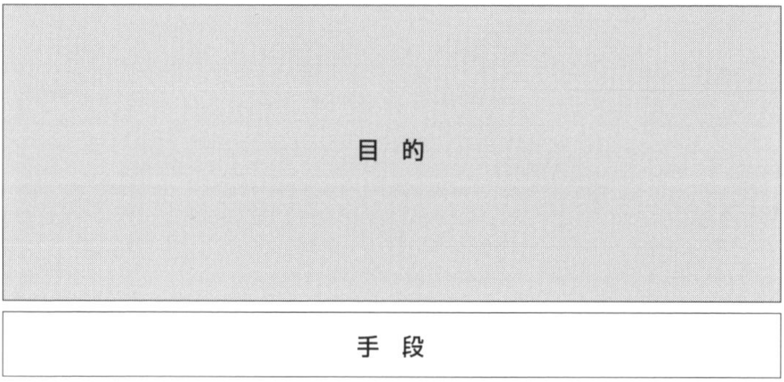

```
目　的




手　段
```

図2-54　理想的な仕様書

格が安くなります。

　また、仕様書の確認は一過性のものではなく、継続したものでなければなりません。

●集中購買の推進

　最後に集中購買にふれておきます。これまで開発購買を述べてきました。開発購買によって、社内の要求をまとめれば、次は全社の数量を集約し安価に調達できます。順番が逆ではありません。集中購買をするから、開発購買ができるのではないのです。開発購買ができるから、集中購買が可能となります。

　事業部門が複数の場合、まずは各事業部門で調達品をまとめます。そのあとに、集中購買の検討です。集中購買を考えようとしても、各事業部で各調達品の数量がまとまっていなければ、集めたところでたいした数になりません。

　ところで、あらためて集中購買とは何でしょうか？　それは、文字通り、調達・購買機能を特定部署が一手に担う手法です。大企業にみられる日本・世界拠点分散型企業では、多くの場合、その拠点数だけの調達・購買部門が存在します。そこで、集中購買のアイディアが登場してきました。

　同一企業内で、調達している類似・同一製品がいくつもあるのに、バラバラの数量で買っていてはもったいない。まとめて交渉・発注することで、折衝対象のボリュームが増え、交渉力も増し、安価になる。これが集中購買誕生の背景です。

　しかし、やり方を間違えると集中購買も効果がありません。よくある例は、本社の調達・購買企画部門が全拠点をとりまとめようとしたものの、各拠点の協力が得られずに頓挫するケースです。これは、現在も多くの集中購買取り組み企業で見ら

れます。

　集中購買のコツを一言でいうと、「実利を得る主体が、実行の主体である」ことです。逆に、実行者と利益享受者が同一ではない場合は失敗します。より具体的にいえば、集中購買の旗振り役が、最大量調達事業部門であるべきです。

　事業部門が、A・B・C・D・Eあるとしましょう。そのときには、本社が旗振り役になって、代表交渉するのではなく、最大需要者の事業部門が交渉すべきです。最大需要者が事業部門Cであれば、各数量をまとめ、代表交渉をするのは事業部門Cであるべきです（図2-55）。

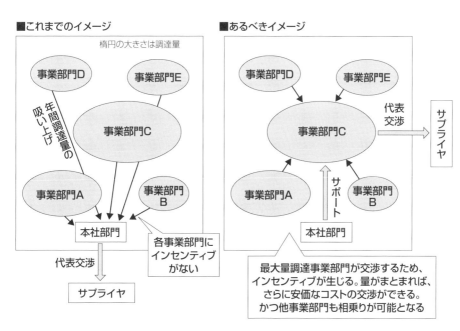

図2-55　これまでの集中購買のイメージとあるべき集中購買のイメージ

　事業部門Cは、少しでも量が増えれば交渉力が増すチャンスなので、各拠点の仲間を増やそうとします。しかも、増えなくても、量が少なくはなりません。他事業部門にしてみれば、安価な製品を買えるチャンスに相乗りできます。だからこそ、実行者と利益享受者が同一であるべきです。

　集中購買がなかなか進まない企業においては、ときとして、本社から各拠点に対して「非協力的だ」などという批判がなされます。もちろん、各事業部は集中購買への加担が職業倫理上は必要かもしれません。しかし、各事業部門のインセンティ

ブがないのも事実です。

　集中購買には、参加者のインセンティブを考えつつ推進してください。

原価把握

●サプライヤの原価内訳

	A	B	C	D	E
業務基礎（調達・購買）	調達プロセス知識 [間接材][直接材] ・契約業務と調達実行 ・RFX（情報提供依頼、提案依頼、見積募依頼）の重要性 ・品質管理	法律知識 [間接材][直接材] ・強制法規と契約 ・購買取引基本契約書 ・下請法 ・「四つの義務」「11の禁止事項」	交渉実務 [間接材][直接材] ・交渉準備 ・交渉目標とBATNA ・交渉実践	市場調査 [間接材][直接材] ・業界分析 ・特定企業 ・マクロ統計 ・情報源の真偽確認 ・SDGs調達	支出分析 [間接材][直接材] ・ABC分析 ・調達戦略の構築 ・サプライヤシェアの決定
コスト削減・見積り査定	見積り様式整備 [間接材][直接材] ・見積り明細の標準化 ・価格比較 ・目標値の設定	競合環境整備 [間接材][直接材] ・サプライヤ決定 ・サプライヤ戦略と競合環境創出 ・サプライヤグリッド	見積り査定 [間接材][直接材] ・見積書価格の確認方法 ・コストドライバー分析 ・コスト構造分析	開発購買の推進 [直接材] ・開発購買の問題と解決法 ・仕様書の確認 ・集中購買の推進	原価把握 [直接材] ・固定費と変動費 ・総コスト線分析 ・サプライヤ損益分岐点分析 ・サプライヤ値下げ行動
海外調達・輸入推進	輸入業務基礎知識 [直接材] ・海外調達のメリットとデメリット ・海外調達のプロセス ・コスト ・海外企業の書類の流れ	海外サプライヤ検索 [直接材] ・海外サプライヤ情報源 ・見積り入手までの流れ ・サプライヤ訪問シート ・企業体制評価表 ・サプライヤ通知書	輸入コスト構造把握 [間接材][直接材] ・輸入コスト構造 ・製品コスト、物流コスト等 ・関税 ・消費税	契約・インコタームズ [間接材][直接材] ・物流パターン ・各インコタームズの内容 ・各インコタームズの使い分け	海外サプライヤとのコミュニケーション・法規 [直接材] ・海外と日本のGAP ・金型図面の海外流出 ・関連法規
サプライヤマネジメント	サプライヤ評価 [間接材][直接材] ・品質 ・コスト ・納期 ・設計・開発 ・経営能力	サプライヤ集約 [間接材][直接材] ・サプライヤ層別化 ・リテンションマネジメント ・サプライヤ取引の停止	サプライヤ収益管理 [間接材][直接材] ・損益計算書、貸借対照表分析 ・キャッシュフロー計算書分析 ・業界内比較、類似企業比較	サプライヤ倒産対応 [間接材][直接材] ・倒産件数指標 ・倒産の種類 ・サプライヤ倒産の事前察知 ・サプライヤ倒産時の検討・実施項目	VOS（ボイスオブサプライヤ）[間接材][直接材] ・VOS実施時の注意点 ・VOSの評価指標 ・自社評価との比較・改善
生産・ものづくり・工場の見方	工場・生産の見方 [直接材] ・生産方法の分類 ・生産の流れによる分類 ・生産タイミングの分類	サプライヤ工場把握 [直接材] ・バリューストリーミングマップ ・工程改善の観点 ・タクトタイムによる工程人員再編成	定性的管理手法 [直接材] ・5Sの基本 ・工場の動線 ・在庫削減の物理的施策 ・作業者の環境	TPMの生産指標 [間接材][直接材] ・各種生産指標 ・編成効率とバランスロス ・各工程の作業バランス	工場見学・監査 [直接材] ・工場指摘項目（レイアウト、管理、安全の確保等） ・作業標準書 ・仕様VA/VE提案書

　ここからは「コスト削減・見積り査定」のEである「原価把握」を取りあげます。

　サプライヤのコスト構造を把握できれば、価格交渉にも役に立ちます。また、発注シェアを考える材料にもなります。私たち調達・購買側が知るのは、見積書という「結果」です。しかし、その見積書を生み出すサプライヤのコスト構造に想いを馳せる人はあまりいません。

　そこで、まず単純な製品を考えます。みなさんが調達・購買担当者として、「ウーロン茶」を調達しているとします。あくまで、これは仮定です。このサプライヤの担当者として、このウーロン茶サプライヤのコスト構造を見ていきます。ウーロン茶を生産しているサプライヤのコストは**図2-56**のようになります。

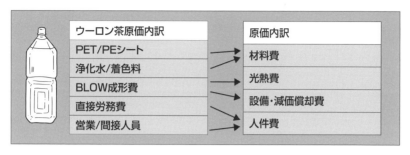

図2-56　（例）ウーロン茶原価内訳

　原価内訳にある「PET（ポリエチレンテレフタレート）/PE（ポリエチレン）
シート」……等のコスト要素は、矢印の先が表現するように、「材料費」「光熱費」
「設備・減価償却」「人件費」と分けられます。

　ここで、違いに気づいてください。「材料費」「光熱費」「設備・減価償却」「人件
費」は、同じではありません。これらは、「売ったり生産したりするとかかるコス
ト」と「必ずかかってしまうコスト」の二種類に分かれます。

　つまり、「材料費」は売る量や生産する量に応じて費用が発生します。それに対
して、他のコストである光熱費や設備、人件費等は必ず費用が発生するものです。

　この二種類を、それぞれ「変動費」と「固定費」と呼びます。

●変動費について

　「変動費」とは、生産に応じて発生する費用（材料費・消耗品費など）です。「材
料費」、「調達部品費」、「外注費」、「燃料費」、「商品の支払い運賃」、「商品の支払
い荷造り費」、等々で、文字通り「変動的」なコストを指します。

1.　会社や業種によって、どれを変動費とみなすかは変わる
2.　売上高に対する変動費の比率を「変動費率」と呼ぶ
3.　売上高から変動費を引いたものを「付加価値」と呼ぶ

　2.と3.を補足しておきましょう。たとえば、100円の製品に対して、30円の変動
費がかかったとします。変動費とは、繰り返すと「材料費」、「調達部品費」などを
指しますから、おおむね外部調達費と言い換えられます。そのとき、30 ÷ 100 ＝
30％が変動費率です。1億円の売上高があったとしたら、30％ ＝ 3000万円が、変動
費として外部に出ていくわけですね。

そして、その100円から30円を引いた70円が付加価値です。よく「付加価値をつける仕事をしろ」といわれます。ただ、定義上は、会社の売上高から外部調達費を引いた金額が付加価値です。付加価値とは端的にいうと、会社に残るお金です。その付加価値のなかから、従業員の給料を支払ったり、設備に投資したりします。

また、さきほど述べた、変動費率がわかれば、売上高に対する付加価値が試算できます。たとえば、1億円の売上高があって、変動費率が30%だとすると、1億円×（1 − 30%）＝7000万円が付加価値であり、それがサプライヤ内部に残ります。

●固定費について

「固定費」とは生産の有無、売上の大小にかかわらず、必ず発生してしまう費用（労務費・賃借料・減価償却費等）です。具体的には、「給料や付帯報酬」、「光熱費」、「減価償却費」、「賃借料」、「広告宣伝費」、「保険料」、「交際接待費」、「交通費」、「支払利息」、「福利厚生費」、等々を指します。面白いところでは、給食費なども固定費です。

これらは、変動費と違って、100個生産しようが、120個生産しようが、固定的に発生します。もちろん残業費はあるでしょうが、100人を雇用している企業があったとして、生産量が減っても、その従業員に払う給料が減るわけではありません。（2割の生産量が減ったからといって、基本給を2割ぶん連動して減らす企業は、まともではありません。）

1. 会社や業種によって、どれを固定費とみなすかは変わる
2. 毎月完全に同じ費用がかかるわけではなくても、ほぼ「固定した」費用がかかるものが固定費となる

1. 2. を補足しておきます。さきほどの記述とやや矛盾するものの、もし生産量の上下に応じて従業員の雇用量や給料を上下する企業があったとしたら、それは変動費です。また、考えにくいものの、生産量に応じて、賃借料を上下できる企業があったとしたら、それも変動費となります。固定費とはあくまでも、企業にとって、コストが「固定的」にかかり続けるものです。

そして、それは必ずしも一定額ではなく、「ほぼ一定額」がかかるものを指します。また、「光熱費」は固定費といっても、1円単位で毎月同じコストがかかっていません。

●変動費と固定費を使ったコスト分析

　これら変動費と固定費を理解できると、サプライヤの総コスト線を記述できます。総コスト線とは、サプライヤの売上高に対してどれくらいのコストがかかっているか表現したものです（**図2-57**）。

コスト

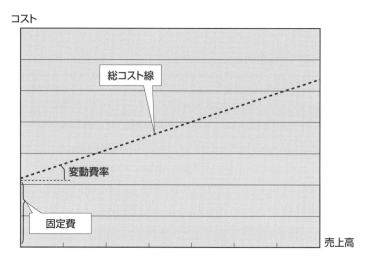

図2-57　総コスト線の表現

　直感的に説明しましょう。まず、売上高がゼロのときを考えてください。横軸の数値がもっとも左側にあるときです。そのとき、総コスト線はどこに位置するでしょうか。固定費を思い出していただけば、売上高がまったくなかったとしても、その固定費はかかるので、それが切片となります。

　その後、このサプライヤは売れば売るほど、売上高にたいして変動費率分のコストがかかっていくのです。中学数学の時間みたいで恐縮ですが、このときサプライヤのコスト線は、**図2-58**のように表現できます。

　$y = $ 変動費率 $x + $ 固定費

　xは売上高のこと。その売上高（x）のときに、どれくらいのコスト（y）がかかるかを表現しています。具体的な数字で考えてみましょう。

　あるサプライヤは、100円で販売しているウーロン茶に対して、30円の変動費がかかっているとしましょう。そのとき、30 ÷ 100 ＝ 30％が変動費率でした。また、

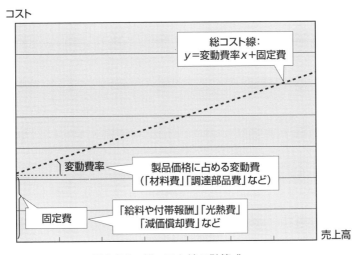

図2-58　総コスト線の計算式

そのサプライヤの固定費が100万円だったとします。

　そのときに、さきほどの数式「y＝変動費率x＋固定費」は**図2-59**のようになります。

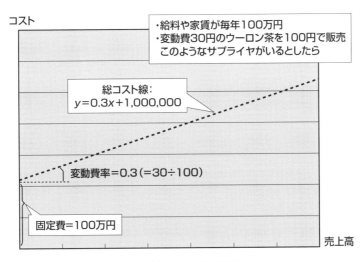

図2-59　総コスト線の適用

$$y = 0.3x + 1,000,000$$

このコスト線に、ひとつの線を加えます。これが売上線です。

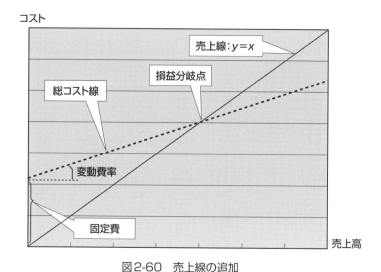

図2-60　売上線の追加

　売上線は必ず、$y = x$で表現します。直感的にいうと、1円分の商品を販売したら1円がもらえることを指します。100万円の商品を販売したら100万円がもらえる……と、これ以上はやりません。図2-60の線としては売上高＝コストとして表現されます。もし、この説明に納得できなくても、結論として売上線：$y = x$と覚えてください。

●損益分岐点の計算

　この二つの線が交わるところを、損益分岐点と呼びます。損益分岐点を超える前の売上高であれば、コストのほうが上回るため赤字です。ただ、損益分岐点を超えれば、売上高のほうがコストを上回るため黒字になります。よって、損益分岐点とは、赤字と黒字の境界の売上高です。BEP（Break Even Point）と呼ぶ場合もあります。
　さて、さきほどの値をあてはめてみましょう（図2-61）。

　・総コスト線：$y = 0.3x + 1{,}000{,}000$
　・売上線：$y = x$（この式はいつでも不変）

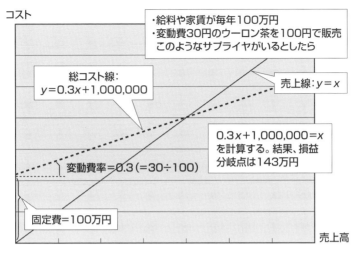

コスト

・給料や家賃が毎年100万円
・変動費30円のウーロン茶を100円で販売
このようなサプライヤがいるとしたら

総コスト線：
$y = 0.3x + 1,000,000$

売上線：$y = x$

$0.3x + 1,000,000 = x$
を計算する。結果、損益
分岐点は143万円

変動費率＝0.3（＝30÷100）

固定費＝100万円

売上高

図2-61　損益分岐点の計算

　二つの式があれば、損益分岐点を計算できます。y同士をつなげて、$0.3x + 1,000,000 = x$を解けばよいわけです。すると、計算結果、143万円を導けます。

　この損益分岐点143万円は、どのような意味を指すのでしょうか。サプライヤは、143万円分の製品を販売できなければ赤字になります。この場合、ウーロン茶を販売していますから、143万円 ÷ 100円 = 14,300で、1万4300本を販売せねばなりません。

　たとえば、工場見学のときに、その工場、あるいは生産ラインの損益分岐点を計算してみましょう。工場によっては、固定費額や平均変動費率を管理しているはずです。工場内の管理ボードに貼ってあるでしょうから確認してみましょう。それがわかれば、その工場（あるいはライン）の損益分岐点売上高がわかります。サプライヤ施策にも影響を与えるはずです。

　工場単位ではなく、サプライヤ全体の損益分岐点を把握しようと思えば次の方法が想定できます。

　①サプライヤから全社の変動費・固定費をヒアリングする方法
　②サプライヤの決算書を利用する方法

　①ができれば明確ですが、②の場合は、簡易的には、製造原価のなかの材料費・外注費・部品調達費を変動費として計算し、売上高から変動費とさらに利益を減じたものを固定費としてください。

●簡易的な損益分岐点計算方法

ところで、工場の固定費額や平均変動費率がわかったとしても、連立方程式を瞬時に解くのは難しい。工場見学のときに、さっと計算する方法はないでしょうか。

まずは、教科書的に方程式を解いていただきました。ただ、実務的には、このように計算すればすぐに損益分岐点を暗算できます。

損益分岐点売上高 = 固定費 ÷ (1 − 変動費率)

これに、さきほどの数字をあてはめてみましょう。固定費：100万円で、変動費率：0.3でした。

損益分岐点売上高 = 100万円 ÷ (1 − 0.3) ≒ 143万円

当然ながら、連立方程式の結果と同じです。これならば、サプライヤの「固定費」「変動費率」の情報を集めれば、各社の損益分岐点をエクセルで計算できます。全社の固定費が1億円で、平均の変動費率が30%であるとすれば、1億円 ÷ (1 − 0.3) ≒ 1億4329万円となります。そうすれば、このサプライヤを赤字にしないためには、年間に1億4329万円を発注すればよいわけです。

●固定費の回収とサプライヤの利益

ここで調達・購買担当者側の視点に移りましょう。さきほど計算したように、サプライヤは固定費を背負って、それを回収した以降に利益が出ます。前述の例では、ウーロン茶を100円均一で販売しているサプライヤでした。ただ実際は100円均一で販売するわけではなく、販売先によって価格に差をつけます。

たとえば、サプライヤの固定費が1億円とします。

サプライヤとしては固定費1億円を、調達企業A・B・Cに負担をしてもらわねばなりません（**図2-62**）。考えられる負担方法は三つです。

1. **発注量に応じた負担**：調達企業にかかわりなく一定率を請求して負担してもらう。たとえば、全体の7割を発注してくれる調達企業には、結果として固定費の7割を負担してもらう

2. **取引関係に応じた負担**：発注量の多い調達企業には負担率を低く設定し、発注量の少ない調達企業には負担率を高めに設定する

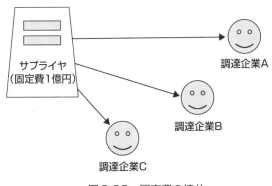

図2-62　固定費の按分

3. **声の大きさに応じた負担**：たくさん支払ってくれそうな調達企業には、見積書を高めに出したくさん負担してもらう。あまり支払ってくれなさそうな調達企業には、負担を薄くする

調達・購買担当者側からすると、請求された見積価格（コスト）が妥当かを確認する必要があります。話は、2-C「見積り査定」で述べた内容につながります。コスト構造分析で述べた内容を思い出してください。製品のコストは**図2-63**のように分類されました。

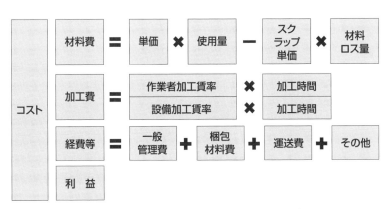

図2-63　コスト構造分析の原価構成（再掲）

みなさんは「変動費」「固定費」の違いを理解しています。そこで、このコスト構造に「変動費」「固定費」の考えを適用してみましょう。

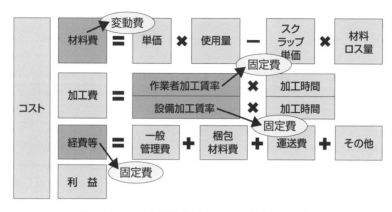

図2-64　コスト構造分析における変動費と固定費

　そうすると、**図2-64**のように分類できます。「材料費」は変動費であるものの、それ以外は「固定費」です。経費等は、必ずしも固定費のみではありませんが、ここではわかりやすくするために固定費として分類しました。

　サプライヤは固定費をかならず調達企業に負担してもらわねばならなりません。ただし、逆に考えれば、「その固定費は他の調達企業に負担させれば、自社は安価に買えるじゃないか」ともいえます。サプライヤからは適切な価格で調達させねばならない、とする思想とは乖離するものの、その考えにも一理あります。

　サプライヤは、まず変動費分のコストは死守しようとします。ただ、固定費分については値下げが可能です。サプライヤは、値下げ行動として、「利益」→「設備加工費」→「経費等」→「作業者加工費」の順に削っていきます。理論的な最低価格は、変動費＋1円です。この＋1円に深い意味はありません。＋0.1円でもかまいません。ただし、資本主義社会において、外部から100円で買ってきて、他社に100円では販売しませんから、便宜的に＋1円としています。

　ではなぜ、「利益」→「設備加工費」→「経費等」→「作業者加工費」の順に削るのでしょうか。「利益」をまっさきに削るのは理解できるでしょう。しかし、次になぜ「設備加工費」なのか。読者のなかには、海外サプライヤから見積りを入手した際に、設備加工費がゼロになっていた経験があるかもしれません。

　これは、単純に理由をいうと「設備加工費」は固定費のなかで、「すでに支払ってしまったコスト」のため、無理に回収する必要がないのです。少しだけ補足すると、設備加工費とは減価償却費で、これは過去に投資したコストが発生したように見えるものです。設備を購入し1億円を支払ったとします。その設備の減価償却年

数が10年だとすると、説明を簡略化すれば、毎年1000万円ずつを決算書に減価償却費として計上します。お金は払い終わっているのに、決算書には1000万円が亡霊のように残り続けます。したがって、サプライヤとしては、払い終わっているコストなので削りやすいといえます。

　そのいっぽうで「作業者加工費」はサプライヤにとって、これから支払いが生じる固定費です。だから削りにくい。それでも削る可能性があります。それは仕事がまったくなかったら、その作業者たちを工場内で遊ばせることになるからです。ほとんど利益にはならなくても、固定費の全額を回収できなくても、少しでも足しになるのであれば削る選択がよいかもしれません。

　ただ、調達・購買担当者からすれば例外的に低コストで調達できたと認識すべきでしょう。そのサプライヤが順調に生産数量を増やしていけば、利那的な安売りはしなくなります。

　ただし、変動費と固定費の考え方がわかれば、サプライヤの損益分岐点と、見積り上の分類、そしてサプライヤの値下げ行動まで理解できると述べてきました。サプライヤのコスト構造がわかれば、普通の調達・購買担当者が見えない領域までわかります。

　さっそく今日からサプライヤの情報を集めてみましょう。工場から、決算書から、変動費・固定費を計算します。そこから損益分岐点を計算。そして見積書のなかで、変動費と固定費を分解して値下げ行動を予想してみましょう。そのときには、コスト構造分析で説明した内容が使えるでしょう。

　調達・購買業務は、単に机を叩いて見積りを下げるだけではありません。情報を収集し、原価を仮説であっても想定することで、より高みに上がることができるのです。

第 **3** 章

海外調達・輸入推進

〈スキル11～15〉

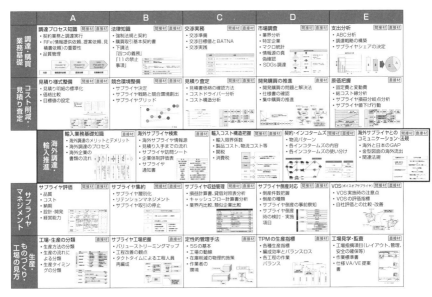

	A	B	C	D	E
調達・購買業務基礎	調達プロセス知識 [間接材][直接材] ・契約業務と調達実行 ・RFx(情報提供依頼、提案依頼、見積依頼)の重要性 ・品質管理	法律知識 [直接材] ・強制法規と契約 ・購買取引(基本契約書) ・下請法 「四つの義務」 「11の禁止事項」	交渉実務 [間接材][直接材] ・交渉準備 ・交渉目標値とBATNA ・交渉実践	市場調査 [間接材][直接材] ・業界分析 ・特定企業 ・マクロ統計 ・情報源の真偽確認 ・SDGs調査	支出分析 [間接材][直接材] ・ABC分析 ・調達戦略の構築 ・サプライヤシェアの決定
コスト削減・見積り査定	見積り様式整備 [間接材][直接材] ・見積り明細の標準化 ・価格比較 ・目標値の設定	競合環境整備 ・サプライヤ決定 ・サプライヤ戦略と競合環境創出 ・サプライヤグリッド	見積り査定 [間接材][直接材] ・見積書価格の確認方法 ・コストドライバー分析 ・コスト構造分析	開発調達の推進 ・開発調達の問題と解決法 ・仕様書の確認 ・集中購買の推進	原価把握 [直接材] ・固定費と変動費 ・総コスト損分析 ・サプライヤ損益分岐点分析 ・サプライヤ値下げ行動
海外調達・輸入推進	輸入業務基礎知識 [直接材] ・海外調達のメリットとデメリット ・海外調達のプロセス ・海外企業の書類の流れ	海外サプライヤ検索 ・海外サプライヤ情報源 ・見積入手までの流れ ・サプライヤ訪問シート ・企業体制評価表 ・サプライヤ通知書	輸入コスト構造把握 [直接材][間接材] ・輸入限界係数 ・製品コスト、物流コスト等 ・関税 ・消費税	契約・インコタームズ [間接材][直接材] ・物流パターン ・各インコタームズの内容 ・各インコタームズの使い分け	海外サプライヤとのコミュニケーション [間接材][直接材] 法規 ・海外と日本のGAP ・金型図面の海外流出 ・関連法規
サプライヤマネジメント	サプライヤ評価 [間接材][直接材] ・品質 ・コスト ・納期 ・設計・開発 ・経営能力	サプライヤ集約 [間接材][直接材] ・サプライヤ層別化 ・リテンションマネジメント ・サプライヤ取引の停止	サプライヤ収益管理 ・損益計算書、貸借対照表分析 ・キャッシュフロー計算書分析 ・業界内比較、類似企業比較	サプライヤ倒産対応 [間接材][直接材] ・倒産件数把握 ・倒産の種類 ・サプライヤ倒産の事前察知 ・サプライヤ倒産時の検討・実施項目	VOS(ボイスオブサプライヤ) [間接材][直接材] ・VOS実施時の注意点 ・VOSの評価指標 ・自社評価との比較・改善
生産・ものづくり・工場の見方	工場・生産者の分類 [直接材] ・生産方法の分類 ・生産の流れによる分類 ・生産タイミングの分類	サプライヤ工場把握 ・バリューストリーミングマップ ・工程改善の観点 ・タクトタイムによる工程人員再編成	定性的管理手法 ・5Sの基本 ・工場の動線 ・在庫形減の物理的施策 ・作業者の環境	TPMの生産指標 [間接材] ・各種生産指標 ・編成効率とバランスロス ・各工程の作業バランス	工場見学・監査 ・工場指摘項目(レイアウト、管理、安全の確保等) ・作業標準書 ・仕様VA/VE提案書

CHAPTER 3

輸入業務基礎知識

●海外調達・輸入の必要性

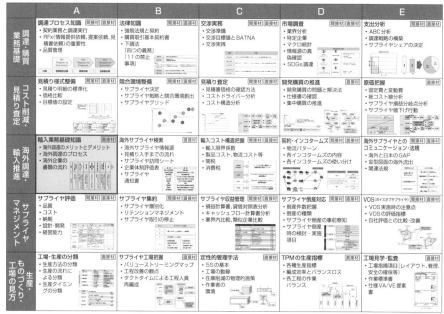

　ここからは「海外調達・輸入推進」のAである「輸入業務基礎知識」を取りあげます。

　アジアが勃興してきた1990年代から海外調達を進める調達・購買部門がたくさんありました。もちろん、物事にはメリットとデメリットがあります。たとえば「安価な製品を調達する」ことがメリットであり、「文化差・言語差によってトラブルが起きる可能性」はデメリットになりえます。図3-1にまとめておきました。

メリット	デメリット
【Cost】 ・コスト安価製品の調達:日本サプライヤでは実現できないコストで原価低減を図ることができる 【Development】 ・特殊技術製品の調達:先端技術を有するサプライヤから製品を調達することができる 【Risk】 ・為替リスク軽減:輸入:輸出比率を1:1とすることで、全社的な為替リスクヘッジが可能となる ・供給リスク軽減:国内/海外と分散調達することで安定した調達が可能となる	【Communication】 ・言語差:共通言語がない場合には交渉等のやりとりに時間がかかる。また、意思疎通が難しい ・商習慣・文化差:日本サプライヤとのやりとりでは生じない各国特有の問題が起きる可能性がある 【Cost】 ・円安:為替変動によって調達品の円換算コストは上昇する可能性がある 【Delivery】 ・納入遅延:生産・物流・通関等のプロセスにおいて遅れが生じることがある

図3-1　海外調達におけるメリットとデメリット

　図3-1のアンダーラインを説明します。

【メリット】

　さきほど述べたとおり「コスト安価製品の調達」をはじめとして、「為替リスク軽減」「供給リスク軽減」がメリットとしてあげられるでしょう。輸出と輸入を比べると、輸出が多い企業は多々あります。輸出企業は、円高で利益が減るので、輸入の推進によって為替リスクを軽減できます。また、国内サプライヤ1社の調達構造を変え、海外サプライヤとのマルチソース化によって供給リスクも軽減できるでしょう。

【デメリット】

　まず「言語差」です。日本人にとっていまだに英語での意思疎通は支障があります。対日本サプライヤであれば10分で確認できる事項も、海外サプライヤであれば数時間かかる場合もあるでしょう。また、他言語の微妙なニュアンスを理解できず、思い違いが生じるかもしれません。また、「納入遅延」の可能性もあります。かつての中国のように、送った荷物の何割かが消えることは少なくなりました。しかし、サプライヤの工場での生産遅れ、物流の遅れ、通関でのトラブル、など海外調達における時間のロスは、さまざまなポイントで想定できます。

【メリットの内容】

そのうえで、海外調達、とくに直接輸入によるメリットは大きい、と強調しておきます（図3-2）。

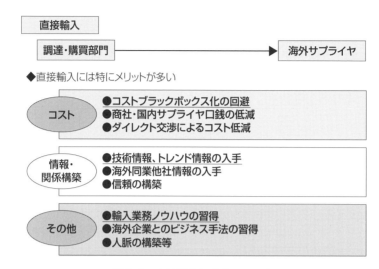

図3-2　直接輸入によるメリット

・「コストブラックボックス化の回避」：商社経由輸入であれば、商社のマージンが大きく、実際の製品価格がわかりません。ただし、直接輸入であれば、海外サプライヤのコストレベルが把握でき、かつ情報を備蓄できます。

・「技術情報、トレンド情報の入手」：海外サプライヤから直接、技術の動向や海外トレンドの情報を入手できます。海外サプライヤから直接聞いた生情報は調達活動に影響を与えるはずです。ちなみに、私は海外サプライヤから聞いた他社の調達戦略が自身の調達活動の見直しにつながりました。

・「輸入業務ノウハウの習得」：何よりこれが一番のメリットかもしれません。これから日本は為替（円高）の影響で海外調達を推進する必要があります。中国・インド、あるいは他国から「ちゃんと輸入できる」ことは調達・購買担当者のひとつの大きなスキルにほかなりません。商社任せではなく、自ら輸入できれば、調達・購買担当者自身の価値向上にもつながります。

●海外調達のプロセス

では、海外調達におけるプロセスを見ていきましょう。基本的な考えは、日本

（国内）サプライヤとなんら変わるところはありません。本来は、すぐれたところが国内であれ海外であれ、どちらからも調達できるようにしておくだけです（図3-3）。

項目	業界調査・サプライヤ調査	RFx（見積り入手等）	契約・発注	出荷・輸出国内物流・積荷	入港・通関・諸手続	国内物流・納入・受領・検収	支払
実務内容	・自社に適切な市場・サプライヤを見つける	・情報提供依頼、提案依頼、見積り依頼を経て、コストレベルを検証・確認する	・契約書を両社で締結。および、PO（発注書）の発行	・出荷案内の入手、通関の準備	・入港の確認、輸入申告・通関手続き等	・通関業者、自社が指定した物流会社が運送。製品確認を行い、受領と検収を実施	・通関書類・インボイス等に基づき、貨物代金等を支払う

図3-3　海外調達のプロセス

　まずは、「業界調査・サプライヤ調査」を行い「RFx」によって見積りを入手、「契約・発注」、そして「支払」までを経ます。このそれぞれのプロセスについては、追ってご説明するので、まずは大きな流れを確認してください（図3-3）。

　そして、それぞれの英単語についても覚えておきましょう。いうまでもありませんが、Proposalは提案であり、Offerは申し出のことです。そして条件が合致した際に、両社でAcceptance（了承）し、ビジネスを開始します（図3-4）。

　そして、海外調達におけるモノと書類の流れを把握してください。まず、図3-5の左上（「海外サプライヤ」）を起点にしましょう。海外サプライヤは、Invoiceと製品を通関業者、物流業者に送ります。その代わりに、B/Lを入手するのです。また同時に、送りましたよ、という意味の船積書類を調達企業に送ります。

　調達企業は物流会社から到着連絡を受けると、（日本では代理通関が認められているので）通関業者に通関依頼をします。これ以降の処理は、調達企業が子会社に任せているかもしれません。通関依頼を受け取った通関業者は、製品とともに税関で通関処理を行います。

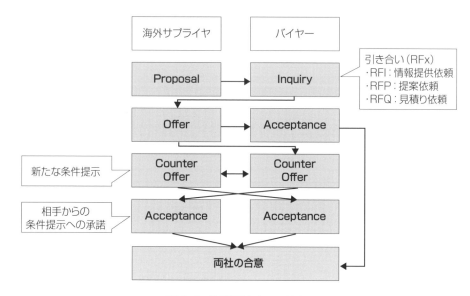

図3-4　取引開始までの流れ

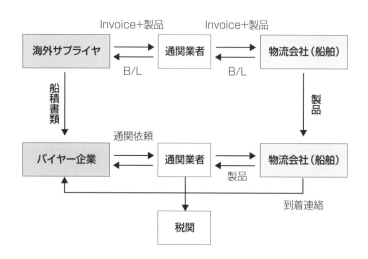

図3-5　海外輸入の流れ

【各用語の意味】

・Invoice：「送り状・請求書」。製品の出荷案内書、明細書、価格計算書、代金請求書を兼ねた商用書類。サプライヤが買主宛に作成。通関申請で使用。

・Bill of Lading：「船積証券」。運送人と荷送人との間における運送契約に基づき、貨物が運送のために荷送人から運送人に受け取られ、または船積された場合に運送人によって発行される証券。B/Lの引渡しは、有価証券と同一であり、貨物の引渡しと同等効果を持つ。荷為替手形に添付され代金決済にも使用される。なお、実務的に使われるもののうち、「Surrender B/L」「Sea Waybill」がある。

・Surrender B/L：「元地回収B/L」。本船のほうが書類到着よりも早い場合、書類到着を待つと費用と時間がかかるのと、B/Lの盗難や紛失を恐れてこの方法が考案された。陸揚港はB/L記載のままだが、B/Lの提示は陸揚港ではなくB/L発行会社の元地すなわち船積地で行われる。

・Sea Waybill：「海上運送状」。運送契約の証拠証券、貨物の受取証。ただし、有価証券ではなく担保力がない。

＊Surrender B/LとSea Waybillは正式なB/Lの代替品と考えてください。

・AIR WAYBILL：「航空貨物運送状」。航空会社が発行する受取証。B/Lと違って有価証券ではなく、流通性は持たない。ただし、B/Lと同様にAWBで代金決済・貨物引渡しはできる。

・SHIPPING DOCUMENTS：「船積書類」。Invoice・Packing List（梱包明細書）・B/L（船積証券）・保険証券・（場合によっては原産地証明）等の通関に必要な書類。

・通関依頼時の提出書類：通関依頼書、商品説明書、Invoice、B/L、Packing List。

＊材料の成分によって関税が異なる場合は成分表、原産地証明が必要となる場合もあります。

●海外輸入における対価の支払い

モノが届くと、つぎに代金の支払いを行います。対価の支払いについては、大きく二つで、「送金によるもの」と「荷為替によるもの」です。大雑把にいってしまえば、前者は直接お金をサプライヤに送ることで、後者は各国の銀行の与信を使って取引を行うことといえます（図3-6）。

第3章

海外調達・輸入推進

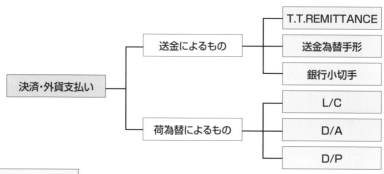

送金によるもの　～簡易的であるものの、やや安心に欠ける

T.T.REMITTANCE:電信為替送金。電信により送金を行うもの。また、この単語を使う際、サプライヤが「前払い」という意味で使う場合がある。

送金為替手形:銀行が海外に振り出す為替手形

銀行小切手:銀行による保証があり、受取人や期日の指定がなく現金のように利用できる小切手

荷為替によるもの　～輸出者と輸入者のあいだに銀行を介在させることで安心感が高まる

L/C:「Letter of Credit」。輸入地の銀行と、一定期間・一定額を定めて、輸入者の信用保証をするもの。製品の支払いを銀行が保証することで、取引が容易になる。ただし、輸入者によって担保等が必要となる。

D/A:「Document Against Acceptance」。輸入地の銀行で輸入者が期限付手形の支払いを引き受けることと引き換えに船積書類を受け取ることができる決済方法

D/P:「Document Against Payment」。輸出地の銀行から回付された手形を輸入地の銀行が輸入者に確認し、手形代金の支払いと引き換えに船積書類を渡す決済方法

図3-6　対価の支払い（送金と荷為替）

　なお、実務的には本書の読者は、この支払い業務を担当しないかもしれません。サプライヤを探したり、価格を決めたり、契約をしたりといった業務は担当するでしょうが、それ以降は他部門や子会社が担う場合が多いためです。ただし大まかな仕組みだけは知っておいてください。

　なお、「T.T.REMITTANCE」には注意してください。「前払い」という意味で使う場合があるからです。このT.T.REMITTANCEと記載する条件記載は、海外の商取引サイトでも見ることができます。なおこれは初めて取引をする相手に電信為替送金によって着手金か保証金を依頼する場合＝T.T.REMITTANCE in Advance

の意味で使われるケースが多かったためと考えられます。

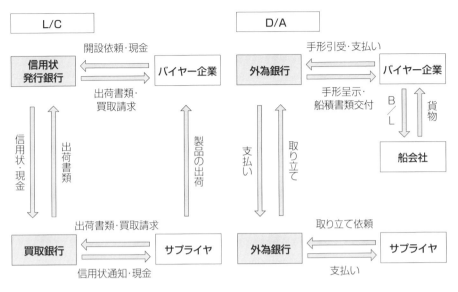

図3-7　L/CとD/A

　もっとも使われる「L/C」とは、「Letter of Credit」で、要するに輸入元と輸入先の銀行の信頼を使って送金してもらうことです。調達企業は、調達企業が存在する国の銀行機関にL/C口座を開くことで、各国への送金が可能となります。また、信用状を発行するものがこのL/C（「Letter of Credit」）で、手形を発行するものがD/A（「Document Against Acceptance」）というものです。現金の支払いを直接行うL/C取引に対して、手形を媒介させることに特徴があります（図3-7）。

　調達・購買担当者は、これらすべての支払業務を完全に覚える必要はありません。ただ、契約条件交渉のときに、これらの言葉が出てくるかもしれません。そこで基礎的な概念をしっかり覚えることが大切です。

第3章　海外調達・輸入推進

海外サプライヤ検索

●海外サプライヤ検索法

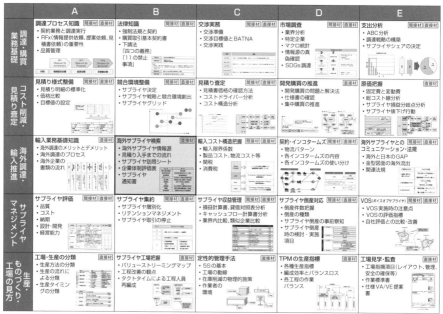

　ここからは「海外調達・輸入推進」のBである「海外サプライヤ検索」を取りあげます。

　海外サプライヤを探す方法はさまざまです。

　代表的なものは、**図3-8**にあげたように、IPO（International Procurement Office）からの情報があるでしょうし、ほかにも展示会や、インターネット、同業他社からの情報・調査、設計・他部門からの情報、売り込み……などなど、さまざまなルートが考えられます。

　また、情報源として本書では「調達・購買 業務基礎」DでKOMPASS（無料）を取りあげました。そのほか、海外サプライヤインターネットでの情報ソースを列記しておきます。各情報源のURLは変更になる可能性があり記載していません。

情報源	補足
IPO（International Procurement Office）からの情報	・海外調達拠点、海外工場の調達実績
展示会	・特定技術展示会、製品展示会
インターネット	・サプライヤ情報提供サービス企業
同業他社からの情報・調査	・納入品調査企業の情報、人的ネットワーク
設計・他部門からの情報、売り込み	・社内研究部門からの連絡、サプライヤからの直接コンタクト等

図3-8　海外サプライヤの情報源

検索エンジンを活用してください。

・EMIDAS（検索は無料）：アジア中心に製造業のサプライヤ情報を検索できます
・MARKLINES「部品メーカー検索」（無料）：自動車産業の自動車部品サプライヤに特化した検索が可能です
・Alibaba（無料）：いわずとしれた中国の巨大ECサイトです。主にBtoC領域のサプライヤ情報と思われていますが、機器類サプライヤも検索できます
・JETRO「海外ミニ調査サービス」（有料）：海外の特定地域のサプライヤ情報を収集してくれます
・JETRO「引き合い案件データベース」（無料）：→全世界のサプライヤからの引き合い案件を掲示しており見ているだけでも興味深いサイトです
・JETRO「j-messe」（無料）全世界の展示会を検索でき出張時に重宝します
・MFG.com（無料）：製造業を中心としたサプライヤ検索ができます。面白いのは、このページを使って特定仕様の引き合いを提示することができる点です

　なお日本でも地元の産業育成のため行政のホームページや、地方銀行の関連ページに、地場産業の検索ができるページが多く存在します。勤務地の名称とともに検索してみてください。また海外の国々の状況を知りたければ、ヘタなガイドブックよりもCIA（あのCIAです）の「THE WORLD FACTBOOK」がかなり使えます。海外旅行専用サイトでも、これほど詳しい情報を載せているところはありません。

●見積り入手時の確認ポイント

　ここでは、海外サプライヤに見積り依頼を行う際に、気をつけるべきポイントについてまとめます。

1．仕様観点
・製品の機能・性能は定量的に表現されているか
・データシート、または仕様書は過不足なく提供しているか
・図面の中に「または同等材料（or equal ／ or equivalent）」という表現を使っていないか。使っているとしたら、その同等材料の評価基準は存在するか
・必要以上に厳しい仕様要求となっていないか
・海外サプライヤが理解できるスタンダードなスペックになっているか

2．品質観点
・製品の品質基準は定量的に表現されているか
・必要以上に厳しい検査要求となっていないか
・必要以上に厳しい外観要求となっていないか
・梱包・出荷条件を明記しているか

3．商業条件観点
・見積り依頼の理由を明記しているか（単なる情報収集であればその旨を伝える）
・契約条件を明記しているか
・見積り希望通貨を明記しているか
・納期・検収条件を明記しているか
・支払条件を明記しているか
・ライセンスの特別条項があればそれを明記しているか
・支給品がある場合は、その旨明記しているか
・見積書フォーマットについて規定しているか
・見積り提出時期の締め切りを明記しているか
・サプライヤからの質問の対応について明記しているか
・見積り提出にあたり特別な事業者免許等が必要な場合は、それを明記しているか

4．その他観点
・環境調達・CSR調達に関わる事項は記載されているか

・自社で重要となるノックダウンファクターは記載されているか

　なかでも重要なのは、次の三点です。
・図面の中に「または同等材料（or equal / or equivalent)」という表現を使っていないか
　→海外サプライヤが安価な材料で見積るケースがあります。もっといえば、のちのち問題となるのは、この「同等材料」という表現です。この表現を使うのであれば、何が同等で何が同等ではないかを即答できるようにしなければいけません。

・見積り依頼の理由を明記しているか（単なる情報収集であればその旨伝える）
　→単に価格レベルを知りたいのであれば、その前提を伝えないと、海外サプライヤを失礼に扱うことになってしまいます。

・自社で重要となるノックダウンファクターは記載されているか
　→ノックダウンファクターとは、自社の調達において欠かせない条件です。自社が譲れない条件があるとしたら、それをあらかじめ伝えておく必要があるでしょう。

　そして、私が書いておいたチェックポイントは絶対ではありません。これをベースに注意すべき点をどんどん加算していきましょう。

●サプライヤチェックシート

　参考までに、サプライヤと対面したときの質問票を次のページに掲載しておきます。

QUESTIONNAIRE– Supplier Visit Sheet

Company name   : _____
Address of Head Office   : _____
Phone number   : _____
Person in charge   : _____
E-mail Address   : _____
Main customers   : _____
Founded date   : _____
Financial statement   : (attachment) _____

Parent company (if any) : _____
Address of Parent company : _____

Manufacturing Location 1: _____
Primary Product   : _____

Manufacturing Location 2: _____
Primary Product   : _____

Manufacturing Location 3: _____
Primary Product   : _____

Type of business   : _____
Chairman of the Board   : _____
President   : _____
Vise President   : _____
Number of employees   : _____

Engineering : _____   Research : _____
        QA : _____   Inspection : _____
Production : _____   Admin : _____
     Sales : _____   Purchasing : _____
     Other : _____

Bidding Interest   : _____
Others   : ___

質問票　- サプライヤ訪問シート

会社名　　　　　　　：_____
住所　　　　　　　　：_____
電話番号　　　　　　：_____
窓口担当者　　　　　：_____
メールアドレス　　　：_____
主要顧客　　　　　　：_____
会社設立年月日　　　：_____
財務状況　　　　　　：（添付にて確認）_____

親会社（あれば）　　：_____
親会社の住所　　　　：_____

第一工場の住所　　　：_____
主要生産品目　　　　：_____

第二工場の住所　　　：_____
主要生産品目　　　　：_____

第三工場の住所　　　：_____
主要生産品目　　　　：_____

業種・業態　　　　　：_____
会長　　　　　　　　：_____
社長　　　　　　　　：_____
副社長　　　　　　　：_____
従業員総数　　　　　：_____

設計開発部門：_____　　研究部門：_____
品質管理部門：_____　　検査部門：_____
生産部門：_____　　管理部門：_____
営業部門：_____　　調達部門：_____
その他：_____

こちらのビジネスへの関心：_____
その他　　　　　　　：_____

海外サプライヤ企業体制評価表

	承認	確認	調査

サプライヤ名	XXXX
調査日	20XX/XX/XX

項目（配点）		評価			点数	重み付け	重み付け後点数
		10点	5点	0点			
各種指標	財務状況	3年分の決算書を確認したところ、健全かつ売上高・利益ともに向上している	3年分の決算書を確認したところ、おおむね健全である	3年分の決算書を確認したところ、安全性・支払能力の面で問題がある	10	×2	20
	社歴	設立から10年が経過している	設立から5～10年未満	設立1～5年未満	10	×2	20
	主要取引先	大手企業の系列会社であり、大手顧客から今後も継続した受注が見込まれている	独立系企業だが、大手・中堅企業から受注を継続できる確率が高い	独立系企業で、大手・中堅企業から受注を継続できる確率が低い	10	×1	10
	経営者	経営の経験が豊富。違法行為等はないと信頼できる。また、将来の成長に向けた施策を打ち出している	経営者の経験は浅いが、信頼でき、安全・安定した会社運営が期待できる	経験欠如により、今後の企業運営の失敗や違法行為のおそれがある	10	×2	20
	CSR・環境対応	法令遵守・CSR等に配慮された経営がなされ、企業活動に反映されている	法令遵守・CSR等に配慮した経営を目標としているが、一部満たせていない項目がある	法令遵守・CSR等が配慮されておらず、逸脱した企業活動が散見される	10	×1	10
	経営理念と社内への浸透	経営者が率先し、優れた経営方針・理念を確立し、社内に浸透させ、それを実現するために企業が一体化している	経営方針・理念は確立しているが、社内への浸透度が低い	経営方針・理念が確立していない	10	×1	10
	従業員・労務管理状況	問題なし（従業員は満足して働いている）	問題は散見されるが影響なし	経営に問題あり（従業員に不満があり定着性等も悪い）	10	×1	10
						合計	100

総合評価結果 | A

ところで以前、中国の深センにあるサプライヤと話したときのことです。すると前に工場見学を受け入れた日本企業の話をしてくれました。調達・購買部門や品質保証部門、設計・開発部門など、なんと10人もやってきたそうです。しかも二日間、朝から晩まで、何から何まで質問して帰ったようです。しかし、その場で結論を聞いても、よくわからないまま。帰国して検討する、といったまま、連絡がない、とサプライヤは嘆いていました。

　彼いわく、日本人はNATOだそうです。北大西洋条約機構ではなく、Not Action, Talk Onlyだそうで、私は乾いた笑いを浮かべるしかありませんでした。多くの読者は笑えないかもしれません。見学や監査が終わった直後にお礼を伝えるのは当然としても、少なくとも、採用／不採用を通知するべきでしょう。

　そこで採用を決めたサプライヤへの通知例をあげました。これはFuture Procurement Research Instituteという調達企業がSSMというサプライヤを承認したと伝えるものです。アンダーラインのところには責任者がサインをします。

```
┌─────────────────────────────────────────────────────────────┐
│                                                               │
│   Letter of Appointment                                       │
│                                                               │
│   Date    : 1ˢᵗ  April 20XX                                   │
│                                                               │
│   To      : Mr. David Nelson, Sales director, SSM Company     │
│   From    : Ichiro Tanaka, Purchasing manager, Future procurement │
│             research institute                                │
│                                                               │
│                                                               │
│   Dear Mr. Nelson                                             │
│                                                               │
│   CERTIFICATE OF APPROVED SUPPLIER                            │
│                                                               │
│   We hereby confirm that we have appointed ISM Company as our │
│   authorized supplier for XXXX.                               │
│                                                               │
│                                                               │
│                                                               │
│   Yours sincerely                                             │
│   Future procurement research institute                       │
│                                                               │
│                                                               │
│   ─────────────────────────────────────────                  │
│                                                               │
│   Purchasing manager                                          │
│                                                               │
└─────────────────────────────────────────────────────────────┘
```

　海外調達は、さまざまな手法や知識をフル動員してあたることで、成功に導けます。今回は、サプライヤ検索の方法として、インターネット上の情報ソースや、見積り入手までのプロセス、そして見積り依頼時のチェックポイント、質問票等を説明しました。

　次の「海外調達・輸入促進」のCでは、海外サプライヤの見積りの妥当性の判断などについて述べていきます。

輸入コスト構造把握

●輸入コスト構造と輸入限界係数

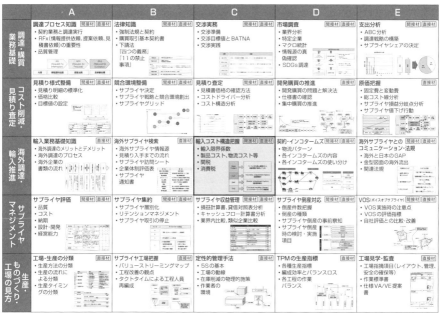

	A	B	C	D	E
調達・購買 業務基礎	調達プロセス知識 [間接材][直接材] ・契約業務と調達実行 ・RFx(情報提供依頼、提案依頼、見積依頼)の重要性 ・品質管理	法律知識 [間接材][直接材] ・強制法規と契約 ・購買取引基本契約書 ・下請法「四つの義務」「11の禁止事項」	交渉実務 [間接材][直接材] ・交渉準備 ・交渉目標とBATNA ・交渉実践	市場調査 [間接材][直接材] ・業界分析 ・特定企業 ・マクロ統計 ・情報源の真偽確認 ・SDGs調達	支出分析 [間接材][直接材] ・ABC分析 ・調達戦略の構築 ・サプライヤシェアの決定
コスト削減・見積り査定	見積り様式整備 [間接材] ・見積り明細の標準化 ・価格比較 ・目標値の設定	競合環境整備 [間接材][直接材] ・サプライヤ決定 ・サプライヤ戦略と競合環境創出 ・サプライヤグリッド	見積り査定 [間接材][直接材] ・見積書価格の確認方法 ・コストドライバー分析 ・コスト構造分析	開発購買の推進 [直接材] ・開発購買の問題と解決法 ・仕様書の確認 ・集中購買の推進	原価把握 [直接材] ・固定費と変動費 ・総コスト縮分析 ・サプライヤ撤退分岐点分析 ・サプライヤ値下げ行動
海外調達・輸入推進	輸入業務基礎知識 [間接材][直接材] ・海外調達のメリットとデメリット ・海外調達のプロセス ・海外企業の書類の流れ	海外サプライヤ検索 ・海外サプライヤ情報源 ・見積り入手までの流れ ・サプライヤ訪問シート ・企業体制評価表 ・サプライヤ通知書	輸入コスト構造把握 [間接材][直接材] ・輸入限界係数 ・製品コスト,物流コスト等 ・関税 ・消費税	契約・インコタームズ [間接材][直接材] ・物流パターン ・各インコタームズの内容 ・各インコタームズの使い分け	海外サプライヤとのコミュニケーション・法規 [間接材][直接材] ・海外と日本のGAP ・金型図面の海外流出 ・関連法規
サプライヤマネジメント	サプライヤ評価 [間接材][直接材] ・品質 ・コスト ・納期 ・設計・開発 ・経営能力	サプライヤ集約 [間接材][直接材] ・サプライヤ層別化 ・リテンションマネジメント ・サプライヤ取引の停止	サプライヤ収益管理 [間接材][直接材] ・損益計算書,貸借対照表分析 ・キャッシュフロー計算書分析 ・業界内比較,類似企業比較	サプライヤ倒産対応 [間接材][直接材] ・倒産件数指標 ・倒産の種類 ・サプライヤ倒産の事前察知 ・サプライヤ倒産時の検討・実施項目	VOS(ボイスオブサプライヤ) [間接材][直接材] ・VOS実施時の注意点 ・VOSの評価指標 ・自社評価との比較・改善
生産・ものづくり・工場の見方	工場・生産方法 [直接材] ・生産方法の分類 ・生産の流れによる分類 ・生産タイミングの分類	サプライヤ工場見学 ・バリューストリーミングマップ ・工程改善の観点 ・タクトタイムによる工程人員再編成	定性的管理手法 ・5Sの基本 ・工場の動線 ・在庫削減の物理的施策 ・作業者の環境	TPMの生産指標 [間接材] ・各種生産指標 ・編成効率とバランスロス ・各工程の作業バランス	工場見学・監査 [間接材] ・工場指摘項目(レイアウト、管理、安全の確保等) ・作業標準書 ・仕様VA/VE提案書

ここからは「海外調達・輸入推進」のCである「輸入コスト構造把握」を取りあげます。

製品を輸入する際にかかるコストをざっと列記してみました。**図3-9**のようになるはずです。

このうち「製品工場出荷価格」とは、製品そのものの価格です。そして、「輸出国内物流費」「輸出諸経費」「(IPOマージン)」と続きます。「(IPOマージン)」とは、IPO（International Procurement、あるいはPurchasing Office）が仲介したときに発生する経費です。IPOとは海外の購買拠点なので、彼らの口銭になります。

そして、「海上運賃」「保険費用」「関税」「通関費用」「消費税」「国内物流費」がかかり、やっと納品されます。

項　目	補　足
製品工場出荷価格	見積り価格
輸出国内物流費	梱包形態や物流手段によって変化
輸出諸経費	輸出通関費用等
（IPOマージン）	IPOが仲介する場合は手数料が発生
海上運賃	輸出国から輸入国港までの輸送費
保険費用	紛失や不良発生の補償費用
関税	租税
通関費用	輸入申告費用や通関業者手数料等
消費税	物品の消費を課税対象とする税金
国内物流費	到着港から自社までの運送費用

図3-9　製品輸入に関わるコスト

　これだけのコストがかかるんですね。私の経験では、コスト削減を目的とするならば、海外サプライヤが20％程度安くても、（物量によりますが）日本まで運ぼうとするとメットがありません。30〜40％程度は安価でないと、海外調達のコストメリットが捻出できない場合が多いのです。ただ少なくとも日本サプライヤより安価であれば、輸入の検討価値はあるでしょう。

　なお、輸入を検討する価値があるかを示す尺度を輸入限界係数と呼びます。これはシンプルな計算式ながらパワフルな計算式です（**図3-10**）。

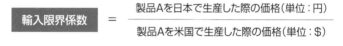

$$\boxed{輸入限界係数} = \frac{製品Aを日本で生産した際の価格（単位：円）}{製品Aを米国で生産した際の価格（単位：\$）}$$

図3-10　輸入限界係数の計算

　例として米国から輸入を検討している場合を想定します。このとき、まったく同一製品を日本で生産した場合と、米国で生産した場合の価格を比較します。重要なので繰り返しますと、生産した場合の価格です。米国から日本に送ってもらう日本着価格ではありません。あくまで米国で入手できる価格です。日本の価格は日本サプライヤから、米国の価格は米国サプライヤからヒアリングします。

　製品Aを日本サプライヤから調達したら300円、同じ製品Aを米国サプライヤから米国で調達すると3ドルとします。そのとき、輸入限界係数は、円とドルを消し

た絶対値を使います。

・輸入限界係数 = 300 ÷ 3 = 100です。

このときこの輸入限界係数を円ドルの為替レートと比較します。

・輸入限界係数が為替レートより大幅に大きい→輸入

・輸入限界係数が為替レートより大幅に小さい→輸入せず

　当原稿執筆時の円ドル為替レートは1ドル＝110円です。そこで輸入限界係数は100ですから、110＞100となり、輸入する価値はありません。考えるにこの為替レートが続けば、3ドルのものは330円相当ですからね。

　ただ、米国サプライヤの価格が2ドルとすれば、下記となります。

・輸入限界係数 = 300 ÷ 2 = 150

　為替レートの110よりも数値が高くなり、輸入の価値があります。あとは、みなさんの輸入品の計上等により物流費が変化しますので、IPOや物流業者と相談し、目安を決めておきましょう。たとえば輸入限界係数が130以上であれば輸入を検討する、などです。

　この輸入限界係数が面白いのは、輸入限界係数そのものは為替レートに無関係に決まる点です。あくまで輸入限界係数は、日本と輸入を検討している国の中で買える価格を使用します。これでどの製品がどの国で安価か、逆に高価か、日本と比較した際のその国の特徴がわかります。

　なお、輸入限界係数は米国だけではなく、どの国でも使用可能です。たとえば中国から製品Bの輸入を検討しているとします。製品Bを日本サプライヤから調達したら340円、同じ製品Bを中国サプライヤから中国で調達すると34元とします。そのとき、輸入限界係数は、おなじく円と元を消した絶対値を使います。

・輸入限界係数 = 340 ÷ 34 = 10

　当原稿執筆時の円元為替レートは1元＝17円なので、17＞10ですから輸入しません。ただ、製品Bの中国サプライヤ価格が17元だったとすれば、下記の通りです。

・輸入限界係数 = 340 ÷ 17 = 20

　よって輸入の検討価値があります。あとは説明したとおり、物流の費用がどれくらいかかるか、そして為替の変動をどれだけ見込むかです。

さて、この輸入コストの詳細はどのようになっているのでしょうか。多くの契約では、調達・購買担当者が関わるのは、見積書価格を合意したあとの「海上運賃」以降が多いでしょう。つまり、輸出のための手続までを海外サプライヤにやってもらって、それ以降のコストを支払うのです。もちろん、契約形態によるので一概にはいえませんが。この「契約形態」については、のちほど説明します。今回は、「海上運賃」以降の中身を見ていきましょう。

●「海上運賃」の構造

　「海上運賃」の中身を見ていくと、図3-11のようになっています。

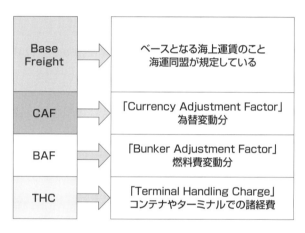

図3-11　海上運賃の構成

　つまり「Base Freight」「CAF」「BAF」「THC」です。「Base Freight」は文字通り、ベースとなる海上運賃で、海運同盟が規定しています。海運同盟とは、事実上の運賃カルテルです。簡単にいってしまえば、各社が倒産しない価格を一方的に規定しています。船舶会社の倒産は国家的損害であるために、例外的にカルテルが認められていると思ってください。

　この「Base Freight」に「CAF（＝為替変動に関する加算）」「BAF（＝燃料変動に関する加算）」「THC（＝コンテナやターミナル諸経費加算）」が加わります。さらに、船舶会社によってはこれ以外の加算項目もあるので、ヒアリングが必要となる場合があるでしょう。

　このようなコスト構造を知らずに物流会社から見積りを入手すると、相手は中身について教えてくれないため、何が高くて何が安いのかわかりません。調達・購買

担当者ならば、上記に従い、見積りの明細を入手するようにしましょう。そうすれば、各会社のコストを比較できます。

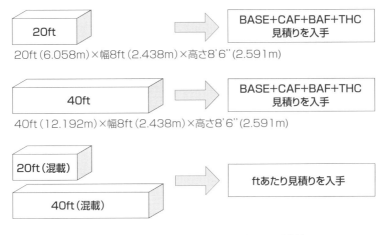

20ft (6.058m)×幅8ft (2.438m)×高さ8'6" (2.591m)

40ft (12.192m)×幅8ft (2.438m)×高さ8'6" (2.591m)

図3-12　コンテナの種類と見積書の入手方法

　また、海外から荷物を運ぶとき、積載するコンテナには20ftと40ftがあります。参考までにその長さを**図3-12**に示しました。最近は、より小さな12ftコンテナの利用が進んでいます。自分が利用するコンテナのサイズにしたがって、船舶会社や物流会社から見積りを入手します。

　ただし、いずれにしても、「20ftと40ftを満杯にするほど輸入はしない」ケースが多いでしょう。そんなときには、混載で運びます。文字通り、他のモノと一緒に送ってもらう形態です。そのときには、ftあたり見積りを入手する必要があります。

　このftは「Freight ton（フレートトン）」と呼ばれるもので、特殊な計算をします。もし読者が船舶会社や物流会社から見積りを入手できるなら、**図3-13**のようにまとめてもらってください。

　ここで見ていただきたいのは、「上海・東京」間と「大連・東京」間のft価格です。それぞれ、＄20と＄17とあります（なお、実例のため無関係箇所は黒塗りにしています）。これはどう使うのでしょうか。

　特殊な計算と書いたものの、複雑ではありません。このルールとは、「重量とft（Freight ton）の大きいほうが価格適用される」というものです。これは、貨物の立方メートルの絶対値と、トン数（重さ）の絶対値の大きい方を使います。**図**

港		価　格		
出発港	到着港	20ft	40ft	ft
オークランド		$	$	$
ポートランド		$	$	$
ニューヨーク		$	$	$
ニュージャージー		$	$	$
ロサンゼルス	例:東京港	$	$	$
天津		$	$	$
上海		$	$	$ 20
大連		$	$	$ 17
レムチャバン		$	$	$

図3-13　ftの価格表（サンプル）

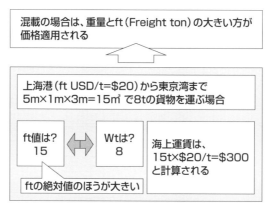

図3-14　ftの計算（サンプル）

3-14に例題を書いておきました。

　15立方メートルで8トンの貨物ですから、もちろん絶対値としては15が大きくなります。だから、15に、さきほどの価格表であった＄20を掛け合わせましょう。すると、＄300と計算できます。ちなみに、1t以下の貨物を運ぶとき（極端に小さなものを運ぶとき）には別途費用が発生するので注意が必要です。

　航空貨物輸送の場合は、容積重量と実重量の大きいほうを適用し、容量重量は6,000cm³を1kgとして扱うことに注意してください。これも同じく航空貨物業者から見積りを入手してコストを計算できます（**図3-15**）。

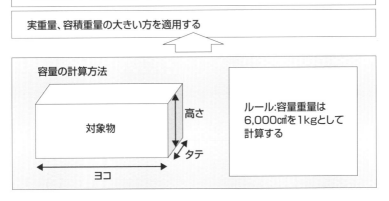

航空貨物輸送の賃率適用料金は「高重量段階低賃率」と呼ばれ、重くなるほど、1kgあたりの単価は安価になる

実重量、容積重量の大きい方を適用する

容量の計算方法

対象物

高さ

タテ

ヨコ

ルール:容量重量は6,000㎤を1kgとして計算する

図3-15　航空貨物賃率の計算

この計算方法がわかっていれば、概算でも物流コストを試算できるはずです。

●関税と消費税について

次、関税を取りあげます。関税について、「よくわからないが、特定の貨物を輸入するときに取られる税金だろう」と認識している人が多いようです。たしかにその通りですが、正確には「貨物が経済的境界（多くの場合は国家間）を通過するときに課せられる租税」となっています。なお、JETRO の「World Tariff」から各国の関税率を調べられますので、活用してください。簡単な登録をすれば、すぐに利用できます。

しかし、関税をわかりにくくしているのは、課税される額が「調達企業とサプライヤの契約金額」ではないからです。堅苦しい法律文面では「現実に支払われた又は支払われるべき価格」となっています（**図3-16**）。

ここで「支払われるべき価格」とは何でしょう？　単純に説明すると、「サプライヤとの売買価格がどうであっても、その製品の持つ価値で申告しなさい」ということです。

たとえば、こういう例を考えてみましょう。わかりやすくするために円で説明します。調達担当者が100円の部品を無償支給して、海外サプライヤに製品を生産してもらったとします。当然ながら、海外サプライヤは無償支給分の部品は見積りに加算せずに、調達・購買担当者に製品価格を請求するでしょう。しかし、関税の基

準となる額は、その100円も加算した額になるのです。

　だから、ややこしい法律文面では「材料、部品、工具、鋳型」などを加算するように求めています。製造業であれば、チェックポイントは**図3-17**の通りとなります。

　例で取りあげたように、無償支給した部品がないか？　材料は？　工具、金型は？　とチェックしていきます。もちろん、それらがあったとすれば、加算して申告する必要があります。

　多くの企業では通関業者に通関を依頼していますから、脱税にならないように、「現実に支払われた又は支払われるべき価格」を伝えねばなりません。ややこしい

現実に支払われた又は支払われるべき価格

「輸入貨物の生産及び輸入取引に関連して、買手により無償で又は値引きをして直接又は間接に提供された物品又は役務のうち次に掲げるものに要する費用」
・材料、部品、生産のために使用された工具、鋳型
・生産の過程で消費された物品
・その他生産に関する役務

運賃等の額

輸入貨物の課税標準となる価格

図3-16　関税の課税標準の定義

現実に支払われた又は支払われるべき価格

チェックポイント

無償支給した部品があるか
無償支給した材料があるか
無償支給（貸与）した工具や金型があるか
ロイヤリティ、開発費が別途発生したか
設備等が別途発生したか

図3-17　課税標準となる課税価格

ですが、海外調達を実施する以上は避けられません。

そして最後に消費税を支払います。これで税金関係は終わりとなります。内国消費税を支払う品目は限られていますが、念のために図3-18をご覧ください。

関税課税価格 × 内国消費税 × 関税 × 消費税

注意点

内国消費税は、酒税、たばこ税、揮発油税、地方道路税、石油ガス税または石油税等

輸入品が事後、価格が上がった場合には、必ず追加で納付する必要がある

ただし、値下がりの場合には、還付を求めない場合は必ずしも必要ではない

図3-18　輸入取引における課税標準額

また、海外調達を進める過程において、輸入後に価格が上がってしまった場合には、必ず追加納付する必要があると覚えておきましょう。

●輸入コスト把握の必要性

このように、輸入にはコストがたくさんかかります。だからこそ、これらの中身を把握しておきましょう。というのも、海外調達のときに、輸入コストについて調達・購買担当者の査定があまりに甘すぎるのです。これは、商社経由で輸入するときも同じでしょう。相手のいいなりになって、そのコストを査定しようともしません。なぜ100円のものを輸入したら140円になるのか。その40円の内訳は何か。それらの確認が放棄されているのです。

輸入諸経費なのか、あるいは為替変動のリスクを回避するために過剰なコストが計上されているかもしれません。あるいは不透明なコストがあるのではないか。

ここまでコスト構造を書いてきましたが、暴論をいえば、完全に理解する必要はありません。一つひとつのコストを確認する「しつこさ」だけを持っていればよいのです。サプライヤや商社から出された見積りを鵜呑みにして輸入可否を決めるのであれば能がありません。なぜそのコストになるのか、もっと安価にならないか、サプライヤや商社がコストを必要以上に加算しているのではないか、と突き詰めていく姿勢こそ大切です。

細部を理解しているかどうか。これが個々人の価値向上にもつながります。

契約・インコタームズ

●物流パターン

		A	B	C	D	E
調達・購買 業務基礎		**調達プロセス知識** 間接材 直接材 ・契約業務と調達実行 ・RFx（情報提供依頼、提案依頼、見積依頼）の重要性 ・品質管理	**法律知識** 間接材 直接材 ・強制法規と契約 ・購買取引基本契約書 ・下請法 「四つの義務」 「11の禁止事項」	**交渉実務** 間接材 直接材 ・交渉準備 ・交渉目標値とBATNA ・交渉実践	**市場調査** 間接材 直接材 ・業界分析 ・特定企業 ・マクロ統計 ・情報源の真偽確認 ・SDGs調達	**支出分析** 間接材 直接材 ・ABC分析 ・調達戦略の構築 ・サプライヤシェアの決定
コスト削減・見積り査定		**見積り様式整備** 間接材 直接材 ・見積り明細の標準化 ・価格比較 ・目標値の設定	**競合環境整備** 間接材 直接材 ・サプライヤ決定 ・サプライヤ戦略と競合環境創出 ・サプライヤグリッド	**見積り査定** 間接材 直接材 ・見積書価格の確認方法 ・コストドライバー分析 ・コスト構造分析	**開発購買の推進** 間接材 直接材 ・開発購買の問題と解決法 ・仕様書の確認 ・集中購買の推進	**原価把握** 間接材 直接材 ・固定費と変動費 ・総コスト線分析 ・サプライヤ損益分岐点分析 ・サプライヤ値下げ行動
海外調達・輸入推進		**輸入業務基礎知識** 直接材 ・海外調達のメリットとデメリット ・海外調達のプロセス ・海外企業の書類の流れ	**海外サプライヤ検索** 直接材 ・海外サプライヤ情報源 ・見積り入手までの流れ ・サプライヤ訪問シート ・企業体制評価表 ・サプライヤ通知書	**輸入コスト構造把握** 間接材 直接材 ・輸入限界係数 ・製品コスト、物流コスト等 ・関税 ・消費税	**契約・インコタームズ** 間接材 直接材 ・物流パターン ・各インコタームズの内容 ・各インコタームズの使い分け	**海外サプライヤとの コミュニケーション・法規** 間接材 直接材 ・海外と日本のGAP ・金型図面の海外流出 ・関連法規
サプライヤマネジメント		**サプライヤ評価** 間接材 直接材 ・品質 ・コスト ・納期 ・設計・開発 ・経営能力	**サプライヤ集約** 間接材 直接材 ・サプライヤ層別化 ・リテンションマネジメント ・サプライヤ取引の停止	**サプライヤ収益管理** 間接材 直接材 ・損益計算書、貸借対照表分析 ・キャッシュフロー計算書分析 ・業界内比較、類似企業比較	**サプライヤ倒産対応** 間接材 直接材 ・倒産件数把握 ・倒産の種類 ・サプライヤ倒産の事前察知 ・サプライヤ倒産時の検討・実施項目	**VOS（ボイスオブサプライヤ）** 間接材 直接材 ・VOS実施時の注意点 ・VOSの評価指標 ・自社評価との比較・改善
生産・ものづくり・工場の見方		**工場・生産の見方** 直接材 ・生産方法の分類 ・生産の流れによる分類 ・生産タイミングの分類	**サプライヤ工場把握** 間接材 直接材 ・バリューストリーミングマップ ・工程改善の観点 ・タクトタイムによる工程人員再編成 ・作業者の環境	**定性的管理手法** 間接材 直接材 ・5Sの基本 ・工場の動線 ・在庫削減の物理的施策	**TPMの生産指標** 間接材 直接材 ・各種生産指標 ・編成効率とバランスロス ・各工程の作業バランス	**工場見学・監査** 間接材 直接材 ・工場指揮項目（レイアウト、管理、安全の確保等） ・作業標準書 ・仕様VA/VE提案書

　ここからは「海外調達・輸入推進」のDである「契約・インコタームズ」を取りあげます。

　海外調達を推進するとき、最後のツメは契約です。海外サプライヤとのやり取りのなかで、調達・購買担当者が海外企業との契約の基礎を理解しておかなければなりません。ここでは、インコタームズの説明と選定時の注意ポイントまでを解説します。

　まず海外から調達品がやってくる物流のパターンは**図3-19**の通りです。どのパターンかで契約の内容が異なってきます。まず海外の工場から輸入国の工場にやってくる際に在来船、コンテナ船、飛行機等の輸送手段が使われます。多くは船で運びます。

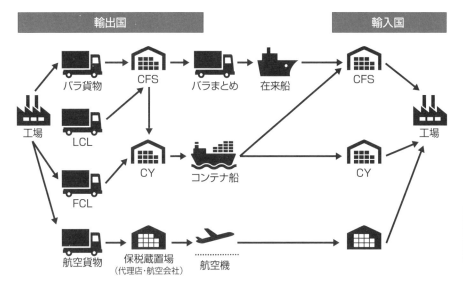

・LCL（Less Than Container Load）：コンテナに複数の荷主の貨物を混載する方式
・FCL（Full Container Load）：コンテナを借り切る方式
・CFS（Container Freight Station）：混載貨物専用倉庫
・CY（Container Yard）：コンテナ置き場

図3-19　製品ごとの物流パターン

図3-20　輸送の種類と方法

調達品の種類によって使い分けられ、一つのコンテナをまるまる借り切るのか、あるいは混載かによって振り分けられます（図3-20）。

また、バラ積みはコンテナに入らない大型機械等で使用される場合もあります。LCLはガラガラで運ぶのはもったいないので、コンテナ貨物をもつ売り主が複数の輸出業者をまとめて運びます。空輸は、バルクのまま航空機に乗せる場合もあります。

さて、このうえで「インコタームズ」です。

海外調達の際には、「インコタームズ」という単語に出くわします。「インコタームズ」とは、国際商業会議所が制定した「貿易条件の解釈に関する国際規則」の略称です。物品売買契約におけるビジネスの実務を反映した、一連の三文字からなる取引条件で、売主から買主への物品の引渡しに伴う役割や費用および危険について述べています。

ただ、難しく考える必要はありません。取引を円滑化するために、その雛形について、あらかじめ設定してくれていると考えてください。

インコタームズは、どちらの当事者が、運送または保険を手配する義務を負うか、どの費用について責任を負うかを述べています。ただし、代金の具体的な支払い方法や所有権の移転や契約違反時の内容は扱っていない（完全な売買契約を与えるわけではない）点に注意してください。

〈インコタームズが触れない内容〉
・売買契約の成立
・物品仕様
・代金支払時期、通貨等
・違約時の請求可能内容
・不可抗力
・財産権、所有権の移転

これからインコタームズを説明していきますが、この雛形（インコタームズ）を使いたい場合は、どの年のインコタームズかを明記する必要があります。インコタームズは1936年に制定され、1980年から10年ごとに改定しています。どれを使っても、契約は自由ですからかまいません。ただし何年版かによって微妙に条件が変わっています。繰り返し、何年版かは両社で合意の上で契約書に記載しておきましょう（図3-21）。

図3-21　インコタームズの使用例

条件	手段	引渡国	場所	引き渡し			呼称	用途
Ex-Works	いかなる単数または複数の輸送手段	輸出国	引渡地	引き渡し場所で買主に委ねたとき			工場渡し	国内取引類似
FCA				運送人に貨物を引き渡したとき	自社工場ならバニング完了時。外部倉庫なら荷卸しの準備ができ運送人に委ねられたとき		運送人渡し	コンテナ・空輸
CPT			仕向地		自ら契約した運送人に貨物を引き渡したとき		輸送費込み	
CIP							輸送費保険料込み	
DAP		輸入国	仕向地	輸出手段に貨物を積んだまま、買主の処分に委ねたとき			仕向地持込渡し	到着ベース
DPU				輸出手段に貨物を荷卸しして、買主の処分に委ねたとき			荷卸込持込渡し	
DDP				売主が輸出通関をした後、荷卸しの準備ができている輸送手段の上で、買主の処分に委ねたとき			関税込持込渡し	
FAS	海上および内陸水路運送	輸出国	船積港	本船船側に貨物を置いたとき			船側渡し	在来船（バラ積み）
FOB			仕向港	本船船上に貨物を置いたとき			本船渡し	
CFR							運賃込み	
CIF							運賃保険料込み	

・手段：輸送の手段
・引渡国：インコタームズ上、海外サプライヤが製品を引き渡すべき国
・場所：調達企業が調達品を引き受ける場所（なお、引渡国が輸出国で、場所が仕向地になっている条件がある。これは海外サプライヤの契約した運送人に輸出国で引き渡すが、仕向地までは運んでくれるため、調達企業は自国で受け取る）。
・引き渡し：どのように引き渡すかの定義
・呼称：インコタームズの邦訳
・用途：調達品と物流の特性による使用分類

図3-22　インコタームズ2020年版

そこで次節からインコタームズの具体的な内容に触れていきますが、前提として、どのようなときに、どんなインコタームズを使えるかを**図3-22**にまとめました。図のもっとも左に記載している条件がインコタームズです。なおこれはインコタームズ2020年版となっています。

●インコタームズの具体的内容

インコタームズの各説明に入りましょう。インコタームズは、大きく四つの条件からなります。

(1) E条件〜出荷条件と呼ばれるもので、簡単にいえば「工場から出荷するまでサプライヤが面倒をみる」条件

(2) F条件〜主要輸送費抜き条件と呼ばれるもので、簡単にいえば「港の近くまでサプライヤが製品を持って行く」条件

(3) C条件〜主要輸送費込み条件と呼ばれるもので、簡単にいえば「日本の港まではサプライヤが金を出して送る」条件

(4) D条件〜到着条件と呼ばれるもので、簡単にいえば「日本の港まではサプライヤが金を出して送るし、リスクもサプライヤが負う」条件

上記の内容を把握し、次からあげたインコタームズの順番でご説明します。

■ EX-Works

・売主の施設等で物品を買主の処分に委ねたとき、売主が引き渡しをすることを意味する。売主は車両に積み込む必要はない

・売主は通関をする必要もない

・ただし、現実上、売主が物品を積み込む際には、積込中の減失や損傷の危険や費用負担について当事者間で合意すべき

・なお、売主は包装し荷印を押さねばならない（特殊例除く）

■FCA

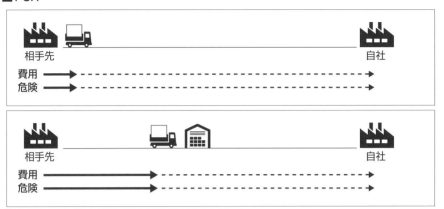

・売主が売主の施設あるいは他の指定場所で、荷卸しの準備ができ、買主によって
　指名された運送人に引き渡す。危険がその地点で買主に移転する
・売主が輸出のために物品を通関することを求める。ただ、売主は輸入のための税
　支払い、輸入通関手続きの義務は負わない

■CPT

・売主が売主の施設あるいは他の指定場所で買主によって指名された運送人に引き
　渡す。かつ指定仕向地へ物品を運ぶための運送契約を締結し、その費用を支払う
・ただし運送人に物品を引き渡したとき、引き渡しの義務を果たす
・引渡地と指定仕向地の双方を正確に特定することが賢明
・売主は輸出のために物品を通関する。ただ、売主は輸入のための税支払い、輸入
　通関手続きの義務は負わない

■CIP

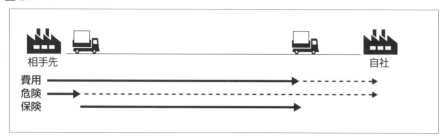

・売主が売主の施設あるいは他の指定場所で買主によって指名された運送人に引き渡す。かつ指定仕向地へ物品を運ぶための運送契約を締結し、その費用を支払う
・運送途中における物品の滅失、損傷について買主の危険にたいする保険契約を締結する。協会貨物約款（A）あるいは同種の約款を求めている（後述）
・運送人に物品を引き渡したとき、引き渡しの義務を果たす
・引渡地と指定仕向地の双方を正確に特定することが賢明
・売主は輸出のために物品を通関する。ただ、売主は輸入のための税支払い、輸入通関手続きの義務は負わない

■DAP

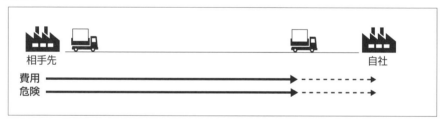

・指定仕向地において、荷おろしの準備ができている、到着した輸送手段の上で、物品が買主の処分に委ねられたとき。売主は引渡しの義務を果たす
・売主は指定地まで物品を運ぶことに伴う一切の危険を負担する
・売主は輸出のために物品を通関する。ただ、売主は輸入のための税支払い、輸入通関手続きの義務は負わない
・売主に輸入に伴う通関や税支払い、輸入通関手続きを遂行させたい場合は、DDPがふさわしい

■DPU

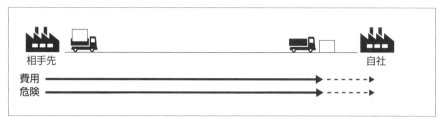

・指定仕向地において、到着した輸送手段から荷卸しされ、物品が買主の処分に委ねられたとき。売主は引渡しの義務を果たす
・売主は指定地まで物品を運ぶこと、ならびに荷卸しに伴う一切の危険を負担する（なお、仕向地で売主の荷卸しを要求するインコタームズの唯一の規則）
・売主は輸出のために物品を通関する。ただ、売主は輸入のための税支払い、輸入通関手続きの義務は負わない
・売主に輸入に伴う通関や税支払い、輸入通関手続きを遂行させたい場合は、DDPがふさわしい

■DDP

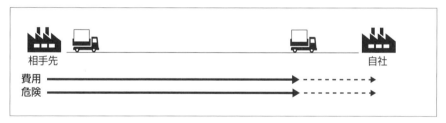

・指定仕向地において、荷おろしの準備ができている、到着した輸送手段の上で、輸入通関を済ませ、物品が買主の処分に委ねられたとき。売主は引渡しの義務を果たす
・売主は、指定地まで物品を運ぶ一切の費用と危険を負担し、輸出だけではなく輸入のためにも物品を通関し、輸出と輸入の両者のための関税を支払い、通関手続き遂行の義務を負う
・輸入に関して売手が支払う付加価値税その他の税金は、買主から回収できるか売買契約において明示的に合意する必要がある

■FAS

・物品が指定船積港において、買主によって指定された本船の船側（埠頭など）に
　置かれたとき、売主は引渡すことを意味する。物品の滅失または損傷の危険は、
　そのときに移転し買主はそこから一切の費用を負担する
・物品がコンテナに入っている場合は、本船の船側ではなく、ターミナルで運送人
　に引き渡すのが通常である。その際は、FASではなく、FCAがふさわしい
・売主は輸出のため物品を通関する。しかし、売主は輸入のための通関や、輸入税
　支払い、輸入通関手続きの遂行義務を負わない

■FOB

・海上または内陸水路輸送にのみ使用できる
・物品が指定船積港において、買主によって指定された本船の船上で物品を引き渡
　すことを意味する。物品の滅失または損傷の危険は、そのときに移転し買主はそ
　こから一切の費用を負担する
・物品がコンテナに入っている場合は、本船の船上に置かれる前に、運送人に引き
　渡されるのでふさわしくはない。その際は、FOBではなく、FCAがふさわしい
・売主は輸出のため物品を通関する。しかし、売主は輸入のための通関や、輸入税
　支払い、輸入通関手続きの遂行義務を負わない

■CFR

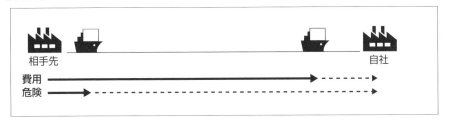

・物品が本船の船上で物品を引き渡すことを意味する。物品の減失または損傷の危険は、そのときに移転し買主はそこから一切の費用を負担する
・物品がコンテナに入っている場合は、本船の船上に置かれる前に、運送人に引き渡されるのでふさわしくはない。その際は、CFRではなく、CPTがふさわしい
・売主は輸出のため物品を通関する。しかし、売主は輸入のための通関や、輸入税支払い、輸入通関手続きの遂行義務を負わない

■CIF

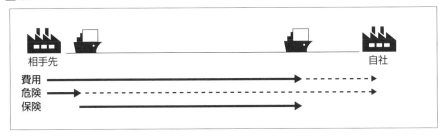

・物品が本船の船上で物品を引き渡すことを意味する。物品の減失または損傷の危険は、そのときに移転し買主はそこから一切の費用を負担する
・売主は運送中における物品の減失または損傷について買主の危険について保険契約を締結する。協会貨物約款（C）あるいは同種の約款を求めている
・物品がコンテナに入っている場合は、本船の船上に置かれる前に、運送人に引き渡されるのでふさわしくはない。その際は、CIFではなく、CIPがふさわしい
・売主は輸出のため物品を通関する。しかし、売主は輸入のための通関や、輸入税支払い、輸入通関手続きの遂行義務を負わない

　なお、CIPとCIFでは売主が保険契約を締結することになっています。協会貨物約款とは代表的な保険条件と考えてください。インコタームズ2020年版において

は、CIPとCIFでは、その（A）と（C）でカバーする範囲が異なっています。基本条件を把握しておきましょう。CIFの場合、これ以上の保険が必要であるかは契約当事者に委ねられています。

危険の具体例	基本条件		
	協会貨物約款（A）	協会貨物約款（B）	協会貨物約款（C）
火災・爆発	○	○	○
船舶または艀の沈没・座礁	○	○	○
陸上輸送用具の転覆・脱線	○	○	○
輸送用具の衝突	○	○	○
本船または艀への積込・荷卸中の落下による梱包1個毎の全損	○	○	×
海・湖・河川の水の輸送用具・保管場所への浸入	○	○	×
地震・噴火・雷	○	○	×
雨・雪等による濡れ	○	×	×
破損・まがり・へこみ、擦損・かぎ損	○	×	×
盗難・抜荷・不着	○	×	×
外的な要因をともなう漏出・不足	○	×	×
共同海損・救助料、投荷	○	○	○
波ざらい	○	○	×

　ここまで四つのインコタームズ条件を見てきました。
(1) E条件〜出荷条件と呼ばれるもので、簡単にいえば「工場から出荷するまでサプライヤが面倒をみる」条件
(2) F条件〜主要輸送費抜き条件と呼ばれるもので、簡単にいえば「港の近くまではサプライヤが製品を持って行く」条件
(3) C条件〜主要輸送費込み条件と呼ばれるもので、簡単にいえば「日本の港まではサプライヤが金を出して送る」条件
(4) D条件〜到着条件と呼ばれるもので、簡単にいえば「日本の港まではサプライヤが金を出して送るし、リスクもサプライヤがとる」条件

　この四つのうち、調達・購買担当者の手間がかかる順に、(1)(2)(3)(4)であることは明確でしょう。ラクなのは、(4)(3)(2)(1)となります。もちろん、(4)(3)(2)(1)の順にサプライヤや物流業者のマージンが高まることはいうまでもないでしょう。(1)(2)(3)(4)の順に、一般的には安価となります。
　ぜひ海外サプライヤとも交渉ののちに、適切なインコタームズを選定してください。

3-E

海外サプライヤとのコミュニケーション・法規

●海外サプライヤとのGAP

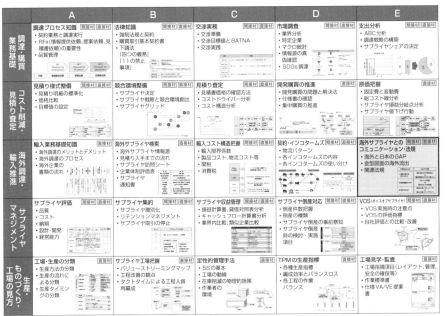

	A	B	C	D	E
業務基礎 調達・購買	調達プロセス知識 [間接材][直接材] ・契約業務と調達実行 ・RFX(情報提供依頼、提案依頼、見積依頼)の重要性 ・品質管理	法律知識 [間接材][直接材] ・強制法規と契約 ・購買取引基本契約書 ・下請法 『四つの義務』 『11の禁止事項』	交渉実務 ・交渉準備 ・交渉目標とBATNA ・交渉実践	市場調査 [間接材][直接材] ・業界分析 ・特定企業 ・マクロ統計 ・情報源の真偽確認 ・SDGs調査	支出分析 [間接材][直接材] ・ABC分析 ・調達戦略の構築 ・サプライヤシェアの決定
コスト削減・ 見積り査定	見積り様式整備 [間接材][直接材] ・見積り明細の標準化 ・価格比較 ・目標値の設定	競合環境整備 [間接材][直接材] ・サプライヤ決定 ・サプライヤ戦略と競合環境創出 ・サプライヤグリッド	見積り査定 [間接材][直接材] ・見積書価格の確認方法 ・コストドライバー分析 ・コスト構造分析	開発購買の推進 [直接材] ・開発購買の問題と解決法 ・仕様書の確認 ・集中購買の推進	原価把握 [直接材] ・固定費と変動費 ・総コスト線分析 ・サプライヤ損益分岐点分析 ・サプライヤ値下げ行動
海外調達・ 輸入推進	輸入業務基礎知識 [直接材] ・海外調達のメリットとデメリット ・海外調達のプロセス ・海外企業の書類の流れ	海外サプライヤ検索 [直接材] ・海外サプライヤ情報源 ・見積り入手までの流れ ・サプライヤ訪問シート ・企業体制評価表 ・サプライヤ通知書	輸入コスト構造把握 [間接材][直接材] ・輸入限界係数 ・製品コスト、物流コスト等 ・関税 ・消費税	契約・インコタームズ [間接材][直接材] ・物流パターン ・各インコタームズの内容 ・各インコタームズの使い分け	海外サプライヤとの コミュニケーション・法規 [間接材][直接材] ・海外と日本のGAP ・金型関連の海外流出 ・関連法規
サプライヤ マネジメント	サプライヤ評価 [間接材][直接材] ・品質 ・コスト ・納期 ・設計・開発 ・経営能力	サプライヤ集約 ・サプライヤ層別化 ・リテンションマネジメント ・サプライヤ取引の停止	サプライヤ収益管理 [間接材][直接材] ・損益計算書、貸借対照表分析 ・キャッシュフロー計算書分析 ・業界内比較、類似企業比較	サプライヤ倒産対応 [間接材][直接材] ・倒産件数把握 ・倒産の種類 ・サプライヤ倒産の事前察知 ・サプライヤ倒産時の検討・実施項目	VOS(ボイスオブサプライヤ) [間接材][直接材] ・VOS実施時の注意点 ・VOSの評価指標 ・自社評価との比較・改善
生産・ ものづくり・ 工場の見方	工場・生産の知識 [直接材] ・生産方法の分類 ・生産の流れによる分類 ・生産タイミングの分類	サプライヤ工場把握 ・バリューストリーミングマップ ・工程改善の観点 ・タクトタイムによる工程人員再編成	定性的管理手法 [直接材] ・5Sの基本 ・工場の動線 ・在庫削減の物理的施策 ・作業者の環境	TPMの生産指標 [直接材] ・各種生産指標 ・稼働効率とバランスロス ・各工程の作業バランス	工場見学・監査 [直接材] ・工場指揮項目(レイアウト、管理、安全の確保等) ・作業標準書 ・仕様VA/VE提案書

第3章

海外調達・輸入推進

　ここからは「海外調達・輸入推進」のEである「海外サプライヤとのコミュニケーション・法規」を取りあげます。

　日本の調達・購買担当者が海外サプライヤと取引を開始しようとするとき、あるいは開始したあと、三つのGAP（ギャップ）が存在します（**図3-23**）。

1.　品質に関する考え方のGAP

2.　使用言語のGAP

3.　文化のGAP

　これらは海外調達・輸入推進というよりも、海外企業とつきあうときの一般的な課題ともいえます。これらGAPの解消が、日本人調達・購買担当者のこれからの

代表的なGAP	GAPの内容
1.品質に関する考えのGAP	「各工程での不具合防止」 vs 「最終検査でのふるい落とし」
2.使用言語のGAP	「あうんの呼吸」 vs 「明文化による定義」
3.文化のGAP	「集団主義」「ボトムアップ」 vs 「個人主義」「トップダウン」

図3-23　海外企業とのGAP

仕事の一つといってもよいはずです。

　これらのGAPについて、何か特定の施策によって解決するわけではありません。全方位的な改善を試みるしかないのです。

1.　品質に関する考え方のGAP

　これまで、日本のものづくりでは各工程での不具合防止が、中長期的にはモノづくりの競争力向上につながると信じられてきました。しかし、アジア諸国では、最終検査でふるい落とせばよいと発想しがちです。ただ、品質については日本流の考えを伝達することが必要になります。

2.　使用言語のGAP

　日本語は、「あうんの呼吸」を許容しやすい言語です。たとえば、「よろしくお願いします」を他言語に翻訳できません。「よろしくお取り計らいください」も外国文化からすると理解不能でしょう。海外とのビジネスを展開する以上は、何をすればよいか、できるだけ明文化による定義を目指さねばなりません。

3.　文化のGAP

　QCサークルを代表とするボトムアップ文化が日本にはあります。また、各社員の役割責任をあまり明確に規定しないことが、日本企業の強みでもありました。ただし、海外企業では、強いトップダウンが文化を形作っています。それに、社員の業務についても「ジョブディスクリプション」と呼ばれる、各社員の役割責任を明確化したものが一般的です。これも海外とのビジネスを展開する以上は、できるだ

け先方文化との融合をめざさねばなりません。

　では、ここから前述の1〜3について説明を加えていきます。

●「1. 品質に関する考え方のGAP」について

> **海外サプライヤを巻き込んだ品質管理体制の強化**
> ・書類やメールのやりとりだけではなく、海外サプライヤとともに品質強化チーム等を組織する

> **取引開始前に品質向上目的を伝達**
> ・取引を開始してからではなく、開始前に品質の基準や考え方と工程監査の基準等を伝達・合意しておく

> **日本流の品質向上プロセスの指導強化**
> ・品質向上が自社コストだけではなくサプライチェーン全体のコストを低減させることを理解させる

　繰り返しになるものの、この1. に講じる奇策はありません。「海外サプライヤを巻き込んだ品質管理体制の強化」「取引開始前に品質向上目的を伝達」「日本流の品質向上プロセスの指導強化」といった地道な活動が必要となります。

　なかでも「取引開始前に品質向上目的を伝達」が重要です。"なぜ、日本側がそれほど高い品質を求めているかわからない——"これが海外サプライヤの正直な感想だからです。日本側の多くは、次のような「常識」を持っています。

・不良品がたとえひとつでも出てしまえば、多くの関係者が動くことになり手間もかかる
・また、それによって顧客からの信頼を失う原因となる
・ゆえに、一見すると高コストであっても、品質の向上は中長期的なコスト安につながる

といった常識です。この「常識」を、自社の言葉、調達・購買担当者自身の言葉で、海外サプライヤに語る必要があるのです。両社で納得感を醸成することこそが、海外サプライヤの品質確保につながります。この事実はもっと強調されてよいはずです。

納得感を醸成できなければ、**図3-24**のような会話が生じます。みなさんは、このようなサプライヤ（例では中国サプライヤ）に何ということができるでしょうか。自社の言葉、調達・購買担当者自身の言葉を考えなければいけません。

日本側	各工程の不具合発生要因を洗い出し、標準作業書を見直すとともに、工場全体の品質レビューを実施してください。
中国側	それには反対です。ただし、その作業時間は莫大になると予想されます。最終検査で合格品のみ出荷するので、全体レビューは本当に必要でしょうか？
中国側	最終検査で不合格となる製品は、ごくわずかです。全体の品質レビューの効果には疑問があります。
中国側	弊社が契約しているのは、「納期を守ること」「納入品質を確保すること」です。後者にはやはり最終検査強化が必要です。各工程の品質向上も大切ですが、効率は良くありません。

図3-24　品質に関する考え方

みなさんは、「自分の言葉」で語ることができるでしょうか。

●「2. 使用言語のGAP」について

次に、言語のGAPです。日本語の言語としての構造ではなく、実務的に「外国人と齟齬のないやり取りをするため」の手段を述べていきます。

まず、伝わる文章を書くためには、自分の書いた文章を何度も読みなおして、曖昧性が残っていないかを確認することです。**図3-25**にあげている通り、文章で述べたいことをあえて明確化してください。「YesかNoか」「良いか悪いか」などをハッキリさせます。また日本人は、「about～」「more than」「less than」「soon」等の表現を使いがちですから、英文メールでは禁止するくらいがちょうどよいはずです。

通訳の力を借りる場合にも、伝わる言葉を話したいものです。加えて、通訳を利用するときも、対話の相手をしっかり見つめることは心がけましょう。

伝わる文章を書く

・「YesかNoか」「良いか悪いか」「可・否」を明確に
・日本語英語（カタカナ）からの翻訳は避けたほうが無難
・文章ではなく図を多用する
・数字を明確にする
→about〜　more than〜　less than〜　soon　ではなく
　量や期間をはっきり書く

会話で誤解を避ける

・日本語独自の表現は避ける（翻訳しづらい）
・You can not〜等の「can not」表現は避ける
　（否定文ではなく、できるだけ肯定文を心がける）
・通訳のほうを向いて話さず、相手を見る

図3-25　文章と会話の留意点

●「3. 文化のGAP」について

　文化GAPもたやすく解消することはできません。しかし、不可能ではありません。この文化のGAPを埋めるために、大きく三つのステップを経ます（**図3-26**）。
1.「仕事のやり方」へのアプローチ
2.「仕事の考え方」へのアプローチ
3.「融和」へのアプローチ
　ここで、この三つのステップに共通して重要なのは、（凡庸な言い方ではあるものの）「いいたいことやわかってほしいことは、いつか伝わる」と信じることです。

1：「仕事のやり方」へのアプローチ

✓ たとえば挨拶などの文化行動様式を真似る
✓ 食事や仕事のフォーマットなどの先方のやり方を知る

2：「仕事の考え方」へのアプローチ

✓ 仕事に関する判断基準を知る、その上でこちらが
　求めていることを真摯に伝える

3：「融和」へのアプローチ

✓ 相手と親しくなりたいと望むメッセージを送る
✓ 融合しようとするメッセージは伝わると信じる

図3-26　文化のGAPを解消するためのアプローチ

　異国で日本流のやり方を押しつけるのではなく、まずは文化行動様式を学び、ま

ねることです（1：「仕事のやり方」へのアプローチ）。とくに多くの国では食事が人的な関係性を増す機会となります。じっくりと相手の話を聞くことです。海外に出張に出向き、日本人だけで食事している場面に出くわすものの、もったいない。費用はこちら持ちでもよいので、ぜひ食事をご一緒すべきです。

　その後、彼らが仕事を通じて大事にしている価値観、あるいは仕事とプライベートの比重を知りましょう（2：「仕事の考え方」へのアプローチ）。私は仕事中毒が不幸だとはまったく思いませんけれども、家庭第一・仕事二番以下の考えをもつひとは多いものです。そして、その価値観を尊重したうえで、ビジネスのなかで何を求めているのかを伝えましょう。それは先方の価値観を否定するものではなく、両立できるものであると理解されるよう努めてください。

　そして、ビジネスを離れても人間関係が続くこと。これがビジネスでもすぐれた結果を出すための肝要です（3：「融和」へのアプローチ）。なんだかんだいっても、人間社会のほとんどは「好き・嫌い」「やってあげたい・やってあげたくない」で成り立っています。さらに凡庸なことを申し上げれば、方法は「この人とずっと仲良くなりたいな」と思うことです。私はちなみに、常に連絡を取り合っている外国友人が数名います。じっくりと時間をかけて、融和していきました。若い調達・購買担当者であれば、「一つの取引を通じて、一人の外国知人を増やそう」と思ってほしいものです。そうすれば、海外調達はひとつの壮大な「遊び場」になるでしょう。

　ちなみに、自社の海外工場、あるいは先方の海外サプライヤで、退職者がいたときは貴重な機会となります。会社を移る前に、彼らの本音を聞き出せるからです。私は〈2.「仕事の考え方」へのアプローチ〉と書いたものの、日本人以外の国民が、仕事にどのように取り組んでいるかを実感として得るのは難しいものです。そこで、退職者に去り際に、

・なぜこの会社を去るのか
・新たな職場はこの会社と比べて何が優っているのか
・今後のキャリア戦略は

などと訊いていくと、各国各様の事情がわかります。ヒアリングによって、想像もしなかった実態について知ることができるのです。

　以前、私は自動車会社に勤めていました。そのとき、同グループのアメリカ側パートナーが会社を辞すことになったのです。それまで私が見たアメリカ人のなかでも群を抜いて優秀だったものですから、当然ながら退職を思いとどまるように伝えました。しかも、彼はその数ヶ月、まったく辞める素振りを見せていなかったの

です。なぜ辞めるのか、と聞いた私に彼は「製薬会社の購買をすることになったからだ」と答えました。「もちろん、新たな仕事が私にとってチャレンジでもある。ただし要はサラリーの問題です。時間的に余裕もあるから、生まれたばかりの息子と接する時間も増える。家族を幸せにすること以外の喜びはないのです。さよなら、またどこかで会いましょう」と。

退職を止められない場合がほとんどです。クールにいえば、退職者を前提とした仕事のやり方を構築せざるをえません。

それにしても、と私は思います。彼はいまどこで何をしているのだろうか、と。

●海外調達前の心構え

同じく個人的な経験になりますが海外調達前の心構えを列記しておきます。

・中途半端な気持ちで海外調達を検討するならやめたほうが賢明
→商社が代行して輸入してくれ20%の口銭を加算したとします。製品によっても異なりますし、この20%は一例です。ただ、逆にいえばたったの20%ともいえます。直接輸入によってその20%が減るのは重要なことですが、価格交渉・品質管理・納期管理・トラブル対応などの業務も自ら対応せねばなりません。あえていえば、これらを背負うつもりがなければ、そもそも海外調達を検討しないほうが賢明です。

・世の中は捨てたものではないが、他者の言葉を鵜呑みにはしない
→世界は信頼でできています。悪人たちばかりではありません。しかし、たとえば海外サプライヤが生産しているものは、工業所有権（特許権、実用新案権、意匠権、商標権）などはクリアしているでしょうか。相手が問題ないといっても、実際に確かめましょう。

・合理性のない価格交渉をすると手抜きをされるかもしれない
→説明した内容とやや矛盾するかもしれません。日本流の品質保証の重要さを伝え、納得いただくのは重要です。ただし、そのうえで、合理と効率の思考で動いている人たちもいます。不合理な価格交渉により利幅が減ったら、どこかで調整しようとするサプライヤもいるでしょう。工程のどこかで手を抜いたり、おざなりな検査が横行したりするかもしれません。いや可能性が高いと心するべきです。

・「長い目で見てくれ」は日本だけでしか通じない

→日本だけはいいすぎかもしれません。しかし、それくらいに思っておいてください。日本人はよく「この製品は儲からないかもしれない。だけど、他の発注もするから長い目で見てくれ」「当初は儲からないかもしれない。でも生産効率が上がるうちに儲かるようになるから長い目で見てくれ」といいがちです。中長期的な思考ゆえだからでしょう。しかし、多くの国では個々の案件を投資とリターンで考えています。良し悪しは置いて、あくまで一つひとつの製品で適正な利益を確保してもらう必要があります。

●金型図面の海外流出防止

さて、話は法規関連知識に移ります。

まず法規というよりも、基本事項として「金型図面の海外流出防止」をあげておきます。調達・購買担当者は、自分が調達している製品の金型メーカーを把握していないことが多いものです。Tier1メーカーで金型を生産していることは稀で、Tier2メーカーが担うケースが大半でしょう。そうなると、調達・購買担当者は、金型メーカーと対面する機会がほとんどなく、結果として金型メーカーの知的情報を流出させがちになります。つまり、軽んじてしまうわけです。

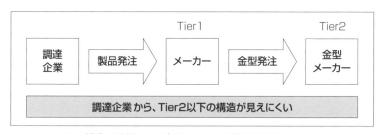

図3-27　見えにくい金型メーカー

実際に、日本金型工業会の資料によると、「金型メーカーの作成した金型図面や金型加工データが、金型メーカーの意図しない形で金型ユーザーに提出させられ、それを利用して海外で2号型以降を製造するケースがあった、と回答した企業が

166

40％に上り」ます。これは由々しき事態といわねばなりません（**図3-27**）。

経済産業省からの通達（抜粋）
〜平成14年7月12日の発表資料より〜

（前略）「海外の請負企業に、守秘義務を負わせないまま金型図面等を渡している例が存在する」
（中略）「金型に関して、このような「意図せざる技術流出」を放置すれば、これまで金型メーカが蓄積してきた技術やノウハウが必要以上に海外企業に移転され、我が国製造業の基盤である金型産業の国際競争力の脆弱化をもたらす懸念があります」
（中略）「金型図面等の取引の実態に関して、定期的に調査を行います」

金型図面は（契約によるが）金型メーカーのものであり、漏洩させてはならず、漏洩防止の対策が望まれる

図3-28　経済産業省からの通達

実務的な観点から、起こりがちな事象は次のとおりです。

1. 購買担当者が金型図面を勝手に利用して海外サプライヤに見積りを依頼するケース
2. 設計担当者が金型図面を勝手に利用して海外サプライヤに見積りを依頼するケース
3. 購買担当者が、金型図面を用いて海外金型メーカーに見積を入手せよと、サプライヤに依頼するケース

購買担当者がTier1サプライヤから入手した金型図面を利用して、海外サプライヤに見積りを依頼した 金型図面がサプライヤに帰属するものであれば、当然ながらご法度。同時に海外への機密情報漏洩になる

設計担当者がTier1サプライヤから金型図面を入手し、技術的な検討という名目で海外サプライヤに渡した 図面に記載された金型サプライヤの名前を消して渡す、などの場合がある。上記理由と同じく機密情報漏洩になる

サプライヤが2号型以降を作成するときに、海外での安い金型メーカーを使うように購買担当者から指示 海外金型メーカーを推奨・検討依頼することは問題ないが、買い手の優越的立場を利用し、日本金型メーカーの図面を勝手に海外メーカーに流出させてしまうと問題となる

図3-29　金型図面が流出するケース

ほかにも考えられるでしょう。ただ、ここでの主旨は金型図面とは金型メーカーのノウハウや工業所有権のかたまりであるため、流出させてはならないことです。経済産業省の通達（図3-28）にもある通り、それは技術流出と国際競争力の脆弱化にもつながります。

調達・購買担当者、調達・購買部門として、社内に金型情報漏洩防止の徹底を講じていく必要があります（図3-29）。

●関税法、外国為替及び外国貿易法・輸出貿易管理令

次は関税法について説明します。関税法とは、関税定率法の上位法です。輸入禁止品目等を定めています。当法を引用すると、〈外国から輸入される貨物については、わが国の産業、経済、保険、衛生、公安及び風俗等に悪影響を及ぼすものがあり、これらの貨物について、わが国では、それぞれの国内法令によって「輸入の制限」を行っています〉というものです。

図3-30で代表的なものをまとめておきました。もちろん、このようなものを海外調達しようとする調達・購買担当者はいないでしょうが、あらためて認識しておきましょう。

関税定率法の上位法。輸入禁止品目等を定めている
・麻薬、向精神薬、大麻、あへん、けしがら、覚せい剤及びあへん吸煙具 ・けん銃、小銃、機関銃、砲、これらの銃砲弾及びけん銃部品 ・爆発物、火薬類 ・貨幣、紙幣等の有価証券の偽造品、変造品、模造品及び偽造カード ・公安又は風俗を害すべき書籍、図画、彫刻物 ・児童ポルノ 　……等々

図3-30　関税法が定める輸入禁止品目

この関税法に加えて、外国為替及び外国貿易法・輸出貿易管理令があります（図3-31）。これは大量破壊兵器等が輸出されないように規制されたものです。ただし、輸出だからといって調達・購買担当者と無縁ではありません。なぜならば、海外サプライヤへの技術情報提供も内容によっては「役務の輸出行為」になりますし、海外サプライヤが訪日したときに自社工場を見学してもらうことも内容や相手企業によっては「役務の輸出行為」になりうるからです。担当者個人にも罰則が適用されるため、注意しておきましょう。

外国為替及び外国貿易法・輸出貿易管理令は、大量破壊兵器等が
輸出されないように規制を定めたもの

> 基本的には輸出に関わるもの。
> ただし、調達・購買担当者も役務の提供には気をつけねばならない

> ・技術情報を海外サプライヤに提示する場合は
> 「役務の輸出」にあたるため、技術の内容によっては輸出許可を申請しなくては
> いけない

> ・海外サプライヤに自社の工場を見学してもらうときにも、その技術内容・相手
> 国によっては輸出許可の申請が必要

図3-31　外国為替及び外国貿易法・輸出貿易管理令における注意事項

電子政府の総合窓口「イーガブ」http://law.e-gov.go.jp/で外国貿易法・輸出貿易管理令を閲覧可能です。規制品目を見てください。これに類する関連企業はひっかかる可能性があります。

また、たとえば海外サプライヤの親会社、あるいは関係会社が武器関連製品事業を担っていたとしましょう。調達・購買担当者が調達する海外サプライヤは武器を生産していなかったとしても、その海外サプライヤが得た情報をもとに、他のグループ会社で武器に転用する可能性があります。そのため、企業全体の事業領域を把握する必要があるのです。

さらに、武器・原子力の関連技術は輸出許可が必要なのはいうまでもありません（「リスト規制」）。これに加え、ホワイト国以外の国であれば、輸出許可・役務取引許可を取得すべき場合があります（「キャッチオール規制」）。

ホワイト国とは、日本にとって安全＝白＝ホワイトな国であり、多くの場合は外交的にも友好な国です。ただこのホワイト国は政治の状況によっても変わりますので、最新情報は経済産業省のページ等で調べておきましょう（図3-32）。

これは①事実要件　②インフォーム要件　に分かれています。文章なり、通知なりで、取引企業が「怪しい」ことがわかったら、すぐに社内や経済産業省等の公的機関に判断を仰ぎましょう。

●Know通達

そして、最後に紹介するのが経済産業省の「Know通達」です。〈何らかの理由で（事実かどうかはわからなかったとしても）、自社製品・役務等が武器・原子力

武器や原子力等の関連技術は輸出許可が必要（「リスト規制」と呼ぶ）。ただし、そのほか、相手国がホワイト国以外で、次の要件にあてはまる場合は、輸出許可・役務取引許可を取得する必要がある（「キャッチオール規制」と呼ぶ）

①事実要件

1. 入手したなんらかの文章等において、核兵器等の使用・開発等に用いられるのが明らかなとき
2. 需要者が核兵器等の開発等を行っていたとき

②インフォーム要件

・経済産業省から許可申請の通知を受けたとき

図3-32　リスト規制とキャッチオール規制

等に用いられるとわかったときには、経済産業省に報告し、指示を仰がねばならない〉とされています。これは経済産業省「安全保障貿易管理」のHPにも明記されているので参照ください。

引用すると〈輸出貿易管理令第4条第1項第3号イに規定する核兵器等の同号イに規定する開発等若しくは輸出貨物が核兵器等の開発等のために用いられるおそれがある場合を定める省令の別表に掲げる行為のために輸出貨物等が用いられることとなること等を輸出者等が知った場合の取扱いについて〉と以降、報告を義務付けるものです。

もちろん、このような武器・原子力等の技術・製品にふれる調達・購買担当者は少数かもしれません。ただし、調達・購買部員の基本として、これらの知識を持っておきましょう。

今回はややこしい話が多かったかもしれません。ただ、これら海外調達の包括的知識を習得して、いよいよ実践です。ぜひ、海外調達にトライしてみてください。みなさんの前には海外の大きな世界が広がっています。

第 **4** 章

サプライヤマネジメント

〈スキル16〜20〉

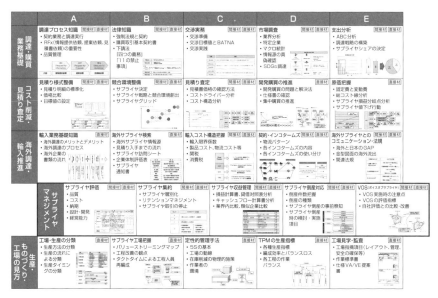

		A	B	C	D	E
調達・購買業務基礎		**調達プロセス知識** 間接材 直接材 ・契約業務と調達実行 ・RFx(情報提供依頼、提案依頼、見積書依頼)の重要性 ・品質管理	**法律知識** 間接材 直接材 ・強制法規と契約 ・購買取引基本契約書 ・下請法「四つの義務」「11の禁止事項」	**交渉実務** 間接材 直接材 ・交渉準備 ・交渉目標値とBATNA ・交渉実践	**市場調査** 間接材 直接材 ・業界分析 ・特定企業 ・マクロ統計 ・情報源の真偽確認 ・SDGs調達	**支出分析** 直接材 ・ABC分析 ・調達戦略の構築 ・サプライヤシェアの決定
コスト削減・見積り査定		**見積り様式整備** 間接材 直接材 ・見積り明細の標準化 ・価格比較 ・目標値の設定	**競合調達整備** 間接材 直接材 ・サプライヤ決定 ・サプライヤ戦略と競合環境創出 ・サプライヤグリッド	**見積り査定** 間接材 直接材 ・見積書価格の確認方法 ・コストドライバー分析 ・コスト構造分析	**開発購買の推進** 間接材 直接材 ・開発購買の問題と解決法 ・仕様書の確認 ・集中購買の推進	**原価把握** 直接材 ・固定費と変動費 ・総コスト線分析 ・サプライヤ損益分岐点分析 ・サプライヤ値下げ行動
海外調達・輸入推進		**輸入業務基礎知識** 間接材 直接材 ・海外調達のメリットとデメリット ・海外調達のプロセス ・海外企業の書類の流れ	**海外サプライヤ検索** 間接材 直接材 ・海外サプライヤ情報源 ・見積り入手までの流れ ・サプライヤ訪問シート ・企業評価表 ・サプライヤ通知書	**輸入コスト構造把握** 間接材 直接材 ・輸入限界係数 ・製品コスト、物流コスト等 ・関税 ・消費税	**契約・インコタームズ** 間接材 直接材 ・物流パターン ・各インコタームズの内容 ・各インコタームズの使い分け	**海外サプライヤとのコミュニケーション・法規** 間接材 直接材 ・海外と日本のGAP ・金型図面の海外示唆 ・関連法規
サプライヤマネジメント		**サプライヤ評価** 間接材 直接材 ・品質 ・コスト ・納期 ・設計・開発 ・経営能力	**サプライヤ集約** 間接材 直接材 ・バリューストリーミングマップ ・リテンションマネジメント ・サプライヤ取引の停止	**サプライヤ収益管理** 間接材 直接材 ・損益計算書、貸借対照表分析 ・キャッシュフロー計算書分析 ・業界内比較、類似企業比較	**サプライヤ倒産対応** 間接材 直接材 ・倒産件数把握 ・倒産の種類 ・サプライヤ倒産の事前察知 ・サプライヤ倒産時の検討・実施項目	**VOS(ボイスオブサプライヤ)** 間接材 直接材 ・VOS実施時の注意点 ・VOSの評価指標 ・自社評価値との比較・改善
生産・ものづくり・工場の見方		**工場・生産の分類** 直接材 ・生産方法の分類 ・生産の流れによる分類 ・生産タイミングの分類	**サプライヤ工場把握** 直接材 ・5Sの基本 ・工程改善の観点 ・タクトタイムによる工程人員編成	**定性的管理手法** 直接材 ・5Sの基本 ・工場の動線 ・在庫削減の物理的施策 ・作業者の環境	**TPMの生産指標** 直接材 ・各種生産指標 ・編成効率とバランスロス ・各工程の作業バランス	**工場見学・監査** 直接材 ・工場指摘項目(レイアウト、管理、安全の確保等) ・作業標準書 ・仕様VA/VE提案書

CHAPTER 4

サプライヤ評価

●サプライヤマネジメントの基本

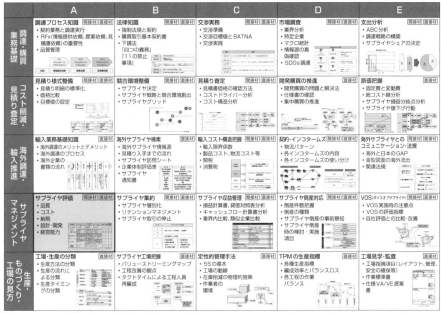

　ここからは「サプライヤマネジメント」のAである「サプライヤ評価」を取りあげます。

　まず、「サプライヤマネジメント」を定義します。

・**サプライヤマネジメント**：「公正なサプライヤ評価によるサプライヤ戦略に基づいて、サプライヤを層別化し差別化し扱うこと」

・**サプライヤマネジメントの効果**：「サプライヤ構造強化」「コスト削減等QCDの向上」「調達・購買部門の社内地位の向上」

・**実効性のあるサプライヤマネジメントのためのキーワード**：「継続的かつ公正なサプライヤ評価」「サプライヤシェアのコントロール」「社内への徹底」

　データを集め、まずサプライヤの実力を公平・公正に評価します。そして、その

評価に従い、優れたサプライヤには発注量の増加を、劣ったサプライヤには発注量を減少させましょう。あたりまえのことです。サプライヤマネジメントとは、あたりまえのことを、あたりまえにやりましょう、という方法にすぎません。

　取引実績のあるサプライヤ群を評価し、A〜Dランク、あるいはA〜Eランクをつけていきます。Aランクはアライアンスパートナーと名づけるかもしれません。Dランクは発注停止対象となるでしょう。そのような能動的な「差別」を行うのです（**図4-1**）。

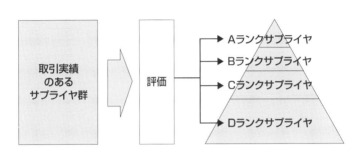

図4-1　サプライヤ評価とランクづけ

　評価とその結果からシェアを変動させること。その徹底が効果をもたらします。

●サプライヤ評価制度の設定

　ではいかにサプライヤを評価するか。ところでサプライヤを人材と言い換えてみましょう。自社ではどのような人材を集めているでしょうか。経営ビジョンがあって、事業の方向性が決まり、それを具現化できる人材を集めているはずです。

　とすればサプライヤも同じで、パートナーとして自社を強化してくれる能力を有していなければなりません。サプライヤにどのような能力を求めるか。まず、これを明確化せねばなりません。

　そのうえでサプライヤ評価制度を設定します（**図4-2**）。

　対象の絞込みでは、評価対象となるサプライヤを決定します。多くは支出分析で見たように、サプライヤごとのABC分析を行い、購入金額の上位8割ていどを占めるサプライヤとするケースがあります。ただ、購入金額が少なくても戦略的に考えるべきサプライヤもいるはずです。あるいは時間的な余裕があれば、全サプライヤを評価対象にしてもかまいません。

　ただし8割のサプライヤとか全サプライヤとかは例にすぎません。サプライヤ評

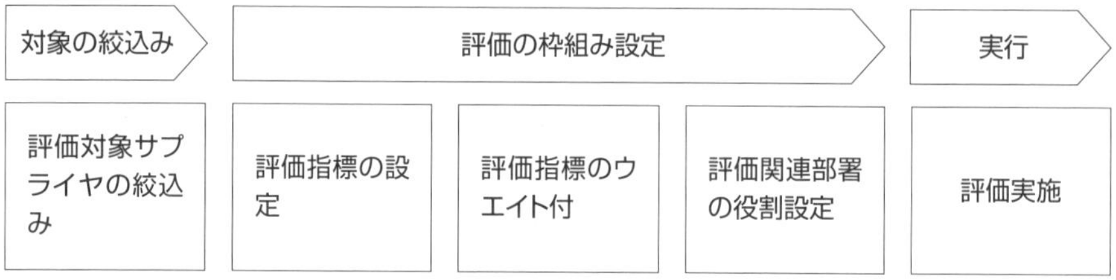

図4-2　サプライヤ評価制度の構築

価の目的は、その後のサプライヤ構造強化にあります。重要な購入金額を占めるサプライヤを評価する点は忘れないでください。

　その後の、評価の枠組み設定と、実行については、次節で解説します。大切なのは、サプライヤ評価制度を検討する際に、社内で以下の二つを合意しておくことです。

・**全社で協業し評価軸を設定したり採点したりすること**：調達・購買部門だけではなく、一企業としてワン・メッセージをサプライヤに与える必要があります。サプライヤから「調達・購買部門の評価は悪かったけれど、設計・開発部門からは新規の引き合いを多くいただいていますよ」といわれたらかっこ悪いばかりか評価の意味がなくなります。強い企業とは、どの部門も同じことをいう企業です。メッセージの一貫性がサプライヤを真剣にさせ、さらに改善も促します。

・**継続した評価と、評価に応じてサプライヤのシェアを見直すこと**：全社でサプライヤを評価するのですから、やはり上位サプライヤを優先的に採用したり検討したりすると全社で合意すべきです。もちろん、例外的な事情によって低評価のサプライヤから調達せざるをえない場合もあるでしょう。しかしその理由を明確化し、次に活かすこと。頑張りが受注量につながればサプライヤにとっても喜ばしい状況です。

●具体的なサプライヤ評価軸

　ここではサンプルのサプライヤ評価軸を説明しましょう。業界や品目によって評価すべき内容も異なります。それを頭に置きつつ読んでください。ただ汎用性があるため、これをベースに自社版のサプライヤ評価表を作成できるでしょう。評価軸の設定は次の通りです。

1.　品質
2.　コスト

3. 納期

4. 技術・開発

5. 経営

　この5軸をそれぞれ100点満点で評価し、さらにこの5評価軸に重みをつけて、さらに総合100点満点で評価します。

　品質から順に見ていきます。これ以降各表の★印の項目を中心に説明していきます。

1. 品質

項目(配点)		評　価			点数	重み付け	重み付け後点数
		10点	5点	0点			
品質	納入品質(★)	10ppm未満	10ppm以上、20ppm未満	20ppm以上	10	×3	30
	不良金額	(不良金額÷購入額)が3%未満	(不良金額÷購入額)が5%未満、3%以上	(不良金額÷購入額)が5%以上	10	×2	20
	市場クレーム数	5件未満	5件以上、10件以下	11件以上	10	×2	20
	品質管理体制	品質管理基準、作業手順書に従い生産・作業を行い報告書類の提出も正確・迅速に行われている	品質管理基準、作業手順書、報告書等の作成において指導は必要であったが、不備なく生産・作業が行われた	品質管理は不備・不足しており、指導が必要であり、生産・作業においても支障が生じた	10	×1	10
	安全管理	生産・作業全般にわたり安全管理計画通り行われている	生産・作業過程や安全管理計画の作成において指導は必要であったが、安全に問題は生じなかった	生産・作業過程や安全管理計画の作成において指導が必要であり、安全上の問題が生じた	10	×1	10
	品質改善提案実績	10件以上	5件以上、10件未満	5件未満	10	×1	10
						合計	100

　まず左側に項目が書かれています。その項目を三段階で評価（10点、5点、0点）します。さらに重みづけを行い、品質パートの100点をつけていきます。図ですべて満点となっているのはダミーの意味にすぎません。

　品質パートで説明が必要なのは「納入品質」でしょう。これは、納入されたうち、不良品の比率を示します。10点は「10ppm未満」とあります。これはどの程度なのでしょうか。ppmとは百万分率です。100万個の納入品のうち、1個の不良品＝1ppmとなります。10ppmとは、100万個の納入品のうち10個の不良です。

2. コスト

項目(配点)	評価			点数	重み付け	重み付け後点数
	10点	5点	0点			
平均目標単価達成度(★)	5%以上	5%未満、3%以上	3%未満	10	×4	40
コスト低減協力度(★)	5%以上	5%未満、3%以上	3%未満	10	×4	40
VA/VE提案実績	20件以上	10件以上、20件未満	10件未満	10	×2	20
					合計	100

コストも100点満点で点数をつけます。

ここでは「平均目標単価達成度」「コスト低減協力度」の違いを説明しておきましょう。前者は新規製品開発における指標で、後者は毎期のコスト削減です。

つまり前者は、評価年度のうち、新規に採用した製品がどれくらい目標価格よりも安価だったか。後者は、継続した調達品をどれくらい価格低減してくれたかを採点する指標です。

3. 納期

項目(配点)	評価			点数	重み付け	重み付け後点数
	10点	5点	0点			
納期遵守率(★)	95%以上	95%未満、80%以上	80%未満	10	×4	40
緊急納期協力度	突発納入やこちらの急な納期変更にも理解を示し、積極的に協力する	生産の稼働状況によっては、突発納入や納期変更に協力することがある	突発納入やこちらの急な納期変更には非協力的である	10	×3	30
工程能力(★)	Cp≧1.67	1.67>Cp≧1.00	1.00>Cp	10	×2	20
納期管理体制	生産能力が正しく把握されており、納期遅れの原因が分析され、適正な対策が講じられている	生産能力が正しく把握されているが、納期遅れの対策が講じられていない	生産能力が把握されておらず、納期遅れの原因も不明で、対策が講じられていない	10	×1	10
					合計	100

納期は「納期遵守率」と「工程能力」を説明します。

前者の「納期遵守率」は、調達企業が適正なリードタイムを設定している前提で、サプライヤがどれくらい納期を守ってくれたかを評価するものです。100件の注文につき95件が納期通りだったとすれば、納期遵守率は95%となります。

後者の「工程能力」は「Cp値」です。「Cp値」は、サプライヤの工程能力を数量化し、工程能力の有無を判断する指標です。サプライヤにヒアリングしてください。結論だけ述べると、**図4-3**の数値を把握してください。合言葉は、Cp値が1.67

以上あるかどうかです。

Cp値	工程能力	対策
Cp≧1.67	工程能力は過剰	製品のバラつきが大きくなっても問題はない（不良品確率は0.0001%以下）
1.67＞Cp≧1.33	工程能力は十分	現状維持
1.33＞Cp≧1.00	工程能力は通常レベル	上位レベルに進むように管理手法・体制の強化
1.00＞Cp≧0.67	工程能力は不足	全数検査、工程管理・カイゼンが必要
0.67＞Cp	工程能力が過少	緊急対策として工程再編、規格見直しが必要

図4-3　工程能力

＊（参考）Cp値について詳細は専門書に譲ります。簡単にいうと、サプライヤ工場で生産される製品の寸法バラつきを調査し、そのバラつきの標準偏差を計算します。そして、図面上の（上限規格）から（下限規格）を差し引き、その標準偏差との比較をするものです。具体的には「（上限規格）—（下限規格）」を「6×生産実績の標準偏差」で割って求めます。

4. 技術・開発

項目（配点）		評価			点数	重み付け	重み付け後点数
		10点	5点	0点			
技術・開発	技術魅力度	製品開発に欠かせない、先進的かつ固有の技術・開発力を有している	他社より優れた固有の技術・開発力を有しており、提供する技術は満足できる	他社で代替のきく技術・開発力しか有していない	10	×4	40
	開発協力度	技術者は積極的に開発に参画し、取引先の立場から適切な技術アドバイス・開発ができる	依頼に応じて技術的なアドバイス・開発を行うことができる	指示した内容にしたがって開発を行うことしかできない	10	×3	30
	開発日程遵守度	定められた開発日程に独自の工夫を加え、余裕を持ち開発を完了できる	開発日程の過程において指導は必要であったが、日程内で開発を完了できる	定められた開発日程を遵守できない	10	×2	20
	仕様提案実績	20件以上	10件以上、20件未満	10件未満	10	×1	10
						合計	100

　技術・開発の評価項目は調達企業によって異なるでしょう。調達・購買部門は設計・開発部門と共同で評価軸を作成し、評価します。自分たちが求めている技術力・開発力を適正に評価できる軸を設定してください。

　とくに設計・開発部門は、「ここしか共同開発できない」「ここの技術しか使えない」などといった理由から、評価うんぬん以前にサプライヤを決定しがちです。ただ、「使わざるをえない」サプライヤであっても、評価には意味があります。それはサプライヤに改善の依頼ができるためです。評価とは、調達企業のメッセージに

ほかなりません。

5. 経営

項目(配点)		評 価			点数	重み付け	重み付け後点数
		10点	5点	0点			
経営	安全性(★)	安全性に優れている	安全性に問題がない	安全性に問題がある	10	×2	20
	収益性(★)	収益性に優れている	収益性に問題がない	収益性に問題がある	10	×2	20
	成長性(★)	成長性に優れている	成長性に問題がない	成長性に問題がある	10	×2	20
	返済能力(★)	返済能力に優れている	返済能力に問題がない	返済能力に問題がある	10	×1	10
	CSR・環境対応	法令遵守・CSR等に配慮された経営がなされ、企業活動に反映されている	法令遵守・CSR等に配慮した経営を目標としているが、一部満たせていない項目がある	法令順守・CSR等が配慮されておらず、逸脱した企業活動が散見される	10	×1	10
	経営者・経営方針	経営者が率先し、優れた経営方針・理念を確立し、社内に浸透させ、それを実現するために企業が一体化している	経営方針・理念は確立しているが、社内への浸透度が低い	経営方針・理念が確立していない	10	×1	10
	従業員・労務管理状況	問題なし(従業員は満足して働いている)	問題は散見されるが影響なし	経営に問題あり(従業員に不満があり定着性等も悪い)	10	×1	10
						合計	100

　最後は、サプライヤの経営評価です。コストの次に調達・購買部門が注力すべきところでしょう。ここでは、「安全性」、「収益性」、「成長性」、借入金等の「返済能力」を中心として評価しています。

　この経営評価については重要なので、次項でじっくりと説明していきましょう。

●サプライヤ経営評価

サプライヤ経営評価に際し収集しておくべきは次の2資料＋1情報です。

1. 貸借対照表（Balance sheetとも呼ばれます）
2. 損益計算書（Profit and Loss Statementとも呼ばれます。これは、できれば2年分）
3. 減価償却費（サプライヤへのヒアリングなどで調査）

　本来は、上場していない企業であっても、計算書類（貸借対照表または貸借対照表と損益計算書の要旨）を官報等で公告します。しかし、実務上はサプライヤにお

願いして入手しましょう。現実には、取引額が少ないサプライヤには強制できないかもしれません。ただ、調達金額の多い、評価対象のサプライヤであれば、毎年、決まった時期に提示するよう要求すべきです。

　なお、貸借対照表・損益計算書についての詳しい説明は省くものの、前者は「企業がどのようにお金を集めてきて、どのように使っているかを表現したもの」、後者は「ある期の売上高とコスト、利益を表現したもの」と考えてください。また、減価償却費は設備・その他固定資産を耐用年数で分割して計上するコストです。

* （参考）減価償却費についてはご興味のある方のみお読みください。減価償却費とは、製造原価にかかわるものと、販売費及び一般管理費にかかわるものがあります。前者は、実際のモノづくりにかかわる設備等を示し、後者は共通機材を示します（本社のコピー機など）。たとえば1億円で設備を買ったとしても、耐用年数が20年であれば、定額法では500万円ずつ20年にわたってコスト計上するものです。（さらに正確には定率法や残存価額の考え方もありますので、これ以降は専門書に譲ります。）よって、「実際にお金を払った年度」と「コストとして計上する年度」に差異が生じます。この減価償却費を計算書類に載せてくれればよいのですが、提示資料にない場合はヒアリングで調査する必要があります。

〈貸借対照表〉

（単位：千円）

資産の部		負債の部	
科目		科目	
流動資産		流動負債	
現金及び預金	10,000	支払手形・買掛金	10,000
受取手形・売掛金	10,000	短期借入金	10,000
棚卸資産	1,000		
その他流動資産	1,000		
固定資産		固定負債	
有形固定資産	10,000	社債	3,000
無形固定資産	10,000	長期借入金	3,000
投資等	1,000	純資産の部	
		資本金	17,000
		資本剰余金	0
		利益剰余金	0
		その他	0
合計	43,000	合計	43,000

〈損益計算書（〜2年分）〉

（単位：千円）

区分	本年度	昨年度	伸び率
Ⅰ　売上高	1,000,000	900,000	11%
Ⅱ　売上原価	700,000	630,000	11%
売上総利益	300,000	270,000	11%
Ⅲ　販売費及び一般管理費	200,000	180,000	11%
営業利益	100,000	90,000	11%
Ⅳ　営業外収益	1,000	900	11%
Ⅴ　営業外費用	−1,000	−900	11%
経常利益	100,000	90,000	11%
Ⅵ　特別利益	1,000	900	11%
Ⅶ　特別損失	−1,000	−900	11%
税金等調整前当期純利益	100,000	90,000	11%
法人税、住民税、及び事業税	−60,000	−54,000	11%
当期純利益	40,000	36,000	11%

〈減価償却費〉

30,000

　これらをもとに、「安全性」、「収益性」、「成長性」、「返済能力」を分析します。注意点は、それぞれの指標を評価する基準値は、業界や業態によって使い分ける必要があることです。

　たとえば、経常利益率ひとつをとっても、ハウスメーカーと自動車部品メーカーでは平均値が異なります。すべてのサプライヤをひとつの基準値で把握しようとすると、かなりの無理が生じてしまうでしょう。また、「経常利益率が5%なければ健全なサプライヤではない」といっても、とくに製造業で大半の企業は、その利益率を確保できておらず、意味のない指標になってします。

　そこで、自社で「健全なサプライヤの経営指標」を確立している場合は、それを基準にしてください。あるいは、財務省「法人企業統計調査」（URLは変更の可能性があり記載しませんが、無料で使用可能）が活用できます。このサイトでは、規模別・業態別のさまざまな企業の経営指標を調査可能です。経営評価指標は相対的なものであると覚えておいてください。

　そこでまずは、貸借対照表を使って、さまざまな項目をチェックします。図の基準値には一般的な数値を入力しています。このまま使っていただいても結構です。ただ、時間があれば、前述の「法人企業統計」等を利用し、より現実的なものにしていきましょう。

1. 「安全性」

安全性項目	値	(参考) 計算式	基準値	判定	
自己資本比率	40%	純資産÷負債・純資産の部合計	30%	OK	
ギアリングレシオ	94%	(短期借入金+長期借入金+社債)÷純資産	150%	OK	
固定長期適合率	91%	固定資産÷(固定負債+純資産)	80%	NG	他社と比較した総点
流動比率	110%	流動資産÷流動負債	120%	NG	B

●自己資本比率：資金調達のうち返済の必要がない部分（純資産）を見るもの
●ギアリングレシオ：純資産に対する借入金の割合を見るもの
●固定長期適合率：固定負債と純資産を合算し固定資産の比率を見るもの
●流動比率：短期的な支払能力を見るもの

POINT 1：実務的な話をします。本書では「教科書」なので、さまざまな指標を挙げたものの、時間がなければ「流動比率」だけを見てください。流動比率とは「流動資産」を「流動負債」で割ったものです。直感的な意味では、「流動資産」＝「1年以内にお金になるもの」を、「流動負債」＝「1年以内にお金を払わなければいけないもの」で割るわけですから、「入ってくるお金と出ていくお金の比率」を意味します。流動比率が120％とは、1年以内に入ってくるお金が、出ていくお金よりも20％多い状況です。ひとつの目安は120％を超えていることであり、100％を切ると危険、200％を超えると優良企業といえます。

2. 「収益性」

収益性項目	値	(参考) 計算式	基準値	判定	
売上高経常利益率	10%	経常利益÷売上高	5%	OK	
総資産経常利益率	233%	経常利益÷総資本	10%	OK	他社と比較した総点
収益状況	OK	税引前利益推移(2年連続黒字等)	2年連続赤字でない	OK	A

●売上高経常利益率：売上高にたいする経常利益額の比率
●総資産経常利益率：総資産にたいする経常利益額の比率
●収益状況：単年で赤字か黒字か、2年連続赤字か、2年連続黒字を確保しているか

POINT 2：実務的には、時間がない場合、「収益状況」だけご覧ください。より具体的にいうと、「2年連続赤字になっていないか」です。2年連続赤字の企業は収益性が悪い（コストに見合うだけの売上高を確保できていない）と見ることができます。また2年連続赤字になっている中小企業に対しては、一般的に銀行が貸し渋りするといわれています。財務にも影響を及ぼすため、チェックが必要です。

* （参考）なお本来は収益性ではなく、利益性とでもいうべき指標です。収益は入ってくるお金に対して、利益は残ったお金を意味します。当原稿の執筆においても迷いましたが、慣例的に使われており、またコストに見合った収益を上げているかを見る意味でも「収益性」を採用しました。

3.「成長性」

成長性項目	値	（参考）計算式	基準値	判定	
経常利益増加率	11%	（今期経常利益−前期経常利益）÷前期経常利益	5%	OK	
自己資本額	17,000	自己資本総額	10,000	OK	他社と比較した総点
売上高	1,000,000	売上高総額	500,000	OK	A

●経常利益増加率：前期と比べて経常利益の増加しているかを見るもの
●自己資本額：一定の資本金基準に達しているか、増資しているかを見るもの
●売上高：一定の売上高基準に達しているか、増収しているかを見るもの

4.「返済能力」

返済能力項目	値	（参考）計算式	基準値	判定	
債務償還年数	0.200	有利子負債÷償却前営業利益	1	OK	
インタレスト・カバレッジ・レシオ	101	（営業利益＋受取利息・配当金）÷支払利息	5	OK	他社と比較した総点
キャッシュフロー額	130,000	営業利益＋減価償却費	10,000	OK	A

●債務償還年数：有利子負債を償却前営業利益で割り、債務を償還できる年数を見たもの
●インタレスト・カバレッジ・レシオ：利益や配当金を借入金等の支払利息で割り、その比率を見るもの
●キャッシュフロー額：実際に得ることのできた現金

POINT 3：実務的には、「債務償還年数」を見てください。基準値は1となっています。この意味は、借りたお金を1年分の利益でまかなえることです。この値が5を超えると危ないと覚えておいてください。いまの利益体質が続けば、稼いだお金をすべてつぎこんでも、借りたお金を5年かかってやっと返せる程度です。もちろん利息を払い続ける以上、銀行は貸し続けるかもしれません。ただし、負債の額に利益が追いついていない不健全な体質になっています。

* （参考）ここで注意すべきは「利益」と「キャッシュフロー」が異なることです。これはさまざまな説明が可能であるものの、ここでは減価償却費にしぼった説明をします。減価償却費は「設備・その他固定資産を耐用年数で分割して計上するコスト」でした。あくまで、「分割」ですから、実際のキャッシュアウト（お金が企業からでていくこと）は生じません。そこで、営業利益に減価償却費を「足してあげる」ことで、キャッシュフローの近似値を求め

ています。なお、さらに厳密にはキャッシュフローは、他のキャッシュを計算する必要があります。詳細は専門書に譲るものの、調達・購買部員としては前述の説明で十分です。

　これら「安全性」、「収益性」、「成長性」、「返済能力」を基準値と比して優劣を判定します。そして、それぞれについて点数をつけ、それがサプライヤ「経営」の評価となるわけです。

1. 品質→6項目で100点満点評価
2. コスト→3項目で100点満点評価
3. 納期→4項目で100点満点評価
4. 技術・開発→4項目で100点満点評価
5. 経営→7項目で100点満点評価とし、とくに「安全性」、「収益性」、「成長性」、「返済能力」は前述の別表で評価

　この1～5をまとめたものが、最終的なサプライヤ評価点となります。

●サプライヤ評価結果の集計

サンプルとしてまとめました（**図4-4**）。

	点　数	評点割合	評価点数
品　質	100	25%	25
コスト	100	25%	25
納　期	100	10%	10
技術·開発	100	20%	20
経　営	100	20%	20

総計	100
総合評価結果	A

図4-4　サプライヤ評価結果

　このサプライヤ評価表では、「品質」「コスト」を25％の重みづけとしました。この重みづけにこそ、各企業の理念がもっとも色濃く反映されますし、されるべきです。品質が最重要であれば、重みづけは30％、あるいは40％となるでしょう。あるいはコストが最重要かもしれません。

　この重みづけは、企業や調達・購買部門の思想によります。何を大事にし、何を

優先するのか。この重みづけによって、サプライヤ評価表が生きた、そして意思にあふれたものとなります。

　サプライヤ評価とは、公平・公正でなければいけないといいました。ただし、「評価の重みづけ」には、各社の思想や姿勢が反映されるべきです。

　そして、このように評価軸を設定したあとは、サプライヤを愚直に評価し続けていきましょう。「このサプライヤは使わざるをえないから及第点をつけておこう」と現状に合わせてしまえば、とんだ茶番です。適正な評価からしか、サプライヤの選択と集約・集中などありえません。

サプライヤ集約

●サプライヤの層別化

	A	B	C	D	E
業務基礎 調達・購買	**調達プロセス知識** 間接材 直接材 ・契約業務と調達実行 ・RFx(情報提供依頼、提案依頼、見積依頼)の重要性 ・品質管理	**法律知識** 間接材 直接材 ・強制法規と契約 ・購買取引基本契約書 ・下請法 「四つの義務」 「11の禁止事項」	**交渉実務** 間接材 直接材 ・交渉準備 ・交渉目標値とBATNA ・交渉実践	**市場調査** 間接材 直接材 ・業界分析 ・特定企業 ・マクロ統計 ・情報源の真偽確認 ・SDGs調達	**支出分析** 間接材 直接材 ・ABC分析 ・調達戦略の構築 ・サプライヤシェアの決定
コスト削減・見積り査定 	**見積り様式整備** 間接材 直接材 ・見積り明細の標準化 ・価格比較 ・目標値の設定	**競合環境整備** 間接材 直接材 ・サプライヤ決定 ・サプライヤ戦略と競合環境創出 ・サプライヤグリッド	**見積り査定** 間接材 直接材 ・見積書価格の確認方法 ・コストドライバー分析 ・コスト構造分析	**開発購買の推進** 間接材 直接材 ・開発購買の問題と解決法 ・仕様書の確認 ・集中購買の推進	**原価把握** 直接材 ・固定費と変動費 ・総コスト線分析 ・サプライヤ損益分岐点分析 ・サプライヤ値下げ行動
海外調達・輸入推進 	**輸入業務基礎知識** 直接材 ・海外調達のメリットとデメリット ・海外調達のプロセス ・海外企業の書類の流れ	**海外サプライヤ検索** 直接材 ・海外サプライヤ情報源 ・見積も入手までの流れ ・サプライヤ訪問シート ・企業体制評価表 ・サプライヤ通知書	**輸入コスト構造把握** 間接材 直接材 ・輸入限界係数 ・製品コスト、物流コスト等 ・関税 ・消費税	**契約・インコタームズ対応** 間接材 直接材 ・物流フロー ・各インコタームズの内容 ・各インコタームズの使い分け	**海外サプライヤへのコミュニケーション・法規** 直接材 ・海外と日本のGAP ・金型図面の海外流出 ・関連法規
サプライヤマネジメント 	**サプライヤ評価** 間接材 直接材 ・品質 ・コスト ・納期 ・設計・開発 ・経営能力	**サプライヤ集約** ・サプライヤ層別化 ・リテンションマネジメント ・サプライヤ取引の停止	**サプライヤ収益管理** 間接材 直接材 ・損益計算書、貸借対照表分析 ・キャッシュフロー計算書分析 ・業界内比較、類似企業比較	**サプライヤ倒産対応** 間接材 直接材 ・倒産件数把握 ・倒産の種類 ・サプライヤ倒産の事前察知 ・サプライヤ倒産時の検討・実施項目	**VOS(ボイスオブサプライヤ)** 間接材 直接材 ・VOS実施時の注意点 ・VOSの評価指標 ・自社評価との比較・改善
生産・ものづくり・工場の見方 	**工場・生産の見方** 直接材 ・生産方法の分類 ・生産方式による分類 ・生産タイミングの分類	**サプライヤ工場把握** ・バリューストリーミングマップ ・工程改善の観点 ・タクトタイムによる工程人員再編成	**定性的管理手法** 間接材 直接材 ・5Sの基本 ・工場の動線 ・在庫削減の物理的施策 ・作業者の環境	**TPMの生産指標** 間接材 直接材 ・各種生産指標 ・編成効率とバランスロス ・各工程の作業バランス	**工場見学・監査** 直接材 ・工場指摘項目(レイアウト、管理、安全の確保等) ・作業標準書 ・仕様VA/VE提案書

ここからは「サプライヤマネジメント」のBである「サプライヤ集約」を取りあげます。

近年、サプライヤ集約の取り組みが報道されています。XX社は、サプライヤを集約し、何億円だかのコスト削減を成し遂げた。あるいは、サプライヤの選択と集中によって、調達構造を見直している、などの報道です。国内の生産が縮小しているなか、サプライヤ集約の動きはよくわかります。全体の発注量が減ってしまうのですから、限られたサプライヤへ発注量を確保し、関係も密接にしたほうがコストは下がると容易に想像できます。サプライヤにしても、安定した受注ができる調達企業のほうが、コストは下げやすいはずです。

そこで、サプライヤ集約のためのステップを説明します。

1. 公平・公正な評価によりサプライヤの実力を正しく把握する
2. その評価結果により、サプライヤを層別する
3. 層別結果に応じた対応を実行する

ここで、1.と2.については前節で説明しました。そこで3.ですが、思い出していただきたいのは、前節であげたサプライヤ層別例です（図4-5）。

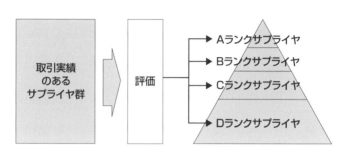

図4-5　サプライヤ評価とランクづけ

このA〜Dランクに応じたサプライヤ戦略を考えていきましょう。

一例では、次のようなサプライヤ戦略が考えられます。この戦略は、調達・購買部門だけの「想い」であってはいけません。あくまで、全社一丸となった取り組みとして、各関係部門と合意してください。

・Aランクサプライヤ：自社に重要・必要なサプライヤであり、技術的な提携を含め、今後積極的な発注量の増加をはかる
・Bランクサプライヤ：推奨サプライヤとして、Aに次いで今後継続した取引を行っていく
・Cランクサプライヤ：自社と取引は可能とするが、指導育成を行いながら取引関係を構築していく
・Dランクサプライヤ：新規品採用を停止する、または代替サプライヤを検討する（必要に応じて既存品の取引も停止する）

ここでは4ランクとしました。もちろん、5ランクでもかまいません。肝要は、ランクにより差別化して扱うことと、それぞれの扱い方を全社で統一しておくことです。

では、A・Bランクのすぐれたサプライヤとどう接すればよいでしょうか。一言でいえば、A・Bランクへの接し方は『囲い込みによる技術力・人員確保』です。そのために伝達と交流をあげます。

(1) 伝達

・発注方針説明会：次年度の発注見込みや発注方針、協力依頼事項などを説明
・表彰制度：高評価サプライヤに対し感謝状を贈呈し感謝と敬意を表す

　→表彰制度を持っていない企業は少ないかもしれません。表彰制度とは調達・購買部門から、日頃の企業活動ですばらしい成果を上げたサプライヤに対し感謝賞を贈呈し、感謝と敬意を表すものです。賞は、「品質部門賞：納入品質に優れたサプライヤ」「原価部門賞：原価改善活動に優れたサプライヤ」「総合賞：品質、原価の2部門を同時に受賞するサプライヤ」、などと分けておきます。調達企業の役員層から直接、サプライヤの役員層に表彰状等を手渡してお礼を伝えるとともに、さらに高いQCD実現をお願いしましょう。

(2) 交流

・年度経営状況確認会議：サプライヤの収益・損益状況の確認。課題の整理とともに解決にむけたアクションプランを合意する
・定例ミーティング：年に一度以上、サプライヤのトップと意見交換を行い、意思疎通を図り相互理解を深める
　→面と向かって意見交換し、両社の企業戦略の共有をはかり、軌を一にすること。また、そこで経営上の問題を話し合い、両社のビジネス上の齟齬をなくす目的もあります。

　正直に申し上げれば、私は「対面して打ち合わせをする」ことに違和感を抱いていました。会って話すことがそんなに重要だろうか。もっと重要なことがあるのではないか、と。しかし、企業実務のうえでは、両社のしかるべき役職者間が、お互いを知っている事実が重要になります。一人の人間として考えてみても、窮状に陥ったA社とB社があるとして、どちらを助けるか迷ったときには、知己を選ぶでしょう。

●リテンションマネジメント

　なお、「リテンションマネジメント」と呼ばれる手法があります。リテンションとは、関係継続です。調達企業とサプライヤの関係を良好に継続すること。そのツールとして、「リテンションマトリクス」があります（**図4-6**）。これは、取引先と継続した関係を構築し、情報交換を活発化するために、しかるべき役職者間での面談を管理するためのものです。

	先方担当	先方課長	先方部長	先方本部長
自社本部長				
自社部長				
自社課長				
自社担当				

図4-6　リテンションマトリクス

　これを、サプライヤ数分用意します（正確にはA・Bランクのサプライヤ分用意します）。次に、ある一定期間、たとえば1年のあいだに、お互い会ったマスにマルをつけていきましょう。たとえば、先方（サプライヤ）の担当者と、自社（調達企業）の担当者はいつも会っているでしょうからマルがつきます。そして、先方の課長とも、自社の担当者が会っていればおなじくマル。そうマルをつけていくと、**図4-7**のようになるかもしれません。

先方の上役に会えていない＝トップ情報交換不足

	先方担当	先方課長	先方部長	先方本部長
自社本部長	○	○		
自社部長	○	○	○	
自社課長	○	○	○	
自社担当	○	○	○	

図4-7　リテンションマトリクス記入例①（会えていない）

このような場合は、先方の上役に会えていないことになります。自社の調達・購買本部長は、サプライヤの課長に会ったことはあるようです。（表敬訪問か何かでしょうか。）しかし、調達・購買本部長と、営業本部長どうしが顔をつき合わせて話していません。

または、**図4-8**のようなこともありえるでしょう。

自社の上役の意向を伝えていない=トップ情報交換不足

自社本部長				
自社部長	○	○	○	○
自社課長	○	○	○	○
自社担当	○	○	○	○
	先方担当	先方課長	先方部長	先方本部長

図4-8　リテンションマトリクス記入例②（伝えていない）

このような場合だと、逆にこちらのトップの意向を、A・Bランクサプライヤに伝達できていません。もちろん、すぐさま業務上の支障があるわけではないものの、中長期的な観点からは、トップ同士が話したほうがよいはずです。

なお、このように見える化の管理をすれば、両社のコミュニケーション状況が明確になります。さきほど、リテンションマネジメントという言葉を使いました。この管理下では、調達・購買担当者が、しかるべき役職者間の面談を着実にセッティングする周到さが求められます。それが、自身の調達活動をスムーズにすることにもつながります。重要サプライヤだけでもよいので、このリテンションマトリクスを作っておくと面白いはずです。

面談をしたといっても、どのように調達・購買活動に好影響を及ぼすのでしょうか。繰り返す通り、これは定性的な効果しか表現できません。ただし私の経験から

いっても、緊急納期対応時や、開発工数を確保せねばならないときなど（要するにサプライヤに開発を協力してもらわねばならないときなど）に、サプライヤトップから現場への「鶴の一声」が効いたことは一度や二度ではありません。万が一の備えとしても、このリテンションマネジメントは有効といえます。

また、この話をするときに、必ず「賀詞交換会など、立ち話もマルになるのか」と質問があります。残念ながら、答えはNOです。その質問者も、たとえば100人と機械的に名刺交換をしたとして、何人を覚えているでしょうか。ほとんど印象に残っていないはずです。やはり、部屋で対面しつつ、打ち合わせをした（あるいは呑んだでもよいのですが）履歴をリテンションマトリクス上のマルとするべきでしょう。

ランク	サプライヤへの対応	
A	①囲い込みによる技術力・人員確保	
B		
C	②評点開示による育成	
D	[代替候補無] ③経営改善指導 ・月度ミーティング ・評点改善の確認	[代替候補有] ④取引の停止 ・改善期限の提示 ・取引減の実行

図4-9　ランクに応じたサプライヤへの対応

ちなみに、A・Bランクサプライヤには「こちらを向き続けてもらう」ことが必要でした。よってそれを人間関係ではなく、契約で縛ってしまう手段も考えられます（**図4-9**）。

中長期発注計画を提示できれば、供給に関する長期契約を締結できます。ただし、契約で縛ることは、自身に制約を与えることです。10年間の供給契約を結べば、10年間サプライヤを変更できません。それに、10年にわたる数量の開示は難しいでしょう。

そのような場合、契約の形ではなく、サプライヤへの取引ガイドラインで「長期取引」を謳うことがあります。これは、契約ではないため、拘束力を持ちません。ただし、特定のサプライヤに対しては、あくまでガイドライン（＝お願い）として、既存業務の安定・継続を依頼します。

●サプライヤ取引の停止

加えて、C・Dランクサプライヤとの接し方も考えてみましょう（図4-9）。

【Cランク】

Cランクは「自社と取引は可能とするが、指導育成を行いながら取引関係を構築していく」の宣言どおり、積極的に採用はしないものの、評価を継続し、A・Bランクレベルになるかを定期的にチェックします。その際には、サプライヤの弱みと強みを明確にし、弱みを克服してくれるように、サプライヤとの面談やミーティングのとき、具体的に教えてあげてください。

ただし、これは評点を具体的に教えてあげる意味ではありません。評点を教えると、両社に気持ちの行き違いが生じることがあります。サプライヤから「なぜそんな低い評点なのですか。より具体的な計算ロジックを教えてください」「この項目がなぜこんなに重み付けされているのですか」といわれて議論が細部にはいるほど泥沼にはまります。評価システムは、そもそも企業理念や調達理念から設定します。それは、外部からとやかくいわれる種類のものではなく、調達企業内部の機密事項です。

よってここでいう具体的にとは、あくまでも評価が低い「項目」についてです。「弊社としては、御社のこの項目に満足していない。したがって改善をお願いしたい」と伝え、評点向上を相手に理解していただきましょう。

よって、Cランクへの接し方は『評価結果に応じた育成指導』となります。

【Dランク】

次に、Dランクについて考えましょう。Dランクに対しては、これも定義通り「新規品採用を停止する、または代替サプライヤを検討する（必要に応じて既存品の取引も停止する）」ことになります。しかし制約があるでしょう。現場の感覚で考えてみるに、「そうはいっても、すぐに外せるサプライヤと、外せないサプライヤがいる」と。そのとおりです。よって、Dランクは二つに分かれます。

・Dランクへの接し方は『外せない場合は、育成指導を行う』
・Dランクへの接し方は『外せる場合は、外す』

つまり、代替候補がいない場合は、なんとか企業としてのレベルを上げてもらうために、協力してもらうしかありません。しかし、代替候補がいる場合は、そのサプライヤの切り替えを考えます。

もちろん、前者＝外せない場合は育成指導しつつも、同時にマルチソース先（2

社購買先）の模索は欠かせません。とくに、Ｄランクになった理由が経営上の問題で倒産してもおかしくありません。緊急経営改善指導を行い、低い評点項目を洗い出します。そして、月度ミーティング等で、月度の損益計算書・資金繰り表などを確認し、改善の確認を実施します。と同時に、万が一の際に備えて、マルチソース先（2社購買先）を探すわけですから、高度な二枚舌が必要となります。

それに対して、後者＝外せる場合は切るだけなので容易と思われるでしょう。しかし、気にしておくべきは「下請中小企業振興法（振興基準）」です。

●下請中小企業振興法（振興基準）

この振興基準では下請中小企業が「① 親事業者にとって不可欠の企業となる ② 親事業者を複数化・多角化する ③ 製品、情報成果物及び役務の自社開発により独立化を目指す」ことを前提としたうえで「親企業としても、下請中小企業の存在なくしては、より付加価値の高い製品・サービスを生み出していくことが困難であり、自らの発展もあり得ないという点を十分認識し、親企業としての立場を利用して下請中小企業に不当な取引条件を押し付けることなく、下請中小企業の体質改善、経営基盤の強化に対しその自主性を尊重しつつ積極的な協力を行うとともに、納期、納入頻度等における配慮等下請中小企業の労働時間短縮のための発注方式の改善等の協力を行うことが必要である」としています。

そのなかでも調達・購買担当者が気にしておくべきは、その「第2 親事業者の発注分野の明確化及び発注方法の改善に関する事項」の「7）取引停止の予告」です。ここでは、「親事業者は、継続的な取引関係を有する下請事業者との取引を停止し、又は大幅に取引を減少しようとする場合には、下請事業者の経営に著しい影響を与えないよう配慮し、相当の猶予期間をもって予告するものとする」としています。

これは違反した場合の行政処分や罰則が規定されているわけではありません。ただし守らねばなりません。

この、「経営に著しい影響を与えないよう配慮」というのは意見が分かれます。実際に、全国中小企業取引振興協会では「継続的な取引関係を有している下請事業者との取引を停止する場合は、取引停止のどのくらい以前に予告通知をしなければならいか」という質問に、「相当の猶予期間については、下請事業者の親事業者への依存度や製品の他への転用の可否、製品製造のための設備投資の状況など相手方の経営上の問題等を勘定し、ケースバイケースで判断することとなるものであり、下請事業者の経営に著しい影響を与えないように配慮することが必要である。な

お、判例では、親事業者の取引停止による損害として6ヵ月間の損害賠償を認めたものもあるが、このことが直ちに一般論として「相当猶予期間」が6ヵ月と即断できるわけではないことに留意が必要である」としています。

そこで、絶対的な結論や手法ではないものの、Dランクサプライヤを切るときの一つの目安は、次のように考えられます。
①　自社への依存度が大きい（50％程度以上）のサプライヤについては
②　1年程度（他社からの受注が見込める期間）を置いて
③　予告した上で取引を停止する

なぜ、①依存度が大きいところか、そして②1年なのか、については、これまでの論からおわかりのとおり、絶対的な根拠はありません。ただし、下請中小企業振興法の考えからも、「経営に著しい影響」が想定できるサプライヤは依存度が大きいところであり、かつその意味では新規受注先を探すために1年程度の猶予は必要と考えられます。あくまでひとつの基準です。

そして、この下請中小企業振興法の精神にのっとるのであれば、サプライヤを切るための準備をしっかりするのではなく、あくまでもその下請サプライヤに改善を促すことも忘れてはいけません。

前述の猶予期間を使って、「評価を伝達し、改善期間を提示」してあげること。そして、サプライヤが「評点を改善できたか」確認すること。そして、それでも改善が見られない場合に、削減実行期間として「発注減の宣言」「ゆるやかな発注減」（これもサプライヤの経営に著しい影響を与えないようにするためです）「取引の停止」までつなげていきます（**図4-10**）。

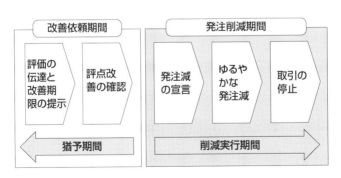

図4-10　ランクD「取引の停止」への対応

●全体評価の品目への分解

　ランクA〜Dまでのサプライヤの扱い方を見てきました。サプライヤ戦略を練り、あとは実行するだけです。最後に注意すべきは、全体評価のあと、各品目への分解です（**図4-11**）。

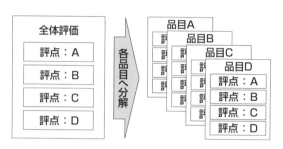

図4-11　全体品目から各品目への分解

　品目毎にランクA〜Dを明らかにすれば、その品目で「必要なサプライヤ」「不要なサプライヤ」が明確になります。はたして、評価通りにランクAサプライヤに集約する勇気はあるでしょうか。それとも、理由をつけて、評点Dランクのサプライヤに無策のまま発注を続けるでしょうか。

　その選択は、調達企業にかかっています。

サプライヤ収益管理

●損益計算書と貸借対照表の確認ポイント

	A	B	C	D	E
調達・購買業務基礎	調達プロセス知識 [間接材][直接材] ・契約業務と調達実行 ・RFx(情報提供依頼、提案依頼、見積依頼)の重要性 ・品質管理	法律知識 [間接材][直接材] ・強制法規と契約 ・購買取引基本契約書 ・下請法 「四つの義務」 「11の禁止」事項	交渉実務 [間接材][直接材] ・交渉準備 ・交渉目標値とBATNA ・交渉実践	市場調査 [間接材][直接材] ・業界分析 ・特定企業 ・マクロ統計 ・情報源の真偽確認 ・SDGs調達	支出分析 [間接材][直接材] ・ABC分析 ・調達戦略の構築 ・サプライヤシェアの決定
コスト削減・見積り査定	見積り様式整備 [間接材][直接材] ・見積り明細の標準化 ・価格比較 ・目標値の設定	競合環境整備 [間接材][直接材] ・サプライヤ決定 ・サプライヤ戦略と競合環境創出 ・サプライヤグリッド	見積り査定 [間接材][直接材] ・見積書価格の確認方法 ・コストドライバー分析 ・コスト構造分析	開発購買の推進 [直接材] ・開発購買の問題と解決法 ・仕様書の確認 ・集中購買の推進	原価把握 [直接材] ・固定費と変動費 ・総コスト線引き ・サプライヤ損益分岐点分析 ・サプライヤ値下げ行動
海外調達・輸入推進	輸入業務基礎知識 [直接材] ・海外調達のメリットとデメリット ・海外調達のプロセス ・海外企業の書類の流れ	海外サプライヤ検索 [直接材] ・海外サプライヤ情報源 ・見積り入手までの流れ ・サプライヤ訪問シート ・企業体制評価表 ・サプライヤ通知書	輸入コスト構造把握 [間接材][直接材] ・輸入限界係数 ・製品コスト、物流コスト等 ・関税 ・消費税	契約・インコタームズ [間接材][直接材] ・物流パターン ・各インコタームズの内容 ・各インコタームズの使い分け	海外サプライヤとのコミュニケーション・法規 [間接材][直接材] ・海外と日本のGAP ・金型図面の海外流出 ・関連法規
サプライヤマネジメント	サプライヤ評価 [間接材][直接材] ・品質 ・コスト ・納期 ・設計・開発 ・経営能力	サプライヤ集約 [間接材][直接材] ・サプライヤ層別化 ・リテンションマネジメント ・サプライヤ取引の停止	サプライヤ収益管理 [間接材][直接材] ・損益計算書、貸借対照表分析 ・キャッシュフロー計算書分析 ・業界内比較、類似企業比較	サプライヤ倒産対応 [間接材][直接材] ・倒産件数把握 ・倒産の種類 ・サプライヤ倒産の事前察知 ・サプライヤ倒産時の検討・実施項目	VOS(ボイスオブサプライヤ) [間接材][直接材] ・VOS実施時の注意点 ・VOSの評価指標 ・自社評価との比較・改善
生産・ものづくり・工場の見方	工場・生産の分類 [直接材] ・生産方法の分類 ・生産の流れによる分類 ・生産タイミングの分類	サプライヤ工場把握 ・バリューストリーミングマップ ・工程改善の観点 ・タクタイムによる工程人員再編成	定性的管理手法 [直接材] ・5Sの基本 ・工場の動線 ・在庫削減の物理的施策 ・作業者の環境	TPMの生産指標 [直接材] ・各種生産指標 ・編成効率とバランスロス ・各工程の作業バランス	工場見学・監査 [直接材] ・工場指摘項目(レイアウト、管理、安全の観点等) ・作業標準書 ・仕様VA/VE提案書

第4章 サプライヤマネジメント

ここからは「サプライヤマネジメント」のCである「サプライヤ収益管理」を取りあげます。

これまでサプライヤの評価や集約をご説明しました。これ以降、サプライヤが適切な利益を確保しつつ企業活動を営んでいるかを管理していきます。サプライヤ評価表の説明の際にも説明しましたが、本来はサプライヤ利益管理といってもよいのですが、ここでは慣習的にサプライヤ収益管理と呼びます。

本節のC「サプライヤ収益管理」はサプライヤの体質が健全かどうかを見るもので、次節のD「サプライヤ倒産対応」は危機的なケースに対応するものです。

まず、損益計算書(Profit and Loss Statement)の見方からはじめます。図4-12は、企業の損益計算書を示したものです。

区分	内容	内訳
Ⅰ売上高		収益
Ⅱ売上原価	売上高分に必要だった原価	費用
売上総利益	粗利益	利益
Ⅲ販売費及び一般管理費	営業パーソンの給与や建屋など	費用
営業利益	本業で達成した利益	利益
Ⅳ営業外収益	受取配当金など	収益
Ⅴ営業外費用	銀行への支払利息等	費用
経常利益	財務活動を含めた利益	利益
Ⅵ特別利益	有価証券の売却益など	収益
Ⅶ特別損失	災害による損失など	費用
税金等調整前当期純利益		利益
法人税、住民税、及び事業税		(費用)
当期純利益	税金を引いた後の事業の最終的な利益	利益

図4-12　損益計算書（P/L）の内訳（再掲）

　会社は、一つの計算式に支配されています。それは、「収益−費用＝利益」です。

　この「収益」とは主には売上高です。くわえて特別利益なども含みます。「費用」や「利益」も同じで、損益計算書にはそれらがいくつも分かれて表現されています。「利益」は儲けで、「費用」はコストですが、これらも複数表現します。

　そこで図の右にある「内訳」を数えると、「5個の利益、4個の費用、3個の収益」があるとわかります。

　損益計算書の分析方法です。コツは下から見ること。なぜならば、下には、当期純利益という最終的な儲けを示す額が記載されているからです。会社は利益を追求しますから、まずはそこから見てみましょう。そして、下から上に上っていきます。

　・当期純利益：税金を引いた事業の最終的な利益
　・経常利益：財務活動を含め、その会社が達成した利益
　・営業利益：本業で達成した利益
　・売上総利益：粗利益とも呼ぶ、売上高から売上原価を引いた利益

　サプライヤの決算書（損益計算書）を入手したら、このそれぞれの数値を見てください。ここで重要なのはひとつだけの数字から理解しようとしないことと、利益「率」だけを注目しないことです。

　たとえば、グローバルに点在する工場を活用して急成長した企業について、「売

上高の利益率が年率20%から13%に減速」と報じられました。それでも、13%という数字を見れば、じゅうぶんに優良企業といえます。それに、その13%という数字だって、業界平均と比べると、かなり優れた数字だとわかります。そこでまた使えるのが、本書で何回か説明した財務省が提供している「法人企業統計」です。このサイトで、同種・同規模のサプライヤの利益率と比較できます。

そして、次に四つの費用のうち、重要なのは三つです。

・売上原価：工場の生産コストや商品の仕入れ対価等
・販売費及び一般管理費：営業パーソンや間接人員のコスト、役員報酬、その他の宣伝広告費やら本社建屋等の共通コスト
・営業外費用：銀行等への支払利息等

これらが差し引かれたそれぞれの利益を確認してください。また可能であれば、売上高と比較した各費用の比率を求めましょう。そうすれば、サプライヤごとのコスト構造の違いがわかります。

次に眺めるのが貸借対照表（Balance sheet）です。この貸借対照表を使った安全性管理等は、サプライヤ評価の項目でお伝えしました。ここでは収益管理の観点から述べていきます。

借方＝かりかた	貸方＝かしかた
資産の部	負債の部
科目	科目
流動資産 　現金及び預金 　受取手形・売掛金 　棚卸資産	流動負債 　支払い手形・買掛金 　短期借入金
固定資産 　有形固定資産 　無形固定資産 　投資等	固定負債 　社債 　長期借入金
	純資産の部
	資本金 資本剰余金 利益剰余金

集めたお金の使いみち	← →	お金を集めた方法

図4-13　貸借対照表（B/S）における借方と貸方

・貸借対照表は、まずお金をどうやって集めてきたかを示す（これを右側の「貸方」という）

・貸借対照表は、そして集めたお金を何に使ったかを示す（これを左側の「借方」という）

貸借対照表は、Balance Sheetとも呼ぶのは、それを構成する左側の「資産」が、右側の「負債」と「純資産」の合計と合致し、常に平衡を保っているからです（図4-13）。杜撰な会社の会計監査では、この右と左の合計が合わないケースがあるといいます。そんな会社がバランスを保っていないことはいうまでもありません。

閑話休題。そこで、収益管理での指標は一つです。この指標を計算するためには、貸借対照表だけではなく、損益計算書も利用します。

・ROA（総資産利益率）（％）＝ 利益 ÷ 総資産 × 100

→これは、負債を含めた純資産の合計額が、どれだけ利益を生み出しているかを見るものです。サプライヤの単年決算書だけで優劣はわかりません。複数年、あるいは同業他社との比較が必要です。ただ、同じく自分がつきあっているサプライヤをいくつか分析してみると、その稼ぐ力の違いがわかるでしょう。

●キャッシュフロー計算書

また、ここからはキャッシュフロー計算書についてお伝えします。取引しているサプライヤが上場企業の場合、決算書にキャッシュフロー計算書があるはずですので、損益計算書・貸借対照表と同じく確認してみましょう。ここにも面白い情報があふれています。

キャッシュフロー計算書とは、現金の流れを示したものです。あまり難しい説明は止めておくものの、損益計算書で示すのは「売上高」というとおり、「売った分」を集計したものにすぎません。損益計算書ではその次に売上原価と続きますよね。これは、売れた分にかかったコストを計算しています。損益計算書上の利益と実際の利益はほとんど関係がない、とまでいう会計の専門家すらいます。それに、貸借対照表はその時点の資産・資本はわかるものの、その過程がわかりません。

そこで考案されたのがキャッシュフロー計算書です。このキャッシュフロー計算書では、企業の各活動における「現金及び預金」の増減を表現します。

キャッシュフロー計算書では、会社の現金の増減が①営業活動、②投資活動、③財務活動、に分かれることを覚えてください（図4-14）。

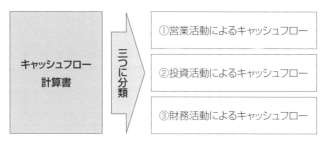

図4-14　キャッシュフロー計算書の三分類

この三つの分類を簡単にいうと、
・営業キャッシュフロー：本業から生じるお金の増減のこと
・投資キャッシュフロー：設備や有価証券を買ったり売ったりして生じるお金の
　増減のこと
・財務キャッシュフロー：資金調達や借金返済によって生じるお金の増減のこと

企業での流れは、**図4-15**のようになります。

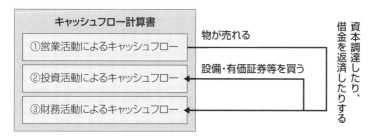

図4-15　キャッシュフロー計算書から見たキャッシュの流れ

　当然ながら、まずは物が売れることでお金が入ってきます（①）。そして、借金
を返済したり、逆にお金を借りたりします（③）。その後、設備を買ったり有価証
券を買ったり、あるいは売ったりします（②）。こうやって、企業はお金をぐるぐ
るとまわします。
　これらの活動では、お金が増えることもあれば、減ることもあります。その、そ
れぞれのプラスマイナス要因を、「キャッシュインフロー」と「キャッシュアウト
フロー」といいます。
　・キャッシュインフロー：実際に受け取ったキャッシュのことで、キャッシュフ

ロー計算書上では、「＋（プラス）」に作用する
・キャッシュアウトフロー：実際に支払ったキャッシュのことで、キャッシュフ
　ロー計算書上では、「−（マイナス）」に作用する

　このようにして見ていくキャッシュフロー計算書ですが、前述の三つの項目
（キャッシュフロー）がいかに増えたか、いかに減ったかによって、企業の傾向を
見ることができます。そこで、典型的なものは**図4-16**のとおりです。

問題のないキャッシュフロー計算書		
営業活動によるキャッシュフロー	＋	営業活動で得たキャッシュ
投資活動によるキャッシュフロー	−	でまかなっている
財務活動によるキャッシュフロー	−	

成長期に見られるキャッシュフロー計算書		
営業活動によるキャッシュフロー	＋	営業活動に加え財務活動の
投資活動によるキャッシュフロー	−	キャッシュを潤沢に投資活
財務活動によるキャッシュフロー	＋	動に活用

危険な企業のキャッシュフロー計算書		
営業活動によるキャッシュフロー	−	営業活動ではキャッシュが
投資活動によるキャッシュフロー	＋	マイナスだが、投資活動で補
財務活動によるキャッシュフロー	＋	填している

図4-16　キャッシュフロー計算書の見方

・**問題のないキャッシュフロー計算書**：本業で得たキャッシュ（営業キャッシュフ
　ロー）で、投資と財務をまかなっている。これは、理想形ともいえるもので、健
　全な企業を指す
・**成長期に見られるキャッシュフロー計算書**：本業で得たキャッシュ（営業キャッ
　シュフロー）に加えて、財務活動がプラスになっている。つまり、財務活動でど
　んどん借入している。そして、投資活動がマイナスなので、さらにどんどん投資
　をしている（だから投資によってキャッシュフローがマイナスになっている）。
　事業拡大を狙う姿がよくわかる
・**危険な企業のキャッシュフロー計算書**：本業で得たキャッシュ（営業キャッシュ
　フロー）がマイナス。それゆえに借入等を行い、財務活動でプラスにしている。
　加えて、投資活動でプラスにしている（設備や有価証券を売り、投資活動の
　キャッシュフローがプラスになっている）

すべての項目をプラスにしろといいたいわけではありません。なぜなら、投資をまったく行わなかったら、企業は継続した成長ができません。もちろんキャッシュを残すのは大切ですが、そのキャッシュフロー内で投資を行っていくことも大切です。バランスが大事とはよくいったものですよね。

この典型例と照らし合わせれば、サプライヤのキャッシュフロー管理においてイメージを抱きやすいはずです。

●サプライヤ収益管理は調達・購買部門の固有業務

サプライヤ収益管理を説明しました。衒学的な内容も多かったため、やや難しいかもしれません。また、実際の決算書を見ながら確認しないと、身につきません。まずはどこかのサプライヤの決算書を手に入れて、あれこれと試行錯誤してください。

本書で何度か繰り返すとおり、企業経営指標は単独では評価できません。複数年度、他サプライヤとの比較、業界平均との比較が必要です。

よく私は「調達・購買部員が付加価値をつけるために何をすればいいか」と質問される機会があります。「サプライヤ管理はどうですか」と勧めますが、あまり決算書やファイナンスに詳しい調達・購買担当者に出会ったことはありません。さらに指標の見方を知っており、自分なりの尺度をもっていれば、それだけで社内で存在感があるのではないでしょうか。

もっとも、調達・購買担当者は経理担当者でもありませんし、財務担当者でもありません。最低でも、必要な知識は身につけてほしい、と思います。ただし私はサプライヤ決算書の分析が楽しいことを伝えたいと思います。

ほかの人がわからない情報の羅列のなかで、自分だけはなんらかの解釈ができる。これが仕事のなかでの極上の愉悦ではないでしょうか。この喜びを共有できれば幸いです。

サプライヤ倒産対応

●企業の倒産件数

	A	B	C	D	E
調達・購買業務基盤	調達プロセス知識 [間接材][直接材] ・契約業務と調達実行 ・RFx(情報提供依頼、提案依頼、見積依頼)の重要性 ・品質管理	法律知識 [間接材][直接材] ・強制法規と契約 ・購買取引[基本契約書] ・下請法 ・「7つの義務」 ・「11の禁止事項」	交渉実務 [間接材][直接材] ・交渉準備 ・交渉目標値とBATNA ・交渉実践	市場調査 [間接材][直接材] ・業界分析 ・特定企業 ・マクロ統計 ・情報源の真偽確認 ・SDGs調達	支出分析 [間接材][直接材] ・ABC分析 ・調達戦略の構築 ・サプライヤシェアの決定
コスト削減・見積り査定	見積り様式整備 [間接材][直接材] ・見積り明細の標準化 ・価格比較 ・目標値の設定	競合環境整備 [間接材][直接材] ・サプライヤ決定 ・サプライヤ戦略と競合環境創出 ・サプライヤグリッド	見積り査定 [間接材][直接材] ・見積書価格の確認方法 ・コストドライバー分析 ・コスト構造分析	開発購買の推進 [直接材] ・開発購買の問題と解決法 ・仕様書の確認 ・集中購買の推進	原価把握 [間接材] ・固定費と変動費 ・総コスト線分析 ・サプライヤ損益分岐点分析 ・サプライヤ値下げ行動
海外調達・輸入推進	輸入業務基礎知識 [直接材] ・海外調達のメリットとデメリット ・海外調達のプロセス ・海外企業の書類の流れ	海外サプライヤ検索 [直接材] ・海外サプライヤ情報源 ・見積り入手までの流れ ・サプライヤ訪問シート ・企業体制評価表 ・サプライヤ通知書	輸入コスト構造把握 [間接材][直接材] ・輸入限界係数 ・製品コスト、物流コスト等 ・関税 ・消費税	契約・インコタームズ [間接材][直接材] ・物流パターン ・各インコタームズの内容 ・各インコタームズの使い分け	海外サプライヤとのコミュニケーション・法規 [間接材][直接材] ・海外と日本のGAP ・金型図面の海外流出 ・関連法規
サプライヤマネジメント	サプライヤ評価 [間接材][直接材] ・品質 ・コスト ・納期 ・設計・開発 ・経営能力	サプライヤ集約 [間接材][直接材] ・サプライヤ層別化 ・リテンションマネジメント ・サプライヤ取引の停止	サプライヤ収益管理 [間接材][直接材] ・損益計算書、貸借対照表分析 ・キャッシュフロー計算書分析 ・業界内比較、類似企業比較	サプライヤ倒産対応 [間接材][直接材] ・倒産件数把握 ・倒産の種類 ・サプライヤ倒産の事前察知 ・サプライヤ倒産時の検討・実施項目	VOS(ボイスオブサプライヤ) [間接材][直接材] ・VOS実施時の注意点 ・VOSの評価指標 ・自社評価との比較・改善
生産・ものづくり・工場の見方	工場・生産の見方 [直接材] ・生産方法の分類 ・生産の流れによる分類 ・生産タイミングの分類	サプライヤ工場把握 [直接材] ・バリューストリーミングマップ ・工程改善の観点 ・タクトタイムによる工程人員再編成	定性的管理手法 [間接材][直接材] ・5Sの基本 ・工場の動静 ・在庫削減の物理的施策 ・作業者の環境	TPMの生産指標 [直接材] ・各種生産指標 ・編成効率とバランスロス ・各工程の作業バランス	工場見学・監査 [直接材] ・工場指摘項目(レイアウト、管理、安全の確認等) ・作業標準書 ・仕様VA/VE提案書

　ここからは「サプライヤマネジメント」のDである「サプライヤ倒産対応」を取りあげます。

　サプライヤの倒産事前チェック方法、そして、倒産した際の対応について述べます。

　ところで、どれくらいの企業数が倒産しているのでしょうか。この「倒産」とは、厳密には法律用語ではありません。ただ、この「倒産」の意味はおって説明するとして、まずは件数を調査してみましょう。

　ここで、帝国データバンクや東京商工リサーチと中小企業庁の二つのデータが参考になります。前者（帝国データバンクや東京商工リサーチ）のデータは、法人の破産のなかから負債総額1,000万円以上を抽出したものです。したがって、全数で

はありません。いっぽうで、後者（中小企業庁）のものは廃業企業数というもので、個人と会社の双方を加算した数字となっています。これら二つのデータ範囲は異なります。かつ廃業と破産、倒産は同一の意味ではありません。

　また、後者（中小企業庁）のデータは3年に一度しか発表されず、しかも一般的に使われないため、ここでは意図的に前者（帝国データバンクや東京商工リサーチ）のデータを使います（**図4-17**）。

　なお、ここまで意図的に混在して使用してきましたが、企業と法人と会社の意味は異なります。企業は個人も含み、法人のなかに会社がありますので、概念的には、「企業＞法人＞会社」です。ただ本書では厳密さを欠きますが、読みやすさを優先しています。

　ここでやっと、日本における企業の倒産件数の話に進みます。かつて、日本で企業の倒産件数は月に1000件といっていました。こう計算すると年に1万2000件です。ただ、時代によって移り変わります。社会全体の景気が良ければ件数は減少し、悪化すれば増加するのが一般的です。これに資金繰りの公的支援があったり、なかったりすることでも左右されます。

「東京商工リサーチ」、「帝国データバンク」より作成

図4-17　平成・令和の倒産件数推移

　2010年から2020年までは減少傾向にあると確認できるでしょう。これら企業の倒産理由としては、次があげられます。

・販売不振

・赤字累積

・放漫経営

・過少資本

・設備投資過大

　おそらく、読者も想像できる内容でしょう。いろいろな理由があげられますが、結局のところ、現金が枯渇し企業活動がままならなくなり倒産にいたります。現金不足はいつでも、企業にとって「倒産にいたる病」です。

●倒産の種類

　法律用語ではないと述べたこの「倒産」という言葉。通常は「会社運営ができず、潰れてしまった」状態を述べています。この倒産の分類について、日本の倒産手続は図4-18のようになっています。

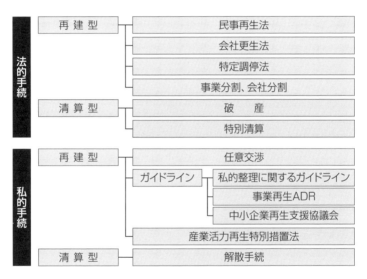

図4-18　倒産の種類

　これを調達・購買担当者がすべて知る必要はない、と私は思います。ただし、倒産といっても「法的手続」によるもの「私的手続」によるもの、の二つがあること。そして、「再建」を目指すものなのか、「清算」してしまうものなのか、さらに二つに分かれる程度は覚えておきましょう。

　加えて、調達・購買担当者が知っておいたほうがよいのは、法的手続のうち、民事再生法は破産と異なり、一般的には現在の経営陣が経営を続けながら再建を目指す点です。ただ、会社更生手続においては、裁判所から選任された更生管財人が経

営や管理を行います。

　そのいっぽうで私的手続は、そもそも法的倒産処理手続によらずに、債権者・債務者の「合意」によって債務を整理します。ガイドラインも発行されているものの、基本は交渉です。私的手続は、倒産会社のレッテルを貼られることを恐れる企業が行う場合が多く、かつ法的処理の費用を抑えられます。

　さらに、おおまかにいうのであれば、関係者が多く倒産によって混乱を招きそうな場合は法的手続となります。管財人（破産、会社更生）や監督委員（民事再生）などが関与しなければ、収集がつかない場合が多いからです。ただし法的手続であれ私的手続であれ、いったん、企業（サプライヤ）が倒産処理をはじめると、モノの納入が遅延したり生産活動に影響を受けたりします。調達・購買担当者としては、倒産をできるだけ事前に察知し、かつ倒産後にも被害を最小限化できるように努めなければなりません。

●倒産の事前予知

　かつて「倒産の寸前まで社員や外部に知らせないのが、すぐれた会社の潰し方だ」といった経営者がいました。もちろん、その意味では調達・購買担当者がサプライヤ内部を完全に掌握できません。とはいえ、倒産予知の目を持ち、できる限りの対策はしておきたいものです。

　サプライヤは、突然「倒産」しません。次の3段階があります。

1. 経営状態：不安定
2. 経営状態：危機
3. 経営状態：破綻

　これは必ずしも、1→2→3と進むわけではありません。1→2→1→2→1→2などと回復や悪化の繰り返しがほとんどでしょう。できれば調達・購買担当者は、1状態にあるサプライヤを察知し、2へ進んでいるか、あるいは回復したかを観察しておきます。そして、いよいよ3に突入しそうなサプライヤがいれば、それから受ける被害を予測し、バックアッププランを練りましょう。ここでは、凡庸であるものの（1）定性的なチェック方法と（2）決算書類のチェック方法を述べておきます。

（1）定性的なチェック方法

　やはりそのサプライヤの製品が最重要です。企業は製品をつくって、それをお客に販売します。その粗利益がすべての源泉となりますから、製品が売れなくなったら、すべてがうまくいきません。

①主要製品の付加価値は高いか、特有技術を有しているか

②生産性が高く、不良率は低いか

③材料費高騰の影響を受けすぎず、適正な利益を確保しているか

④海外勢の安価な製品に負けていないか

⑤社会の変化に追従し、新技術・新製品を開発する体制を有しているか

⑥安定的な受注を獲得できる大手顧客がいるか

　あたりまえではあるものの、海外からどんどん安価な製品が入ってくる昨今、海外勢と同レベルのものしか生産できないサプライヤは厳しい状況にあります。しかし、それは数年前からわかっていました。①〜⑥を総合的に勘案し、サプライヤの安定度を見ていきます。

(2) 決算書類のチェック方法

　倒産したサプライヤと、倒産しないサプライヤを考えます。このとき、両者の群を比較すると、決算書で何が異なるでしょうか。結果からいえば、この三つの指標に違いがあります。

①**利益剰余金**：厳密ではありませんが利益剰余金とは、企業がこれまで稼いできた金額の蓄積です。といっても大きな企業も小さな企業もあるために、絶対額では判断できません。そこで、貸借対照表（Balance sheet）の総資産に対する、利益剰余金を有している比率で判断します。

　当然ながら、数値は大きいほど良く、小さいほど悪くなります。この指標を計算し、サプライヤ毎の数値を一覧表にし、低いサプライヤに注目しましょう。

②**税引前当期純利益**：該当決算年度の利益です。損益計算書（Profit and Loss Statement）における税引前当期純利益を使います。なお同じく大きな企業も小さな企業もあるために、絶対額では判断できません。これも貸借対照表の総資産に対する、税引前当期純利益の比率で判断します。売上高に対して、どれほどの税引前当期純利益を稼いだかを計算してもよいのですが、倒産察知の観点からすれば売上高ではなく総資産のほうがふさわしいといえます。

　なぜなら1億円の売上高で100万円の税引前当期純利益を稼ぐ企業が二つあったとします。総資産が1億円と、総資産が100億円の企業だとすると売上高も利益も同じですが、後者はまともに企業資産が活用されているといえません。

　これも数値は大きいほど良く、小さいほど悪くなります。同様に、サプライヤ毎の数値を一覧表にし、低いサプライヤに注目しましょう。

③**金利負担**：お金の調達にたいして負担するものです。損益計算書には営業外費用の項目があり、ここに記載されています。大きく、銀行への支払利息と、社債保有者への社債利息があります。売上高に対して、支払利息と社債利息を足した合計値がどれくらいの比率かを見ます。これは数値が小さいほどよく、大きいほど負担増なので悪い傾向です。同じく一覧表を作成してみましょう。

＊なお正確には、支払利息と社債利息だけではなく、手形売却損があれば加算したほうが精緻な調査が可能です。手形売却損とは、受取手形を銀行へ期限前に出した場合に取られる割引料のことです。損益計算書の営業外費用に表示されます。

（参考：流動比率について）

なお、倒産傾向を見るものに、流動比率があります。説明したとおり、貸借対照表から計算できるものです。

・流動比率 ＝ 流動資産 ÷ 流動負債

実際に本書の初版では流動比率の活用を紹介しました。ただし、この第2版では、流動比率はサプライヤ評価表では活用するものの、倒産余地の積極的な方法としては採用していません。ここには大きく二つの理由があります。

まず現実と乖離する場合が目立つ点です。もっといえば、倒産する企業で流動比率がすぐれた比率を示すケースがあります。普通では考えられません。なぜ流動比率が高かったのに倒産するのか。

理由は経営者が自身のお金を入れているのです。名目は経営者からの貸付なのか増資かは別として、結果的には現金額が増加し流動比率が上がります。さらに固定資産を売却し、なんとか保有現金を増やすケースもあります。

そして二つ目の理由は、企業が不健全な場合「その他流動資産」が増えてしまうためです。この「その他流動資産」とは、「短期貸付金」「未収金」「未収入金」「前渡金」「前払費用」「仮払金」「立替金」などを指し、書籍によっては「不健全資産」と呼んでいるものもあるほどです。これは事実上、換金できない場合もあり、この「その他流動資産」が同業他社比、あるいは前年度比、あまりに大きければ、要注意です（**図4-19**）。

つまり健全な状態であれば流動比率を活用できますが、不健全な状態の可能性があります。そこで今回は流動比率を積極的に推薦しませんでした。

これまで倒産の事前チェックについて述べてきました。そのうえで当然ながら、現場現物を見る大切さを強調しておきます。というのも、サプライヤが倒産危機に陥って騒ぐ調達・購買担当者のほとんどが、サプライヤを定期的に訪問していな

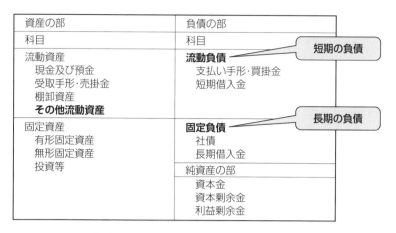

資産の部	負債の部
科目	科目
流動資産 　現金及び預金 　受取手形・売掛金 　棚卸資産 　**その他流動資産**	**流動負債**　← 短期の負債 　支払い手形・買掛金 　短期借入金
固定資産 　有形固定資産 　無形固定資産 　投資等	**固定負債**　← 長期の負債 　社債 　長期借入金
	純資産の部 　資本金 　資本剰余金 　利益剰余金

図4-19　貸借対照表における短期の負債と長期の負債

かったり、サプライヤの営業パーソンとも会っていなかったりするからです。

　多忙ゆえにしかたがないかもしれませんが、サプライヤの現場には定期的に足を運ぶべきです。もちろん、この現場とは生産現場の意味だけではなく、サプライヤが企業活動をしている場所全般の意味でとらえてください。また、万が一のときに備えて、各調達品の代替候補も把握しておくべきでしょう。

　以前、調査会社の方と話していたとき、取引先の倒産を事前察知するための方法を教えてくれました。私は感じるものがあったため、紹介しておきます。

①　取引先とは必ず対面して様子を把握しておくこと、決算書調査を行うこと
②　取引先の営業所や工場に足を運ぶこと
③　この①②を継続すること

　真実は平凡のなかにあるに違いありません。

●サプライヤ倒産対応

　しかし、それでもサプライヤが倒産してしまった場合、法的手続であれば管財人（破産、会社更生）や監督委員（民事再生）などが関与します。清算する場合は、会社の財産を換金して、債権者に支払われます。ただ順番としては、そこで働いていた従業員の給料が優先され、さらに弁護士費用等が差し引かれてから、一般の債権が支払われます。

　調達・購買担当者の実務としては次の通りです。

1. **発注品目、発注残額の確認**：まだ納入されていない品目とその額を調査します。また、逆にそのサプライヤから支払われるべき債権額も調査しておきましょう

2. **貸与品の確認**：たとえば無償貸与している設備や金型などがあれば、その所有権がこちらにあると証拠を提出できるようにしておきます。それによって、財産の処分の範囲外であることを証明し、その後の引き上げ処理につなげます。ただし、倒産処理の直後は、管財人の管理下にあるため時間がかかります。そこで場合によっては、倒産処理以前に引き上げ交渉を行います。

　なお、倒産直前の信用状態悪化時点での実務を補足します。調達企業がサプライヤに有償で材料を販売しているかもしれません。倒産間近であればどうせ、その材料で製品を生産できず、サプライヤはその材料の対価を支払えない可能性があります。よって、調達企業側が材料を引き上げようと考えるかもしれません。

　ただ、その材料の所有権はサプライヤにある契約の場合、無断で引き上げるなどしたら窃盗罪となります。サプライヤと承諾書のような書面を取り交わした後に引き取る必要があり、強引な処理は慎む必要があります。

　また、信用不安があるからといって、サプライヤが引き上げの承諾書にむやみやたらに押印してくれるかどうかも疑わしいところです。さらに、両社の信頼関係に傷がつくかもしれません。

3. **代替サプライヤの決定、社内への展開**：調達・購買担当者は早急に、対象サプライヤからこれまで調達した品目をリストアップし、設計・開発部門に提示しましょう。そのなかで、今後も発注する見込みがあるものについては、緊急対策会議を開催し、代替先や特採品（「特別採用部品」）を決定します。

　よく、「サプライヤが倒産してしまったら、もう為す術はない」といわれます。なるほど、たしかにそのとおりかもしれません。事前予防策こそが重要だからです。とはいえサプライヤが倒産してしまえば、代替選定は緊急性を要します。

　ひとつのヒントは、そのサプライヤを選定した当時の資料を漁ることです。つまり、倒産したサプライヤから製品Aを調達していたとします。そのAを採用決定した当時の資料を探すのです。きっと、その当時は他社の類似品などを比較検討したに違いありません。もう設計・開発担当者も、調達・購買担当者も代わっているでしょうが、イチから代替候補を探すよりも、ずっと時間を短縮できるはずです。

最後にサプライヤの倒産を繰り返さないための調達・購買部門づくりにふれておきます。

1. 調達・購買担当者への経営指標把握の教育
2. サプライヤ経営状況の確認
（1）取引開始前
①　損益計算書、貸借対照表、現預金推移（資金繰り表）の3年以上分の確認
②　各種経営指標の基準を作成し、取引開始可否を判断
③　サプライヤ長期戦略を立案
（2）取引開始後（既存サプライヤ）
①　定期的な経営指標のチェック
②　各種経営指標の基準を作成し、取引継続可否を判断
③　セカンドサプライヤの選定、倒産時の供給リスク対応を検討

　倒産対応手順書がない場合は作成してください。
　サプライヤの倒産を防ぐ奇策や魔法の杖はありません。さまざまな施策を講じてリスクを減じるしかないのです。ただ、経済的に不安定な時世にあっては、注意しても注意しすぎることはありません。
　企業の倒産は珍しくありません。しかし、自社と取引のあるサプライヤはできる限り倒産件数を減らし、かつ倒産後の処理を円滑化するのは、調達・購買部門にのみできることです。

VOS（ボイスオブサプライヤ）

●VOS（ボイスオブサプライヤ）の設定

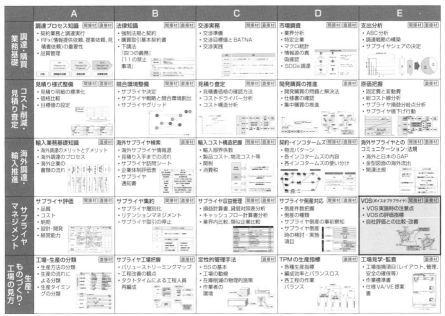

第4章 サプライヤマネジメント

　ここからは「サプライヤマネジメント」のEである「VOS（ボイスオブサプライヤ）」を取りあげます。

　サプライヤの声を聞きながら、自社の調達・購買レベルを引き上げる試みを紹介します。このボイスオブサプライヤは、自社の競争力強化に有効な手法です。文字通り「サプライヤの声」を意味します。こちらからサプライヤへの一方的な指導ではなく、サプライヤ側からの意見を参考にしつつ、調達・購買活動をより良くする試みです。

　ちなみに、SRM（サプライヤリレーションマネジメント、あるいはサプライヤリレーションシップマネジメント）という言葉が流行しました。どうやってサプライヤとの関係を管理するのかと思って聞いてみたら、単にシステムで調達企業とサ

プライヤを連結するだけと聞かされました。見積り入手等をシステム上でやりましょう、というわけですね。

これが、ほんとうのリレーション（関係性）強化につながるでしょうか。やはり、本来の意味における関係強化には、双方評価と長期ビジョンの合意が不可欠です。

ここで、実効性のあるボイスオブサプライヤ実施のための注意点をあげておきます。

●**注意点1「正確な意見の収集」**：コンサルタント（第三者）がサプライヤをヒアリングするなどの工夫が必要。また、何ら報復措置がないとサプライヤに理解させる

サプライヤの声を集めるといっても、なかなか難しいものです。日ごろ調達・購買担当者とサプライヤは対面しています。調達・購買担当者が「ウチの問題をいってください」と依頼しても、すんなりと本音が出てきません。あるいはサプライヤがまともであるほど、オブラートに包んだ発言になるでしょう。そこで、推奨手法は外部機関・第三者がサプライヤに意見を訊くことです（**図4-20**）。

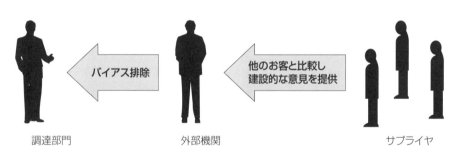

調達部門　　　　　　　　　外部機関　　　　　　　　　サプライヤ

図4-20　VOSの実践

また、外部機関を通じて意見収集しても、その意見いかんによって、何らかの報復措置があるとわかれば、誰だって正直にはいいません。そこで、調達・購買活動向上のために行うのであって、報復措置はないと理解していただく必要があります。

●**注意点2「自社評価との比較」**：サプライヤからの評価だけではなく、自社の評

価と比較する。評価のズレから自社が改善すべき点を見つける

　サプライヤから意見を訊くだけではなく、その意見・評価を、自社の評価と照らし合わせます。たとえば、サプライヤの評価では、調達・購買担当者のコミュニケーション能力が低かったとしましょう。いっぽうで、調達・購買担当者は自身のコミュニケーション能力をどう評価しているでしょうか。

　自分自身が「あまりうまくできないな」と思えば、他者から見ると相当な問題があります。自分自身が「けっこううまくやっているな」と思っても、他者から見ると普通レベルです。必ず、評価のズレから自分、あるいは自部門の改善点を見つけていきましょう。

　具体的には、ボイスオブサプライヤの5-mesurementsがあります。これは、「取引基本条件」「RFx」「コミュニケーション」「コスト削減」「購買実行」の5軸それぞれで、自社を評価します（**図4-21**）。

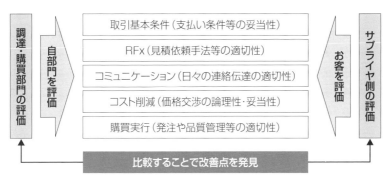

図4-21　VOSの「5-mesurements」

1. 「取引基本条件」：支払い条件や、品質保証、瑕疵に関する条件など、他企業・業界平均とくらべて厳しすぎないか。
2. 「RFx」：見積依頼条件などに不備がないか。見積作成に支障が出る曖昧さが残っていないか。とくに、見積依頼時には1万個発注すると述べながら、実際の数量はそれ以下になっていないか。
3. 「コミュニケーション」：調達・購買担当者からの日々のコミュニケーションは適切か。伝達事項のモレや遅れはないか、言葉使いは非礼でないか。

4. 「コスト削減」：根拠なきコスト削減を一方的に依頼していないか。価格交渉のときは論理性・納得性を持つ材料をもとに交渉しているか。目標価格は適正なものか。

5. 「購買実行」：突発納入依頼ばかりではないか。リードタイムを適切に守った注文となっているか。現場間での要求品質は基本契約書以上になっていないか。不良品基準は他社と比べても妥当なものか。

これらをサプライヤから評価とコメントをもらいます。それを眺めるだけで、同床異夢が明らかになるでしょう。たとえば、レーダーチャートのようにまとめておけば差異が一目瞭然です（**図4-22**）。

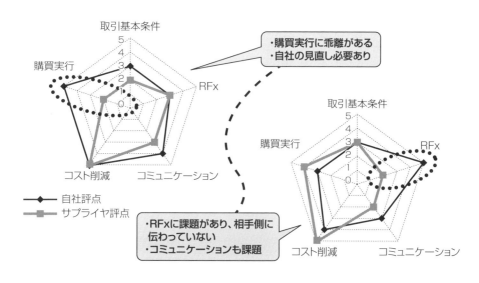

図4-23　VOSの結果比較

そして、最後の注意点。

●**注意点3「結果から改善策を創出」**：ボイスオブサプライヤの結果を自社改善（関係改善）につなげていく強い意思と、説明が必要。サプライヤ側にもメリットがあることを強調し、理解してもらう

改善すべき点を見つけても、それが具体的な改善策につなげなければなりません。どんなアクションをおこすのか決めます。また、ボイスオブサプライヤは、やりっぱなしではなく、結果と改善策をフィードバックしましょう。サプライヤ側からしても、自分たちの率直な意見が調達・購買部門の改善につながったと理解できれば、次回以降の協力も積極的になるはずです。

そして、このボイスオブサプライヤは何よりも楽しく、新たな発見があるとつけ加えておきます。ビジネスの過程で、社外から自分を評価してもらう機会は意外に少ないものです。ボイスオブサプライヤは、最初、簡単な項目でもかまいません。それに、もし費用の問題があれば、外部機関に依頼しなくてもよいでしょう。何よりサプライヤの意見を聞いてみてください。

某社で実施したときには、質問項目とは別に、多くのサプライヤが後継者問題で悩んでいるとわかりました。そこでサプライヤ経営陣をお呼びして、事業継続に関するセミナーを実施しました。これまでの調達・購買部門には発想すらなかったテーマです。セミナーにより、サプライヤ間の情報交換も進み、サプライヤ構造が強化される副産物もありました。

●ボイスオブサプライヤを使った改善

考えてみるに、ボイスオブサプライヤとは、生産部門で日常的に行われている改善活動を外部に拡充した取り組みといえます。説明するまでもなく、QCサークルは、チームを組み、互いの作業を確認したり、データをとったり、分析したり、仮説検証を行ったりすることで、1秒1円を低減する試みです。ボイスオブサプライヤでは、調達・購買部門の盲点を外部に教えていただき、それを自部門の改善につなげていきます。

某社では、サプライヤマネジメントのプロジェクトを発足させるとき、サプライヤを一同に集めて宣言を行いました。その宣言は、これまでのような「買う」「売る」立場を超え、互いに切磋琢磨することで、なんとか不況を乗り切ろうとする熱意に支えられていました。

「双方向のコミュニケーションにより、知恵と工夫の相互交換ができる場を作る」「共に歩みたいと強烈に願う企業と共に、持続的な強い競争力を持つ最適調達基盤を作る」「真の幸福とは、容易ならざることを何とか成し遂げ　それを成功させた時に初めて手に入るものである」とまで、その宣言では述べられていました。

ボイスオブサプライヤとは海外から輸入された概念ではあります。ただ、これをさきほどのように改善活動と読み替えれば、これまで日本企業がずっとやってきた地道な向上施策を調達・購買部門にあてはめる施策といえるでしょう。

　くわえてモノ不足の時代であれば、さらにボイスオブサプライヤの重要性は高まります。頭を下げてモノを買わせてもらう時代にあっては、サプライヤとの連携が自社の命運を分けます。もちろん仲良さだけで調達できるわけではありませんが、サプライヤの声をじっくり聞いていた場合と、一方的な押し付けだけの調達行為では、どちらが有利かは自明です。

　また、ここまで5項目にわたって説明してきたサプライヤマネジメントには、定量的な指標と考え方は必要であるものの、通奏低音として調達・購買部門の強い想い「自社がサプライヤとともに最強の調達構造を作ってみせるという、賭けにも似た情熱」が流れていなければなりません。

　サプライヤマネジメントの成否は、みなさんにかかっています。

第 5 章

生産・モノづくり・工場の見方

〈スキル21〜25〉

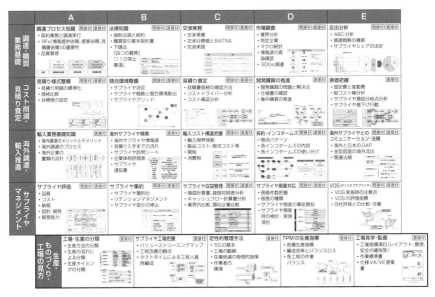

	A	B	C	D	E
調達・購買業務基礎	**調達プロセス知識** 間接材 直接材 ・契約業務と調達実行 ・RFx(情報提供依頼、提案依頼、見積書依頼)の重要性 ・品質管理	**法律知識** 間接材 直接材 ・強制法規と契約 ・購買取引基本契約書 ・下請法 「四つの義務」 「11の禁止事項」	**交渉実務** 直接材 ・交渉準備 ・交渉目標値とBATNA ・交渉実践	**市場調査** 間接材 直接材 ・業界分析 ・特定企業 ・マクロ統計 ・情報源の真偽確認 ・SDGs調達	**支出分析** 間接材 直接材 ・ABC分析 ・調達戦略の構築 ・サプライヤシェアの決定
コスト削減・見積り査定	**見積り様式整備** 間接材 直接材 ・見積り明細の標準化 ・価格比較 ・目標値の設定	**競合環境整備** ・サプライヤ選定 ・サプライヤ戦略と競合環境創出 ・サプライヤグリッド	**見積り査定** 間接材 直接材 ・見積書価格の確認方法 ・コストドライバー分析 ・コスト構造分析	**開発購買の推進** 間接材 直接材 ・開発購買の問題と解決法 ・仕様書の確認 ・集中購買の推進	**原価把握** 直接材 ・固定費と変動費 ・総コスト線分析 ・サプライヤ損益分岐点分析 ・サプライヤ値下げ行動
海外調達・輸入推進	**輸入業務基礎知識** ・海外調達のメリットとデメリット ・海外調達のプロセス ・海外企業の書類の流れ	**海外サプライヤ検索** ・海外サプライヤ情報源 ・見積入手までの流れ ・サプライヤ訪問シート ・企業体制評価表 ・サプライヤ通知書	**輸入コスト構造把握** 直接材 ・輸入限界係数 ・製品コスト、物流コスト等 ・関税 ・消費税	**契約・インコタームズ** 間接材 直接材 ・物流パターン ・各インコタームズの内容 ・各インコタームズの使い分け	**海外サプライヤとのコミュニケーション・法規** 間接材 直接材 ・海外と日本のGAP ・金型図面の海外流出 ・関連法規
サプライヤマネジメント	**サプライヤ評価** 間接材 直接材 ・品質 ・コスト ・納期 ・設計・開発 ・経営能力	**サプライヤ集約** 間接材 直接材 ・サプライヤ層別化 ・リテンションマネジメント ・サプライヤ取引の停止	**サプライヤ収益管理** 間接材 直接材 ・損益計算書、貸借対照表分析 ・キャッシュフロー計算書分析 ・業界内比較、類似企業比較	**サプライヤ倒産対応** 間接材 直接材 ・倒産兆候把握 ・倒産の種類 ・サプライヤ倒産の事前察知 ・サプライヤ倒産時の検討・実施項目	**VOS(ボイスオブサプライヤ)** 間接材 直接材 ・VOS実施時の注意点 ・VOSの評価指標 ・自社評価との比較・改善

生産・ものづくり・工場の見方	**工場・生産の分類** 直接材 ・生産方法の分類 ・生産の流れによる分類 ・生産タイミングの分類	**サプライヤ工場把握** 直接材 ・バリューストリーミングマップ ・工程改善の観点 ・タクトタイムによる工程人員再編成	**定性的管理手法** 直接材 ・5Sの基本 ・工場の動態 ・在庫削減の物理的施策 ・作業者の環境	**TPMの生産指標** 直接材 ・各種生産指標 ・編成効率とバランスロス ・各工程の作業バランス	**工場見学・監査** 直接材 ・工場指標項目(レイアウト、管理、安全の確保等) ・作業標準書 ・仕様書VA/VE提案書

CHAPTER 5

工場・生産の分類

●工場と生産方法・生産の流れ

	A	B	C	D	E
調達・購買業務基礎	**調達プロセス知識** [間接材][直接材] ・契約業務と調達実行 ・RFx(情報提供依頼、提案依頼、見積依頼)の重要性 ・品質管理	**法律知識** [間接材][直接材] ・強制法規と契約 ・交渉取引(基本契約書) ・下請法 「四つの義務」 「11の禁止事項」	**交渉実務** [間接材][直接材] ・交渉準備 ・交渉目標値とBATNA ・交渉実践	**市場調査** [間接材][直接材] ・業界分析 ・特定企業 ・マクロ統計 ・情報源の真偽確認 ・SDGs調達	**支出分析** [間接材][直接材] ・ABC分析 ・調達戦略の構築 ・サプライヤシェアの決定
コスト削減・見積り査定	**見積り様式整備** [間接材][直接材] ・見積り明細の標準化 ・価格比較 ・目標値の設定	**競合環境整備** [間接材][直接材] ・サプライヤ決定 ・サプライヤ戦略と競合環境創出 ・サプライヤグリッド	**見積り査定** [間接材][直接材] ・見積書価格の確認方法 ・コストドライバー分析 ・コスト構造分析	**開発購買の推進** [直接材] ・開発購買の問題と解決法 ・仕様書の確認 ・集中購買の推進	**原価把握** [直接材] ・固定費と変動費 ・総コスト線分析 ・サプライヤ損益分岐点分析 ・サプライヤ値下げ行動
海外調達・輸入推進	**輸入業務基礎知識** [直接材] ・海外調達のメリットとデメリット ・海外調達のプロセス ・海外企業の書類の流れ	**海外サプライヤ検索** [直接材] ・海外調達情報源 ・見積り入手までの流れ ・サプライヤ訪問シート ・企業体制評価表 ・サプライヤ通知書	**輸入コスト構造把握** [間接材][直接材] ・輸入限界係数 ・製品コスト、物流コスト等 ・関税 ・消費税	**契約・インコタームズ** [間接材][直接材] ・物流パターン ・各インコタームズの内容 ・各インコタームズの使い分け	**海外サプライヤとのコミュニケーション・法規** [直接材] ・海外と日本のGAP ・金型図面の海外流出 ・関連法規
サプライヤマネジメント	**サプライヤ評価** [間接材][直接材] ・品質 ・コスト ・納期 ・設計・開発 ・経営能力	**サプライヤ集約** [間接材][直接材] ・サプライヤ層別化 ・リテンションマネジメント ・サプライヤ取引の停止	**サプライヤ収益管理** [間接材][直接材] ・損益計算書、貸借対照表分析 ・キャッシュフロー計算書分析 ・業界比較、類似企業比較	**サプライヤ倒産対応** [間接材][直接材] ・倒産件数把握 ・倒産の種類 ・サプライヤ倒産の事前察知 ・サプライヤ倒産時の検討・実施項目	**VOS**(ボイスオブサプライヤ) [間接材][直接材] ・VOS実施時の注意点 ・VOSの評価指標 ・他社評価との比較・改善
生産・ものづくり・工場の見方	**工場・生産の分類** [直接材] ・生産方法の分類 ・工程による分類 ・生産タイミングの分類	**サプライヤ工場把握** [直接材] ・バリューストリーミングマップ ・工程改善の観点 ・タクトタイムによる工員再編成	**定性的管理手法** [直接材] ・5Sの基本 ・工場の動線 ・在庫削減の物理的施策 ・作業者の環境	**TPMの生産指標** [直接材] ・各種生産指標 ・編成効率とバランスロス ・各工程の作業バランス	**工場見学・監査** [直接材] ・工場指摘項目(レイアウト、管理、安全の確保等) ・作業標準書 ・仕様VA/VE提案書

　ここからは「生産・ものづくり・工場の見方」のAである「工場・生産の分類」を取りあげます。

　調達・購買担当者がどこまで生産の仕組みを知る必要があるか。業界や会社によってさまざまでしょう。しかし、ここでは「私が考える」調達・購買担当者として必要な生産知識について説明します。

　まず日本の工場の概要です。意外に思われるかもしれませんが、日本にある工場のほとんどは零細・小工場であり、読者が見学する大きな工場はむしろ例外的といえます。

　図5-1に「身内で経営している小規模工場がほとんど」とコメントしました。この1〜4人工場が半数を占め、5〜9人、10〜19人と続きます。10人を超える工

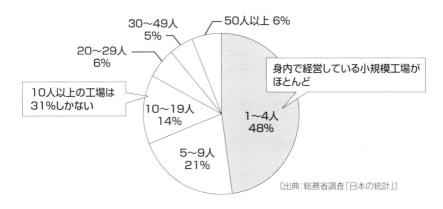

〔出典：総務省調査「日本の統計」〕

図5-1　日本の工場従業者数別比率

場は、中くらいと表現できるほどです。日本の工場は中小企業が支えているといわれるのは、統計の通りです。

次に、生産方法の分類について、**図5-2**を示します。

分類	名称	補足
加工プロセス	組立型生産	アッセンブリー
	プロセス生産	化学変化等によるもの
種類と生産量	少量多品種生産	製品種類が多く、量が少ない
	多量少品種生産	製品種類が少なく、量が多い
機械の配置	フローショップ	製品の加工順に機械を配置
	ジョブショップ	専任技能者が加工
組立の方法	ライン生産	作業分割によるもの
	セル生産	少人数作業者によるもの
生産指示の方法	プッシュ生産	計画生産
	プル生産	後工程引き取り

生産方法の分類

図5-2　生産方法の分類

1. 「**加工プロセス**」：生産過程を分類したもの。たとえば、ペットボトルがあるとする。ペットボトルの完成品を生産している工場は「組立型生産」。そのPET（ポリエチレンテレフタレート）を生産している工場は、PETを原材料である

エチレングリコールの化学反応によって作るから「プロセス生産」といわれる。

2. 「**種類と生産量**」：少量ずつ多品種のものを生産するか、あるいは、少品種を多量に生産するかで分類したもの。

3. 「**機械の配置**」：製品が完成するまでの流れにおいて、製品を主とするか、技能者を主とするかによって分類したもの。「フローショップ」では、フローの日本語訳通り（「流れ」）、製品の加工順に機械を配置する。「ジョブショップ」では、これも日本語訳通り（「作業」）、各専任の技術者や機械のところに、製品が運ばれる。

4. 「**組立の方法**」：作業者が多人数で分業するか、一人（あるいは少人数）で全組立プロセスを負うかによって分類したもの。「ライン生産」では、ベルトコンベヤーなどに製品が流され、各作業者は役目をおった1～3程度の組立を施し、次の作業者に送る。「セル生産」では、一人（あるいは少人数）が作業台で製品の全組立プロセスを行う。一般的に、「ライン生産」では品質が安定するといわれ、かつそれぞれ分業されたプロセスの時間が短縮できるといわれる。また、「セル生産」では、作業者一人ひとりのレベル差が明確になり、作業者の意識が高まるといわれる。（他の作業者に比べ、生産量が勝っていれば、その結果はすぐにわかる。）

5. 「**生産指示の方法**」：計画生産と、後工程引き取りで分類したもの。「プッシュ生産」は、「プッシュ（「押す」）」が意味する通り、前工程が生産したものを後工程に送り、そして後工程が次の加工を施す。「プル生産」は「プル（「引く」）」の意味通り、後工程が必要な数量分を、前工程に取りに行く方式。もちろん、「プッシュ生産」でも「プル生産」でも、製品が前工程から後工程に流れる物理的意味は変わらない。ただし、「プッシュ生産」は、あくまで生産都合が前工程にあるのに対して、「プル生産」は後工程にある。「プル生産」はトヨタ生産方式の「かんばん」方式で有名になった。（後工程が前工程に製品を取りに行く際に「かんばん」を利用する。）

なお、これらは内容によっては重複しています。たとえば、自動車部品メーカーの工場であれば、「組立型生産」で「多量少品種生産」で「フローショップ」で「ライン生産」で「プル生産」になるはずです。

また、生産の流れによる分類もできます。

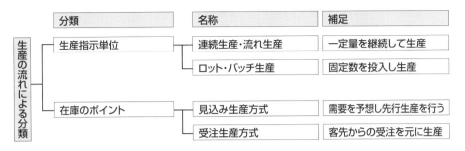

分類		名称	補足

生産の流れによる分類
- 生産指示単位
  - 連続生産・流れ生産 — 一定量を継続して生産
  - ロット・バッチ生産 — 固定数を投入し生産
- 在庫のポイント
  - 見込み生産方式 — 需要を予想し先行生産を行う
  - 受注生産方式 — 客先からの受注を元に生産

図5-3　生産の流れによる分類

1. 「**生産指示単位**」：連続して生産するか、規定ロット数を投入して生産するかで分類したもの。これは**図5-3**の補足にあるとおり、「連続生産・流れ生産」とは、継続して作り続けること。「ロット・バッチ生産」は、100個とか1000個とかの生産単位をあらかじめ規定しておき、その固定数分を生産するもの。一般的には、「連続生産・流れ生産」が良いとされるが、業種によってはどうしても「連続生産・流れ生産」できない企業もある。よって一方のみが正しいわけではない。（先生のなかには、さも「連続生産・流れ生産」のみが正しい生産方式という人もいます。）

2. 「**在庫のポイント**」：生産数を、客先販売数量の見込みにするものと、受注した数量のみにするかで分類したもの。BtoC（一般消費者向け製品を生産する企業）であれば、販売予想数によって「見込み生産方式」を採用する。また、BtoB（企業向け製品を生産する企業）であれば「受注生産方式」によってお客からの注文数量のみを生産する。「受注生産方式」は段取り時間が多大となり、一つの製品コストを最小化するためには一般的に「見込み生産方式」が優れている。ただし、BtoB（企業向け製品を生産する企業）であれば、特定顧客のカスタム品を見込み生産するのは難しい。これも一方のみが正しいわけではない。

●受注と生産と納品

　また、この「見込み生産方式」と「受注生産方式」をさらに分類することもできます。**図5-4**はご参考までにご覧ください。

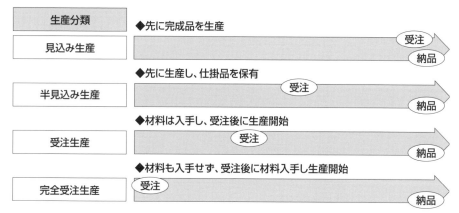

図5-4　材料入手と受注と納品による生産分類

- ●見込み生産：完成品を先に生産しておく方式。受注のすぐのちに納品ができる。ただし、生産数量を見誤ると在庫過多となる可能性がある。
- ●半見込み生産：先に生産し、仕掛品を保有しておく方式。
- ●受注生産：材料のみ事前に入手しておき、受注後に生産を開始する方式。
- ●完全受注生産：材料も事前に入手せず、受注後に材料手配・入手からはじめ生産を開始する方式。

　このなかで、半見込み生産については、「ディカップリングポイント」を覚えておきましょう（**図5-5**）。これは、他の製品に転用できない加工や処理をするポイント（＝工程）です。半見込み生産とは、受注の前に生産を開始する方式でした。なぜ仕掛品を保有しておくかというと、それ以降の工程において多種類の製品が生産可能だからです。

　調達・購買担当者の立場で考えてみると、サプライヤに発注したあと、サプライヤの工場でこのディカップリングポイントをすぎると、引き取り・買取り責任が生じるわけです。ただ、このポイントを通過していない場合は、引き取り・買取り責任を免れるよう交渉する価値があります。

　一度発注してしまったら、もちろん道義的には引き取り・買取り責任が生じるかもしれません。契約にもよります。ただ、ディカップリングポイントを超えていなければ、サプライヤに費用損失が生じるわけではないため、交渉余地があるということです。

注文取消しがやむをえず、かつサプライヤから「注文数量分をすべて引きとってください」といわれた際には、まずこのディカップリングポイントを確認しましょう。

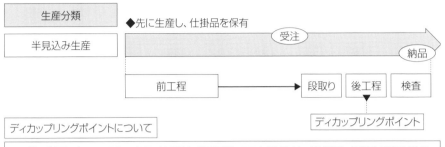

図5-5　ディカップリングポイントについて

　次に、調達・購買担当者が工場の何を見ればよいのか、を解説します。工場を漠然と見ても、何もわかりません。コストは目に見えないからです。では、その見えない「コスト」をいかにとらえるか。そして、調達・購買担当者の立場から、サプライヤにいかに生産を指導するか。それらについて学んでいきましょう。

サプライヤ工場把握

●工場全体像の把握

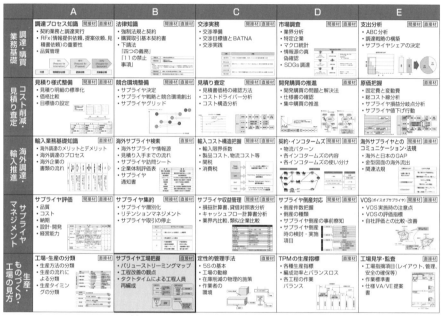

　ここからは「生産・ものづくり・工場の見方」のBである「サプライヤ工場把握」を取りあげます。

　調達・購買担当者は工場見学によく行きます。しかし、その感想はかなり曖昧になりがちです。「なんとなく生産性がよかったです」「なんとなく良さそうな工場でした」「なんとなく改善できそうでした」。どこまでいっても「なんとなく」から離れられません。

　調達・購買担当者は、工場見学に向かうとき、ノートとペンぐらいは持っていくと思います。このノートとペンを使って、調達・購買担当者らしく、工場の見える化ができないでしょうか。もっといえば、コスト削減に通じるようなネタが探せないでしょうか。

図5-6　ノートとペン

　そこで工場の「見える化」手法について説明していきます。この方法を知っておけば、工場見学のときに視覚的な把握ができるようになり、コスト削減（VA/VE）のネタも探せるようになるはずです。

　そこで、まず覚えていただきたい「道具」があります。ノートとペンを持って工場へ行く際に使う四つの「道具」（書き方）です。そして、これらの道具を使って描く手法を「バリューストリーミングマップ」と呼びます。

●バリューストリーミングマップ

(1) バリューストリーミングマップ——四つの道具で工程を記載する

①工程ボックス

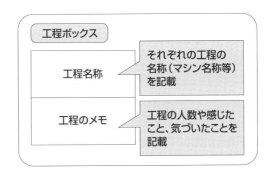

　「工程ボックス」は工程名称や工程のメモを記載するものです。

②工程データボックス

「工程データボックス」は、各工程の「サイクルタイム」「段取り時間」等々の各種情報を記載するものです。

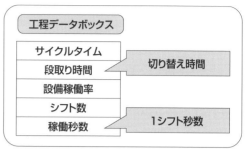

③棚卸ボックス

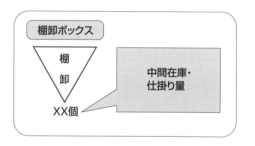

　さきほどの「工程ボックス」「工程データボックス」を描き、それを違う工程間を結ぶものがこの「棚卸ボックス」であり、次の④「流通ボックス」です。なお、「流通ボックス」は「流通線」と呼んでもかまいません。

④流通ボックス

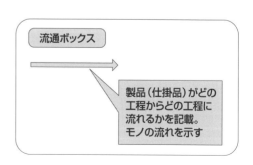

以上の四つの道具です。

たとえば、**図5-7**の工程があると仮定してください。この数字自体に意味はありません。趣旨は、サンプルをもとに、みなさんに四つの道具の使用法をお伝えすることです。

図5-7　サンプル工程

この工程は、さきほどのたった四つの道具によって、**図5-8**のようにノートに記載されます。「棚卸」とは要するに、中間在庫と考えてください。あなたは、切断工程とバリ取り工程のあいだに12,000個の中間在庫が、そしてバリ取り工程と溶接工程のあいだに9,000個の中間在庫があることを、工場見学から明らかにしたとしましょう。

図5-8　サンプル工程のバリューストリーミングマップ

工程が視覚化しました。

(2) サイクルタイム（加工時間）とリードタイム（工程リードタイム）を追加する

　さらに、このあとに、サイクルタイムとリードタイムを追加しましょう。サイクルタイムとは、加工の時間であり、リードタイムとはその工程から次の工程に何日かかって運ばれているかを示すものです（**図5-9**）。

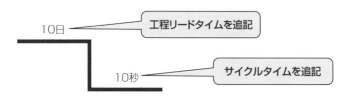

図5-9　サイクルタイムとリードタイム

　さらに上流と下流の情報を調べましょう。「材料の搬入」と「出荷」を加えます。
　描き方の要領は同じです。材料が何日に一度運ばれてくるか、そして、製品が何日に一度出荷されるかを加えてください。このサンプルでは、材料が10日に一度運ばれており、かつ出荷は4日に一度なされているとしています。そこまで加えると、**図5-10**のようになっていきます。

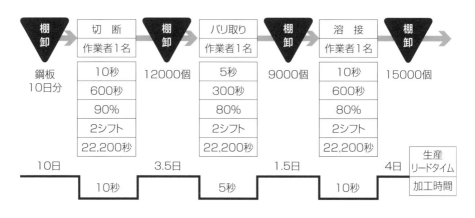

図5-10　サイクルタイムとリードタイムのバリューストリーミングマップへの記載

　工場の視覚化がより進みました。あなたのノートには、**図5-10**のような図が出現したはずです。できれば、実際に手を動かして描いてみてください。視覚化できる感じをつかんでいただきたいのです。

さて、ここで驚きの事実がわかります。図で、「生産リードタイム」があります（凸凹の凸のところです）。これを合計すると、19日です。それなのに、加工時間はわずか25秒です。なんと、この工場は、たった25秒の実質加工時間の製品に対して、19日ものリードタイムがかかっています！

工場を視覚化すると、コスト削減のアイディアが浮かんできそうです。

●サプライヤ工場の「見える化」

さきほど説明したバリューストリーミングマップは、実際には**図5-11**のように手描きで作成します。

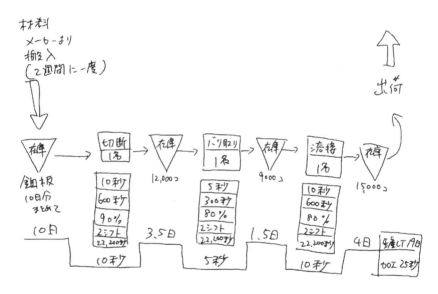

図5-11　手描きのバリューストリーミングマップ

かなり汚い手描きの図で恐縮ですが、実例を見ていただきたかったのです。

このように視覚化すると、見えてこないでしょうか。改善の萌芽が。そして、コスト低減の案が。私がここから追記した内容は**図5-12**の通りです。

①都度搬入：材料が10日に一度しか運ばれてこない。このサイクルは改善できないか。サプライヤが使っている材料メーカーにお願いして、10日サイクルをもっと短くできればリードタイム全体が短くなる。

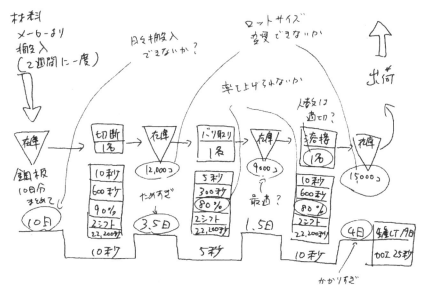

図5-12　改善アイディアの期待

②**稼働率向上**：たとえば切断工程は、次工程に製品を渡すまでに3.5日もかかっている。これはもったいない。縮められないか。稼働率をもっと上げるなどして効率化できないか。

③**人数の変更**：溶接工程では1名で作業しており、時間もかかっている。人数を追加しサイクルタイムを上げられないか

④**ロットサイズの変更**：それぞれの工程でのロットサイズが大きすぎる。段取り回数は多くなるものの、少ロット生産によってリードタイム全体の短縮はできないか。

これらのアイディアを**図5-13**のように書き出していきます。

観点の例	・材料投入は改善できないか
	・設備稼働率を向上できないか
	・人員数は最適か
	・ロット数は最適か
	・流れ作業できるところはないか

図5-13　工程改善の観点

これはアイディアにすぎません。それに調達・購買担当者がぱっと工程を見ただけですから、思いつきの域を超えないかもしれません。100アイディア中、95アイディアは無意味な可能性があります。

　ただし、その95アイディアが弊履に化したとしても、残り五つのアイディアには使えるものがあるかもしれません。そもそも現場を確認しつつコスト削減のアイディアを見つけるのはたやすくありません。まず見える化により工程を把握し、そこから「机を叩いて下げる」のではない、現場に即したコスト削減アイディアを模索しましょう。

　単純な四つのツールによって、複雑怪奇な工程が、視覚化されたバリューストリーミングマップとしてあなたの前に表れました。ここから（多くは思いつきかもしれませんが）、サプライヤ工程の改善施策を思いつくままに記載しましょう。

●工程の改善点の提案

　さらに工程を具体的にどのように変更すればよいでしょうか。ここまでは、目の前の工程を所与のものとして記述してきました。要するに、前工程から後工程に、モノを「押しつける」のです。前工程がこれをつくったから、後工程はこれをつくれ、とPUSHするのです。これを概念的に書くとこうなります（**図5-14**）。

図5-14　これまでの生産現場における考え方

　よく「後工程はお客様だ」といいます。それは、後工程を考えて生産しなさい、という意味があります。ただ、それは言葉だけの精神的な意味にとどまりません。言葉だけではなく、後工程は「ほんとうのお客様」にならなければいけないのです。

　それはどういう意味でしょうか。

1. 後工程は「お客様」であるゆえに、必要なものを必要なとき、必要な数量だけ引き取る
2. 生産を供給する前工程は、引き取られた分だけを生産する

　調達・購買担当者はサプライヤの工場を見るときには、後工程が「ほんとうのお

客様」になっているかどうかを確認する必要があります。

これまでの生産現場における考え方

```
          PUSH
┌──────┐ ────────→ ┌──────┐
│ 前工程 │           │ 後工程 │
└──────┘           └──────┘
   作る      受け取る
```

後工程の「お客様化」後

```
        生産指示                    引き取り
   ┌─────────┐              ┌──────────────┐
   ↓         ↓              │              ↑
┌──────┐ モノの流れ ┌───────┐ モノの流れ ┌──────┐
│ 前工程 │ ────→  │スーパー │ ────→  │ 後工程 │
└──────┘         │マーケット│         └──────┘
  指示に従い作る   └───────┘ 必要な分を受け取る
```

図5-15　後工程が「ほんとうのお客様」になっているかの確認

　前工程と後工程のあいだに、「スーパーマーケット」があると想像してください。もちろん、概念的な意味ではあるものの、これを想像するとわかりやすいでしょう（**図5-15**）。

・後工程はお客様だから、好きなときにモノを引きとりにくる。そして受けとる。

・前工程は、後工程が引き取った分だけ、生産する。

　このことを後工程引取といい、これがカンバン生産の基本となります。バリューストリーミングマップを書いてもらったのでおわかりいただける通り、生産現場では、必要数量以上を前工程が生産してしまうので、リードタイムもかかってしまい、ロットサイズが莫大になってしまうケースが多いものです。

　ゆえに、発想を逆転する必要があります。前工程からPUSHによって生産するのではなく、後工程からPULLで生産指示を出すのです。

　たとえば、工程が四つあったとしましょう。そのとき、調達・購買担当者が確認すべきは、「どの後工程にあわせて生産しているか」です。前工程からPUSHで生産していたら、ムダな中間在庫がたくさん貯まってしまいます。後工程からの指示によって生産していれば、ムダが生じません。

　そして、他の前工程の生産ペースを作る（指示する）工程を「ペースメーカー」と呼びます。

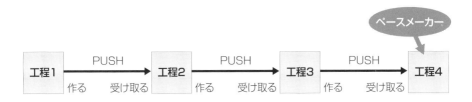

図5-16　ペースメーカーの設定

　図5-16の例では、工程4がペースメーカーに設定されています。ペースメーカーは最大のお客様です。お客様は好きなときに好きなだけ取りにきます。それに工程3は従います。そして、工程2、1と続くのです。

　こうすれば、工程4が出荷したい時期に、出荷したい数量を手に入れられます。

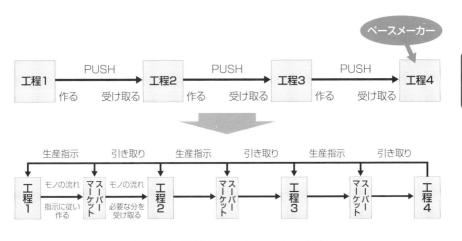

図5-17　工程のスーパーマーケット化

1. 工程4を「ペースメーカー」として設定
2. それより前の工程は、それぞれペースメーカーからの指示に従う
3. 前工程は「ロットサイズの縮小」、タクトタイムによる「作業改善」を行う

　出荷側に近い工程をペースメーカーとして設定すれば、それ以前の工程はペースメーカーに従う必要があります。基本的な考え方は図5-17を参照して下さい。

この段階でのまとめです。

【工場見学のときにやってみること】
　・バリューストリーミングマップを描いてみる
　・バリューストリーミングマップを元に改善点を列記する
　・工程がPULL型になっているかを確認する。なっている場合は、どの工程が
　　ペースメーカーかを確認する。
　・なっていない場合は、後工程引取にできないか確認する

●工程改善の具体的目標値

　そして、最後に工程改善の具体的な目標値設定にふれておきます。これまで、
「改善すべき」箇所はわかりました。しかし、改善した結果、どれくらいの秒数短
縮・ライン効率化を目標とすればよいのでしょうか。

　調達・購買担当者が工場見学に行くと、「もうちょっと速く作業できませんか？」
というくらいがせいぜいで、具体的な目標値を与えられませんでした。（あるいは
目標値を設定する意識がありませんでした。）

　工場の作業者は、サプライヤにとっては固定費です。固定費とは、生産量が減ろ
うが増えようが、必ずかかってしまうコストでした。よって、ある作業者の作業が
1秒縮まっても、その作業者がいる限り、サプライヤ工場全体のコストは低減しま
せん。

　実際にそこで作業している作業者が一人減ればコストが低減します。逆にいえ
ば、作業者が減らない改善活動は無意味だともいえます。もちろん、作業効率向上
にまったく意味がない、とはいいません。地道な改善は必要です。

　ただ、調達・購買担当者としてコスト低減を目論むのであれば、やはり、実際に
コスト効果のある改善活動をサプライヤとともに推進したいものです。

　閑話休題。ここで場面設定をしましょう。あなたが調達・購買担当者として、サ
プライヤの工場の工程の前に立っているとします。目の前では、作業者たちがライ
ンで生産を行っています。このとき、あなたは何秒で作業してくださいと「目標
値」を設定できるでしょうか。

　まず覚えていただきたい単語は「タクトタイム」です。

　タクトタイムは、シフトあたりの定時稼働時間を、シフトあたりの要求数量で
割って求めます。

$$\boxed{タクトタイム} = \dfrac{シフトあたりの定時稼働時間}{シフトあたりの要求数量}$$

〈例〉 $\dfrac{7.5時間×60×60}{500個} = \dfrac{27,000秒}{500個} = 54秒$

図5-18　タクトタイムの計算

　たとえば、**図5-18**の通り、一シフトあたり500個の生産をこなさねばいけないとします。要するに、あなた（調達・購買担当者）がサプライヤに生産してほしい数は、一シフトあたり500個との仮定です。サプライヤ工場の1シフトが7.5時間とすると、秒で表現すれば27,000秒。これが分子です。さらに、それを500個で割ってみると、54秒を導くことができます。

　ということは、このサプライヤのラインは最低でも54秒にひとつの製品を生産せねばなりません。これがタクトタイムです。

　ここで、再びラインの前に立っているあなた（調達・購買担当者）に戻ります。

　あなたが要求しているのは、一シフトあたり675個だとします。このサプライヤは1シフトを同じく7.5時間稼働しているとしましょう。すると、タクトタイムは、

　「タクトタイム＝（7.5時間× 60 × 60）÷ 675個＝40秒」

　あなたはサプライヤに対して、ひとつの製品あたり40秒での生産を目標値として提示できます。

　現在、サプライヤはプレス部品を生産しているとし、工程は**図5-19**のようになっているとします。

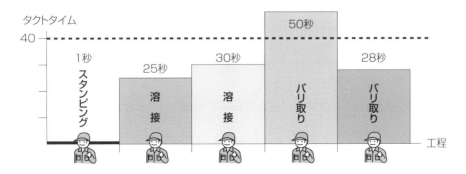

図5-19　タクトタイムと比較した各工程の生産秒数

ここでは、スタンピング（鉄板を形づくる工程）、溶接、溶接、バリ取り（縁を平滑化する工程）、バリ取り、としました。

　ここで、タクトタイムは40秒だったことを思い出してください。すると一本の線がひけます。これより時間がかかっている工程は「かかりすぎ」ですし、これ以下の工程は「バランスが悪い」といえます。

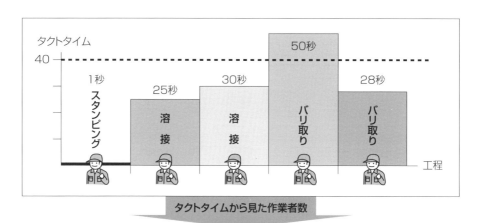

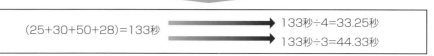

図5-20　タクトタイムから見た作業者数

　ここで改善の方針をステップで説明します。

●ステップ1. 合体（同じ作業者がまとめて作業）できそうな工程を選択
●ステップ2. 合体できそうな工程の作業秒数を合算し、現在の作業者数で割る
●ステップ3. 現在の作業者数マイナス1で割る

　1. はこの場合、スタンピング以外の工程です。（なぜスタンピングはまとめられないかというと、プレス部品の調達をやっている人ならわかってもらえるでしょうが、説明は本題ではないので割愛します。まとめられない工程は除外すると思ってください。）そして、2. では、スタンピング以外の作業秒数を合算し、4（人）で割る。結果は33.25秒です。

この33.25秒が何を意味するか。タクトタイムは40秒でしたから、だいぶバランスが悪いといえます。

そこで、3. によって、作業者マイナス1の3（人）で割ってみましょう。すると、44.33秒を導くことができます。今の作業を作業者マイナス一人でやろうと思えば、4.33.秒を改善すればよいですよね。これまで4人でやっていたところを、3人に減らすためには4.33秒短縮で可能となります（図5-20）。

こうやって論理的に改善目標を導くことができました（図5-21）。

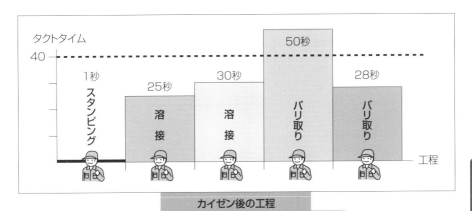

図5-21　作業人員の削減

もちろん、バリ取りと溶接を同一作業者ができるのか、というツッコミはあるかもしれません。ただ、ここではサンプルと考えていただき、主旨は「合体できそうな工程の作業秒数を合算」する点にあります。

ここまでくると、あとは改善だけです。一つひとつの作業を見直し、4.33秒を縮めるようにサプライヤとともに考えます。そして、その4.33秒がほんとうに縮まったら、作業人員を削減できるでしょう。サプライヤにも意味のあるコスト削減になるはずです。

　工場をぼんやりと見ていても、何もわかりません。しかし、改善の糸口がないかと真剣に考えながら眺めると、他の調達・購買担当者が見えない「何か」がわかります。その「何か」はサプライヤの業種業態によってさまざまでしょう。ただ、その「何か」を発見しないとつまらない、文字通り単なる工場見学になってしまいます。

　自分だけが発見できる「何か」。それを探しにサプライヤの工場に向かいましょう。

定性的管理手法

●定性的管理の目的

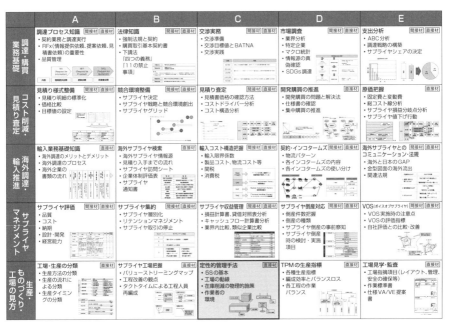

	A	B	C	D	E
調達・購買業務基礎	調達プロセス知識 [間接材] [直接材] ・契約業務と調達実行 ・RFX（情報提供依頼、提案依頼、見積書依頼）の重要性 ・品質管理	法律知識 [間接材] [直接材] ・強制法規と契約 ・購買取引基本契約書 ・下請法 ・「四つの義務」 ・「11の禁止事項」	交渉実務 [間接材] [直接材] ・交渉準備 ・交渉目標値とBATNA ・交渉実践	市場調査 [間接材] [直接材] ・業界分析 ・特定企業 ・マクロ統計 ・情報源の真偽確認 ・SDGs調達	支出分析 [直接材] ・ABC分析 ・調達戦略の構築 ・サプライヤシェアの決定
コスト削減・見積り査定	見積り様式整備 [間接材] [直接材] ・見積り明細の標準化 ・価格比較 ・目標値の設定	競合環境整備 [間接材] [直接材] ・サプライヤ決定 ・サプライヤ戦略と競合環境創出 ・サプライヤグリッド	見積り査定 [間接材] [直接材] ・見積書価格の確認方法 ・コストドライバー分析 ・コスト構造分析	開発購買の推進 [直接材] ・開発購買の問題と解決法 ・仕様書の確認 ・集中購買の推進	原価把握 [直接材] ・固定費と変動費 ・総コスト線分析 ・サプライヤ損益分岐点分析 ・サプライヤ値下げ行動
海外調達・輸入推進	輸入業務基礎知識 [直接材] ・海外調達のメリットとデメリット ・海外調達のプロセス ・海外企業の書類の流れ	海外サプライヤ検索 [直接材] ・海外サプライヤ情報源 ・見積り入手までの流れ ・サプライヤ訪問シート ・企業体制評価表 ・サプライヤ通知書	輸入コスト構造把握 [間接材] [直接材] ・輸入原価計算 ・製品コスト、物流コスト等 ・関税 ・消費税	契約・インコタームズ [間接材] [直接材] ・物流パターン ・各インコタームズの内容 ・各インコタームズの使い分け	海外サプライヤとのコミュニケーション・法規 [直接材] ・海外と日本のGAP ・金型図面の海外流出 ・関連法規
サプライヤマネジメント	サプライヤ評価 [間接材] [直接材] ・品質 ・コスト ・納期 ・設計・開発 ・経営能力	サプライヤ集約 [間接材] [直接材] ・サプライヤ層別化 ・リテンションマネジメント ・サプライヤ取引の停止	サプライヤ収益管理 [間接材] [直接材] ・損益計算書、貸借対照表分析 ・キャッシュフロー計算書分析 ・業界内比較、類似企業比較	サプライヤ倒産対応 [間接材] [直接材] ・倒産件数把握 ・倒産の種類 ・サプライヤ倒産の事前察知 ・サプライヤ倒産時の検討・実施項目	VOS(ボイスオブサプライヤ) [間接材] [直接材] ・VOS実施時の注意点 ・VOSの評価指標 ・自己評価との比較・改善
生産・ものづくり・工場の見方	工場・生産の見方 [直接材] ・生産方法の分類 ・生産の観点による分類 ・生産タイミングの分類	サプライヤ工場把握 [直接材] ・バリューストリーミングマップ ・工程改善の観点 ・タクトタイムによる工程人員再編成	定性的管理把握 [直接材] ・5Sの基本 ・工場の動線 ・在庫削減の物理的施策 ・作業者の環境	TPMの生産指標 [直接材] ・各種生産指標 ・編成効率とバランスロス ・各工程の作業バランス	工場見学・監査 [直接材] ・工場指摘項目（レイアウト、管理、安全の確保等） ・作業標準書 ・仕様VA/VE提案書

Copyright (c) Future Procurement Research Institute Inc. All Rights Reserved.

　ここからは「生産・ものづくり・工場の見方」のCである「定性的管理手法」を取りあげます。

　ものごとには定量的な側面だけではなく、定性的な側面があります。

　しかし、この定性的な側面がややこしい。たとえば、生産現場では必ずいわれる「5S」があります。整理・整頓・清掃・清潔・躾。これらの徹底は、たしかに工場の優位性に結びつくに違いありません。

　しかし、それはどうコスト低減につながるのでしょうか。

　サプライヤの工場に行くときに、5Sを確認せねばならないといわれます。サプライヤのモノづくりの意識レベルがどの程度かを、5Sの尺度を使って推し量りなさいと。調達・購買部門の先輩たちはよくいっていました。

ただ、調達・購買担当者からすると、それが正論とわかりつつも、5Sがなぜ大切で、かつどうやって5Sのレベルを見ればよいのかわからないのが本音でしょう。

　生産管理・生産技術部門にとっては、専門的な5Sの知識は必要です。しかし、私たちはモノを買う調達・購買担当者であり、生産管理の専門家ではありません。

　そこで、私たちは、5Sを割りきって考える必要があります。5Sの目的、改善の目標はつぎの通りです。

・在庫削減によるコスト低減

・固定費削減（作業者削減によるコストの低減）

　5Sがなぜ必要なのでしょう。それは究極的には、工場にたまる在庫を減らし、また作業効率（作業環境レベル）を上げ、作業者が減って全体のコストが低減する点に意味がある、と考えるのです。

　もちろん、5Sの徹底は、それ自体に価値があるかもしれません。しかし、ここでは簡略的に「コスト低減」に目的を置いてみましょう。そこで具体的にはサプライヤ工場をどうやって、5S観点で眺めればよいのでしょうか。

●在庫削減と固定費削減につながる5Sポイント

　5Sのチェックポイントを説明しますが、5Sのための5Sであってはいけません。調達・購買担当者の立場からは、その工場が5Sを徹底すれば在庫や固定費が低減するかを失念しないようにしてください。

1. **整理**：必要なものと不要なものを区別、また不要なものを処分すること
・必要なものと不要なものが区別されているか
・不要なものは「判断基準」「処理判定者」「廃棄までの保管期間」「廃棄承認者」が定められているか
・作業（仕事）が終わったら何も残らない状態になっているか

2. **整頓**：必要なものを使いやすい場所にきちんと配置すること
・職場の人たちが、人に訊かずに（探さずに）物を見つけられるか
・頻度の多いものは近くに、少ないものは遠ざけるなどの工夫がなされているか
・区画線が引かれているか、守られているか
・「完成品」「保留品」「不良品」の区分がなされているか

3. **清掃**：道具類や職場をきれいにして、いつでも使えるようにすること

・作業が終わったらすぐに清掃しているか、清掃が日常化しているか

・1回1仕事の原則が守られているか

・機械設備清掃の目的（「安全確保」「精度維持」「稼働率向上」「寿命向上」）が共有されているか。清掃・点検しながら、設備をきれいにしているか

4. **清潔**：きれいな状態を保ち、きれいにしようとする気持ちを共有すること

・床を清掃業者に委託する場合は、仕上げ具合を文章で提示しているか（清掃の仕方をルール化しているか）

・汚れが目立つように色の工夫がなされているか

・突発的な床汚れなどに対応できるか

・高所（2m以上）清掃に工夫はなされているか

5. **躾**：職場のルールを順守すること

・作業者はあいさつをしてくれるか

・作業者の言葉遣いは適切か

・正しい服装（帽子・耳栓等）をしているか

・工場全体で5Sを維持しようとする試みがなされているか（工場長自らが推進しているか）

・ルールや規範が明確になっているか

　たとえば、整頓のなかに「職場の人たちが、人に訊かずに（探さずに）物を見つけられるか」があります。もちろん、物を見つけられなければ、それは生産性の低下につながります。コストアップそのものです。整頓とは単なる精神主義ではなく、具体的なコスト影響のあるものなのですね。

　定性的観点なので、定性的な言い方をすると、キレイな工場の製品は総じて品質が良く、利益率も高いものです。キレイさは定量化できないので、統計上の正否は問えないものの、工場自体をショールームとしてお客に見てもらい、受注にもつながる工場運営が理想です。

●工場内のモノの動き

　工場では、モノの動きに注意しましょう。いくつかの工程を経て生産物は完成します。その工場内物流がめちゃくちゃでは、非効率です（**図5-22**）。ここでも、その工場内物流の改善によって、在庫や固定費が低減するかどうかを念頭に置いてく

ださい。

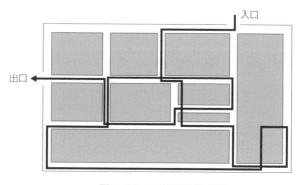

図5-22　工場の動線（例）

当然ながら、複雑な動線ではいけません。理想はU字です（**図5-23**）。

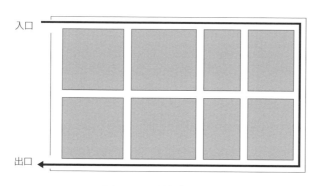

図5-23　理想的なU字の動線

　加えると、入口付近に遊休設備や、まれにしか使用しない設備を置いている場合も非効率化につながります。これは調達品の生産を追っていくなかで、指摘しやすいポイントです。

　さらに、この工場内物流の途中段階において在庫（仕掛品）が発生しているケースがあります。在庫は前節のバリューストリーミングマップで説明したとおり、少ないにこしたことはありません。ただし、やむなき事情によって在庫が生じてしまいます。そこで在庫を減らす工夫がなされているかをチェックしてください。

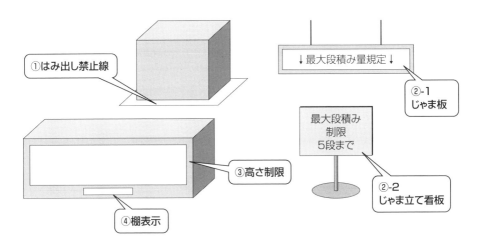

図5-24　在庫削減のための物理的な制約

図5-24は物理的な制約を加え、在庫を抑える試みの例です。

①はみ出し禁止線：在庫範囲を規定

②じゃま板・じゃま立て看板：文字通り「じゃま」をすることで在庫量を規定

③高さ制限：②に同じく物理的な高さで在庫量を規定

④棚表示：なんでも在庫化しないように特定品のみを在庫として許可

また同業他社の工場を見学したことがあれば、比較できます。もちろん、他社情報をペラペラ話すのはご法度としても、すぐれたアイディアを示唆できるはずです。

●工場作業者の動き・作業環境

工場作業者の動きや作業環境も確認します。作業者の動きとして重要な点をいくつかあげておきます。

●工場作業者観察時のチェックポイント（1）身体

①両手を使って作業をはじめ、両手を使って同時に終えているか

②ジグザグではなくなめらかな動作をして作業しているか

●工場作業者観察時のチェックポイント（2）工具・設備

③工具は作業者に近接しているか

④作業者が作業しやすい照度になっているか

●工場作業者観察時のチェックポイント（3）機能設計

⑤レバー操作は作業者が姿勢を変えずにできるか

⑥工具類は作業者が持ちやすいものとなっているか

　作業の遅れはコストアップそのものです。もし時間外の作業が発生してしまえば、工場は作業に時間外割増率として数十パーセントもの上乗せ費用が発生します。また、休日に稼働してしまえば、指定休日割増率として、さらに高い上乗せ費用となります。

　あまりに酷い生産状況であれば、サプライヤに下を質問しましょう。

●「生産計画の精度向上計画」

●「生産性の向上（多人数作業化、治検具化、外注化、段取り時間削減）計画」

●「多能工化による作業効率の向上計画、負荷の平準化計画」

　作業者へヒアリングしてみると、実態が見えてくるかもしれません。

　私たち調達・購買担当者の目的は、在庫や固定費が低減するかどうかを頭に置いたうえでの改善指導や指摘でなければならないと話をしました。ある公認会計士の先生は「コストという雨が降っている」と表現しました。工場はコストという名の雨が振り続けていると考えてください。その雨は、材料だったり、作業者だったり、設備だったりします。その雨に濡れ続ければ、すなわち工場の生産時間が長ければ長いほど、コストが比例的にかかります。

　そしてこのコストの雨をできるだけ回避するためのものとして、5Sがあり、動線改善であり、在庫量改善があると私は思うのです。雨に濡れ続けないために、調達・購買担当者がサプライヤに伝えられる内容は何か。私たちはそれをずっとずっと考えなければいけません。それがたとえ定性的なものであっても。

TPM の生産指標

●生産にまつわる各種指標

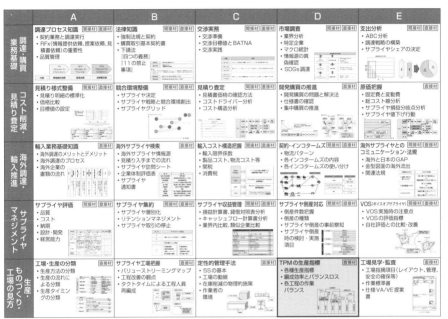

	A	B	C	D	E
調達・購買 業務基礎	調達プロセス知識 [間接材][直接材] ・契約業務と調達実行 ・RFx(情報提供依頼、提案依頼、見積書依頼)の重要性 ・品質管理	法律知識 [間接材][直接材] ・強制法規と契約 ・購買取引基本契約書 ・下請法 「四つの義務」 「11の禁止事項」	交渉実務 [間接材][直接材] ・交渉準備 ・交渉目標値とBATNA ・交渉実践	市場調査 [間接材][直接材] ・業界分析 ・特定企業 ・マクロ統計 ・情報源の真偽確認 ・SDGs調達	支出分析 ・ABC分析 ・調達戦略の構築 ・サプライヤシェアの決定
コスト削減・見積り査定	見積り様式整備 [間接材][直接材] ・見積り明細の標準化 ・価格比較 ・目標値の設定	競合環境整備 ・サプライヤ選定 ・サプライヤ戦略と競合環境創出 ・サプライヤグリッド	見積り査定 [間接材][直接材] ・見積書価格の確認方法 ・コストドライバー分析 ・コスト構造分析	開発購買の推進 [間接材][直接材] ・開発購買の問題と解決法 ・仕様書の確認 ・集中購買の推進	原価把握 [直接材] ・固定費と変動費 ・総コスト線分析 ・サプライヤ損益分岐点分析 ・サプライヤ値下げ行動
海外調達・輸入推進	輸入業務基礎知識 [直接材] ・海外調達のメリットとデメリット ・海外調達のプロセス ・海外企業の書類の流れ	海外サプライヤ検索 [直接材] ・海外サプライヤ情報源 ・見積り入手までの流れ ・サプライヤ訪問シート ・企業体制評価表 ・サプライヤ通知書	輸入コスト構造把握 [間接材][直接材] ・輸入限界係数 ・製品コスト、物流コスト等 ・関税 ・消費税	契約・インコタームズ [間接材][直接材] ・物流パターン ・各インコタームの内容 ・各インコタームの使い分け	海外サプライヤとのコミュニケーション・法規 [間接材][直接材] ・海外と日本のGAP ・金型図面の海外流出 ・関連法規
サプライヤマネジメント	サプライヤ評価 [間接材][直接材] ・品質 ・コスト ・納期 ・設計・開発 ・経営能力	サプライヤ集約 [間接材][直接材] ・サプライヤ層別化 ・リテンションマネジメント ・サプライヤ取引の停止	サプライヤ収益管理 [間接材][直接材] ・損益計算書、貸借対照表分析 ・キャッシュフロー計算書分析 ・業界内比較、類似企業比較	サプライヤ倒産対応 [間接材][直接材] ・倒産件数把握 ・倒産の種類 ・サプライヤ倒産の事前察知 ・サプライヤ倒産時の検討・実施項目	VOS(ボイスオブサプライヤ) [間接材][直接材] ・VOS実施時の注意点 ・VOSの評価指標 ・自己評価との比較・改善
生産・ものづくり・工場の見方	工場・生産集約 [直接材] ・生産方法の分類 ・生産の流れによる分類 ・生産タイミングの分類	サプライヤ工場把握 ・バリューストリーミングマップ ・工程改善の観点 ・タクトタイムによる工程人員再編成	定性的管理手法 [間接材][直接材] ・5Sの基本 ・工場の動静 ・在庫削減の物理的施策 ・作業者の環境	TPMの生産指標 [間接材][直接材] ・各種生産指標 ・編成効率とバランスロス ・各工程の作業バランス	工場見学・監査 [直接材] ・工場指摘項目(レイアウト、管理、安全の観点) ・作業標準書 ・仕様VA/VE提案書

　ここからは「生産・ものづくり・工場の見方」のDである「TPMの生産指標」を取りあげます。

　TPMとは「total productive maintenance」の略で、「総合生産保全」とも訳されます。生産活動全般を対象にして、生産を阻害する要因を見つけ、分析し、その発生の未然防止を目指すものです。このTPMは本来、従業員・生産設備・企業全般の体質改善を目標とするものの、ここでは工場の生産指標に特化して説明していきます。

　結論から提示すると、**図5-25**を見てください。

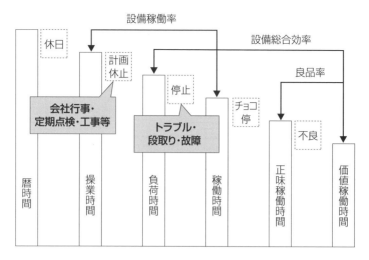

図5-25　TPMにおける各種生産指導の定義

　ここでは暦時間をベースとし、下記となります。
- 操業時間＝暦時間－休日
- 負荷時間＝操業時間－計画休止
- 稼働時間＝負荷時間－停止
- 正味稼働時間＝稼働時間－チョコ停（ささいな停止時間）
- 価値稼働時間＝正味稼働時間－不良

　よく使われる稼働率とは、人によってさまざまな定義があるかもしれません。ただし、TPMでは明確に「設備稼働率」を稼働時間÷操業時間と定義しています。また、設備総合効率は、価値稼働時間÷負荷時間です。価値稼働時間とは、計算式の通り、良品を生産しているコアの時間を指しています。したがって、設備総合効率とは、設備が動きうる時間（操業時間）のうち、どれだけ価値を創出しているか、お金になる仕事をしているかを計算するものです。

　これらの単語の定義を覚えていただければ、工場現場で飛び交う意味も理解できるでしょう。

　加えて、用途によるものの、考えうるほかの指標もあげておきます。
- 操業度：稼働可能時間÷（365日× 24時間）
- 時間稼働率：稼働時間÷負荷時間
- 設備パフォーマンス：価値稼働時間÷負荷時間
- 時間あたり生産量：生産量÷稼働時間

●1回あたり段取り時間：月間段取り時間合計÷月間段取り回数

これらを総合的にチェックし、工場の優劣を判断します。

●編成効率とバランスロス

また編成効率を覚えておきましょう。

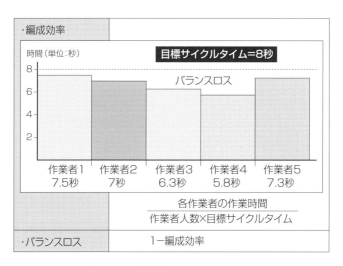

図5-26　編成効率とバランスロス

編成効率とは、生産ライン上で、各作業者の配置が正しく行われているかを見るものです。図5-26では、サンプルとして、同一ラインに5名の作業者がおり、かつ目標のサイクルタイムが8秒であるとしました。

そこで、作業者のサイクルタイムを見てください。実際の工場では、これほどバラついてはいないでしょうが、サンプルでは5.8秒～7.5秒とかなりの幅があります。ここで使えるのが編成効率というもので、計算式は下です。

●編成効率＝各作業者の作業時間÷（作業者人数×目標サイクルタイム）

この分子である、「各作業者の作業時間」には、作業者のサイクルタイムの合計を入れてください。分母は設定された時間の合計になりますから、それによって、どれだけ適切な配置かどうかを計算するわけです。

もちろん、各作業者が目標サイクルタイムをフルに使用していれば、この編成効率は100%となります。つまり、まったくのムダがなく、かつどの作業者も目標サイクルタイムをちょうど守っている場合です。

　サンプルでは、バラつきがありましたので、編成効率の結果として表れます。編成効率は84.75%でした。

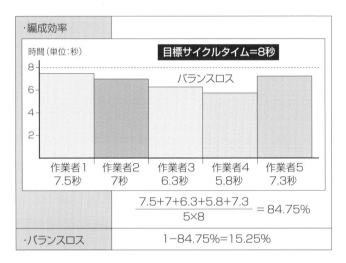

図5-27　編成効率とバランスロスの計算（例）

　同時に、バランスがとれていないところが「バランスロス」です。これは1から編成効率を減じたもので、どれだけの時間がムダになっているかを表現しています。このバランスロス値が大きいほど、これら一連のライン作業を見直すべきです（図5-27）。

　「生産・モノづくり・工場の見方」のB「サプライヤ工程把握」と重複するので簡単に述べますが、バランスロスが大きな場合は、作業者を1人減らす、または目標サイクルタイム自体を短縮する必要があります。すると、生産性の高いラインになるわけです。

●各工程の作業バランス

　最後に工場全体を俯瞰し、各工程の効率を見る方法について説明します。さきほどの編成効率やバランスロスは、同一ラインでの指標でした。それを工場全体に拡大して考え、各工程の負荷を見てみましょう。

まず、縦軸に時間、横軸に工場のそれぞれの工程を列記します（**図5-28**）。

図5-28　工程の付加価値分析

　もちろん製品によっては1工程目だけで完結するかもしれません。あるいは、2工程目と3工程目の二つを使うかもしれません。それは製品の種類によって異なるでしょう。ここでは、各工程が、1日のうちどの品目を生産しているのか、そしてそれぞれどれくらいの時間を費やしているのかを調査します。そして、調査後に、テトリスのブロックのように並べてみます。

　こんな感じです（**図5-29**）。

　すると、5工程目は一日フルに生産している状況がわかります。逆に4工程目は、空き時間が多いようで、一日の半分は何もしない状態が続いています。ここに、工場が定める操業基準時間の線を引いてみましょう（**図5-30**）。

　すると、この工場の各工程の効率性と、検討すべき項目がわかります。

　当然ながら、操業基準時間に達していない工程は、機会損失を生んでいます。この場合は、1・2・4工程目です。新たな生産品を設定してあげないと、空き時間ぶんは売上もありませんし、減価償却費という見えないコストが垂れ流されています。もしかすると、この工程自体を止めてしまって、外部に委託したほうが安上がりかもしれません。

　逆に、5工程目は前述のとおりフル生産を続けています。操業基準時間と照らすと、負荷オーバーであり、納期遅延等の恐れがあります。また、設定時間を超えて

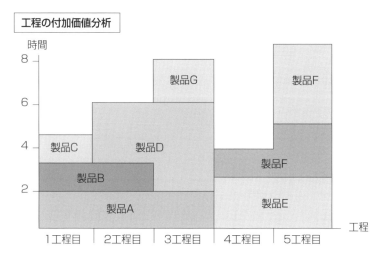

図5-29　工程の付加価値分析（例）

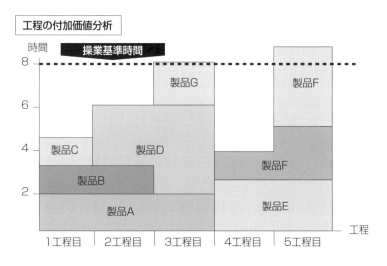

図5-30　操業基準時間の追加

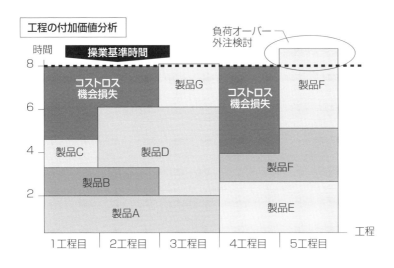

図5-31　操業基準時間から見たコストロスと負荷オーバー

いるので、品質劣化の可能性もあるかもしれません。この工程は、1・2・4工程目とは違う意味でキャパシティを超えているので、外注の検討をせねばなりません（**図5-31**）。

　この作業時間分析は付加価値分析とも呼び、どの工程が活躍して工場に付加価値をもたらしているか、そしてどの工程に問題があるかを見るものです。当然、時期や年度によって異なるでしょう。ただし、繰り返すと工場はコストの雨が降り続いています。サプライヤがこの雨にいかに濡れないようにしていくか、調達・購買担当者は意識せねばなりません。

　サプライヤ工場のコストは、見積りに直結します。もちろん、工場のコストが改善したからといって、すぐさま見積りが安くなるかはわかりません。ただ、中長期的にはコスト体質にすぐれた工場から生み出される製品コストは、必ず安くなります。少なくともそう信じることで、工場を見学する調達・購買担当者に、これまでと違った意識が芽生えると私は思うのです。

　定量的な指標で、まずはサプライヤのデータを把握すること。そして、それをなんとか改善に結びつけようとすること。ここに調達・購買業務の肝要があります。

工場見学・監査

●工場見学・監査時の指摘項目

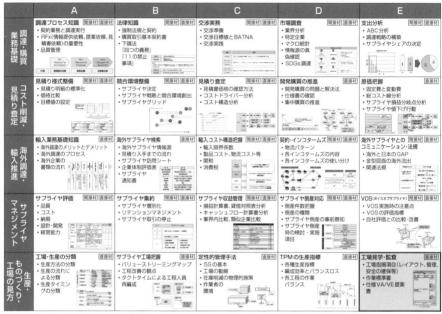

		A	B	C	D	E
調達・購買業務基礎		調達プロセス知識 [間接材][直接材] ・契約業務と調達実行 ・RFx(情報提供依頼、提案依頼、見積書依頼)の重要性 ・品質管理	法律知識 [間接材][直接材] ・関連法規と契約 ・購買取引基本契約書 ・下請法 『四つの義務』 『11の禁止事項』	交渉実務 [間接材][直接材] ・交渉準備 ・交渉目標値とBATNA ・交渉実践	市場調査 [間接材][直接材] ・業界分析 ・特定企業 ・マクロ統計 ・情報源の真偽確認 ・SDGs調達	支出分析 [間接材][直接材] ・ABC分析 ・調達戦略の構築 ・サプライヤシェアの決定
コスト削減・見積り査定		見積り様式整備 [間接材][直接材] ・見積り明細の標準化 ・価格比較 ・目標値の設定	競合環境整備 [間接材][直接材] ・サプライヤ決定 ・サプライヤ戦略と競合環境創出 ・サプライヤグリッド	見積り査定 [間接材][直接材] ・見積書価格の確認方法 ・コストドライバー分析 ・コスト構造分析	開発購買の推進 [直接材] ・開発購買の問題と解決法 ・仕様書の確認 ・集中購買の推進	原価把握 [直接材] ・固定費と変動費 ・総コスト線分析 ・サプライヤ損益分岐点分析 ・サプライヤ値下げ行動
海外調達・輸入推進		輸入業務基礎知識 [直接材] ・海外調達のメリットとデメリット ・海外調達のプロセス ・海外企業の書類の流れ	海外サプライヤ検索 [直接材] ・海外サプライヤ情報源 ・見積り入手までの流れ ・サプライヤ訪問シート ・企業体制評価表 ・サプライヤ通知書	輸入コスト構造把握 [直接材] ・輸入限界係数 ・製品コスト、物流コスト等 ・関税 ・消費税	契約・インコタームズ [間接材][直接材] ・物流パターン ・各インコタームズの内容 ・各インコタームズの使い分け	海外サプライヤとのコミュニケーション・法規 [間接材][直接材] ・固定費と日本のGAP ・金型図面の海外流出 ・関連法規
サプライヤマネジメント		サプライヤ評価 [間接材][直接材] ・品質 ・コスト ・納期 ・設計・開発 ・経営能力	サプライヤ集約 [直接材] ・サプライヤ層別化 ・リテンションマネジメント ・サプライヤ取引の停止	サプライヤ収益管理 [間接材][直接材] ・損益計算書、貸借対照表分析 ・キャッシュフロー計算書分析 ・業界内比較、類似企業比較	サプライヤ倒産対応 [間接材][直接材] ・倒産件数把握 ・倒産の種類 ・サプライヤ倒産の事前察知 ・サプライヤ倒産時の検討・実施項目	VOS(ボイスオブサプライヤ) [間接材][直接材] ・VOS実施時の注意点 ・VOSの評価指標 ・自社評価との比較・改善
生産・ものづくり・工場の見方		工場・生産の分類 [直接材] ・生産方法の分類 ・生産の流れによる分類 ・生産タイミングの分類	サプライヤ工場把握 [直接材] ・バリューストリーミングマップ ・工程改善の観点 ・タクトタイムによる工程人員再編成	定性的管理手法 [直接材] ・5Sの基本 ・工場の動線 ・在庫削減の物理的施策 ・作業者の環境	TPMの生産指標 [直接材] ・各種生産指標 ・編成効率とバランスロス ・各工程の作業バランス	工場見学・監査 [直接材] ・工場指摘項目(レイアウト、管理、安全の確保等) ・作業標準書 ・仕様VA/VE提案書

　ここからは「生産・ものづくり・工場の見方」のEである「工場見学・監査」を取りあげます。

　いよいよこの「調達・購買の教科書」の最後の項目となりました。

　工場見学・監査では、これまで説明した生産系知識を実際に現場で確認します。

〈工場やレイアウトに関して〉

1．工場内の通路や床は整えられているか

● 　生産エリアと通路を分ける区画線があるか

● 　床面テープはまっすぐか。汚れはないか

● 　モノや台車がはみ出していないか

2. 5Sはできているか

3. 在庫の工夫はなされているか（置き場・取り出し等）

4. 工場のレイアウトが定期的に見直されているか

● 材料搬入から出荷までがＵ字になっているか

● 将来の増産に備えた空きスペースがあるか

● また逆に不要な過剰スペースがないか

5. 作業者が作業しやすい配置となっているか

〈作業者に関して〉

● 工場のなかで（必要にもかかわらず）マスク類を未装着の作業者はいないか

● 耳栓着用管理区分において未装着の作業者はいないか

● 着帽が必要な箇所で未装着の作業者はいないか

● 手袋・安全靴・ヘルメット等が必要な箇所で未装着の作業者はいないか

● 作業着はバラついていないか

● 完成品・仕掛品を地べたに置いていないか

〈工場管理に関して〉

1. 工場内の各種目標を作業者が理解しているか

2. 生産管理表は定められた時間に記載されているか

3. 廃材管理は適切になされているか

● 廃材のボックスからモノがあふれていないか

● 分別収集がなされているか

4. 作業標準書は整えられているか

● 作業者は作業標準書を理解し、それにそって作業しているか

● 作業者の使用言語にあった作業標準書になっているか

● わかりやすい作業標準書になっているか

5. 計測器・設備等の点検をしているか

〈生産に関して〉

● 計画した生産量を達成しているか

● 計画した段取り時間を達成しているか

● 少人化できる工程がないか、自動化できる工程がないか

● 逆に人員が不足している工程がないか

- 各工程のサイクルタイムにバラツキがないか
- 異常に大きなロットサイズになっている工程はないか
- ボトルネック工程は把握され、短縮化や稼働率をあげる工夫がなされているか
- 不良率が異常に高い工程はないか

〈安全の確保に関して〉
- 定期的に安全避難・誘導訓練、消防訓練、安全巡視・指摘を実施しているか
- 避難経路に避難障害となるものを置いていないか
- シャッター周辺に閉鎖障害となるものを置いていないか
- 避難用誘導灯の位置は適切で切れていないか
- 作業者全員が避難経路を把握しているか
- 物の落下、転倒に対策が打たれているか

〈その他〉
1. 明るく、清潔な玄関になっているか
2. 工場見学のお客から話しかけられた工員は、適切な説明が可能か
3. 工場長は工場の生産に詳しいか。現場任せにしていないか
4. 作業者は清潔な作業着を着用しているか。汚れは目立っていないか
5. 作業者が出社できなかった際のバックアップ体制はできているか

ここで、〈工場管理に関して〉「4. 作業標準書は整えられているか」について補足しておきます。よく見られるのは、
- 標準書の手順と、実際の手順が合っていない
- 標準書の手順をそもそも作業員が知らず、やっていない
- 標準書に書かれていない作業がある

といった事象です。それでは作業標準書の意味をなしませんので、まずは作業標準書と実際の作業の合致性について見てください。加えて、その作業標準書の使用法についてのチェックをするのであれば、下記を注意してください。
① 外国人作業者対策：日本語の作業標準書のみではなく、それぞれの作業者が読める外国語の作業標準書が用意されているか
② 内容の容易さ：内容が複雑ではなく明確か。また、文字が大きく読みやすいか。一定期間ごとに改定されているか

③ 新人への教育：新人に説明がなされているか。必要時に見ることができる位置に置かれているか。

●工場見学をコスト削減につなげる

　調達・購買担当者として単に工場を見に行くのではなく、生産現場から得たヒントをコスト削減につなげる努力を怠るべきではないと繰り返し説明してきました。最後にご紹介するのは、現場でサプライヤと一緒になってコスト削減を推進するツールです。これは「仕様VA/VE、工程改善提案書」と呼びます（図5-32）。

　可能であれば、工場見学に行った際に、生産現場を単に見せてもらうだけではなく、そこで見つけたVA/VE案や工程改善提案をコスト低減に結びつけていきたいと説明しましょう。そして、白紙の「仕様VA/VE、工程改善提案書」を両社で何十部もコピーして保有しておき、両社でアイディアを出します。もちろん、調達・購買担当者が考えるVA/VE案や工程改善提案はほとんど使えないものかもしれません。しかし、アイディアを出さなければはじまりません。

　この「仕様VA/VE、工程改善提案書」では、量を集めることが何よりも大切です。ブレインストーミングと同じで、まずはたくさん記載し、1円でも安価になる具体的手法を考えること。

　図の上の部分では、「既存品」の内容を記載します。そして、下の部分では、「VA/VE、改善案」を盛り込んだ内容とします。そして、それぞれの枠の右側に「既存見積内容」「VA/VE採用時見積試算」とあるところで効果を明確にしましょう。調達・購買担当者はサプライヤの営業パーソンではありません。しかし、仮説でもかまわないので、コスト効果を計算すべきです。そこから議論がはじまります。

　また、単純な工程改善の場合は、製品仕様を変更するわけではないので、「既存品」も「VA/VE、改善案」も変わらないかもしれません。たとえば、作業がこれまで10秒だったところ、改善で8秒になったとか。しかし、その場合でも、なぜ2秒を縮められたのか書いておきましょう。それが他の製品にも水平展開でき、かつ他のサプライヤの工程も改善できるアイディアが詰まっているかもしれません。

　こうやって「仕様VA/VE、工程改善提案書」を集め続け、調達企業の関係者にまわして意見を聞きます。もちろん、単に作業が短くなって安価になるのであれば誰だって反対しないでしょうが、仕様の変更が伴う場合はたやすく許可をもらえないでしょう。ときに自社の官僚主義や保守性に呆れるかもしれません。もう数円て

送付ルート：取引先（記入）→弊社購買担当者（受付）→弊社関係者（判定）→弊社購買担当者（結果記載）→取引先（結果確認）

仕様VA/VE、工程改善提案書

		取引先名		提出印	受付ナンバー
品名：	品番：	取引先コード			
		提出者			

改善費用/個	□：100円以上	□：10円〜100円未満以上		□：10円未満	
改善期間	□：1ヶ月以内	□：3ヶ月以内		□：3ヶ月以上	
技術面	□：即実施可	□：既存技術（テスト・サンプル要）		□：新規開発	

既存品

*既存仕様・既存工程を記載

既存仕様・工程の問題点

既存見積内容
*細分化できない場合もトータル金額を記載ください

材料費	
加工費	
減価償却費	
管理費・その他	
利益	

合計＿＿＿＿＿

VA/VE、改善案

*VA/VE、改善内容をできるだけ詳細に記載

技術的課題・その他コメント

VA/VE採用時見積試算
*細分化できない場合もトータル金額を記載ください

材料費	
加工費	
減価償却費	
管理費・その他	
利益	

合計＿＿＿＿＿

判定： 採用 ・ 不採用 ・ 保留 （＿＿＿＿＿まで）	コスト効果： ＿＿＿＿円/個

判定者コメント	採用時の切替タイミング	確認	判定者

SAKAGUCHI Takanori

図5-32　仕様VA/VE、工程改善提案書

● 256

いどのコスト削減なんてどうでもいいや、と思ってしまうほど面倒くさいはずです。

　しかし、現場で拾ってきたアイディアを社内に展開することに調達・購買担当者の面白さもあると私は思います。自社の調達品を安くしようと頑張っているわけですから、誰も批判する人はいません。関係者は、まずは話を聞いてくれるはずです。そのなかで、どうやって自分のアイディアを社内に通していくか。繰り返し、たやすくありません。ただ、その対話のなかから、社内関係者の考えもわかったり、逆に違うアイディアをもらえたりします。この過程こそが、一人の調達・購買担当者を育てると私は思うのです。

　昨今では、インターネットでサプライヤを探して、まともに現場にも行かずに、会議室で皮相的な商談をして、書類とメールのやりとりで、はいおしまい、という風潮があまりに強くなっているように私には感じられます。サプライヤと真剣に接し、そして工場という製品の誕生場所から、より良い調達品と価格を模索すること。これこそが、調達・購買担当者の古くて新しい仕事ではないでしょうか。

　言い古された言葉ではあるものの、真実は現場と現物にあります。現場と現物を忌避する時代だからこそ、逆説的に調達・購買担当者は現場でじっくりと考え抜き、現物をサプライヤと見つめ合って、侃々諤々の議論のなかから、1円でも改善する方法を見つけ出すこと。

　もしこれからの調達・購買担当者の、いや調達・購買業務に将来があるとしたら——。私はその意味でしか、もはや信じることはできません。

おわりに

　調達・購買業務に関する25の知識・スキルをお伝えしてきました。私が調達・購買業務をはじめた際に違和感を抱いたのは、この領域に教科書がないことでした。「こんなときはどう考えるべきか」「問題を解決するために、どんなスキルが必要か」……。私は業務を通じて、知らず知らずのうちに教科書を作りはじめていました。その意味で本書は私の集大成であり、初版は多くの読者を獲得しました。タイトルどおり、調達・購買人員が読むべき「教科書」になったのではないかと自負しています。

　この10年間で私はコンサルティング会社の未来調達研究所株式会社を設立し、コンサルティングだけではなく研修や講演などの機会で無数の調達・購買関係者と話し合うことで、自らの教科書をブラッシュアップしてきました。この第2版にはその経験を反映しています。

　本書が教科書であるとはいえ、世の中の状況は常に変わり続けています。調達・購買業務の追求はこれで終わりではありません。より深く広い知識をお伝えするために、私は無料でブックレットやメールマガジンを発行しています。ご興味があれば、ぜひ未来調達研究所株式会社のホームページ（https://www.future-procurement.com/）をご覧いただけると幸いです。

　また、私は不定期に調達・購買関連のイベントも開催しています。同じくホームページ等で通知していますのでご確認ください。私も役立つ情報を発信できるように精進したいと思います。

　私は著作が37冊となりました。以前は「調達・購買の領域で情報を発信して社会に出る」といったとき、周囲は「バカげている」「実現しない」といわれましたが、なんとかここまでやってきました。伴走いただいた方々のおかげです。

　そう、調達・購買業務は本を読むだけでは進化しません。この本を閉じたあとに、いかに行動につなげることができるか。それは読者のみなさまに委ねるしかありません。ただし、行動したひとには何らかの成果が待っている。そう信じるくらいは楽観的でいたいと私は思います。毎日、少しずつでも行動を重ねて大きな変化をもたらすこと。きっと、巷間の成功譚の多くは、行動を起こす、その一点が共通しています。

◆　　　　　◆　　　　　◆

　現在の日本では、過去の栄華と、将来の言いようもない不安とが覆っているように私には思えます。しかし、やるべきことは、どんな状況でも目の前に全力を尽くす。それだけです。

　私は新人のころ、どのように業務をこなすべきか、もがき続けていました。もちろんそれは敵との闘いではなく、自らとの闘いでした。

　仕事では、ズタズタに打ちのめされるほどではなくても、さまざまなトラブルがあり、精神的苦痛があり、投げ出したいと思う瞬間の連続です。その過程で、不感症を選び「仕事なんてこんなもんさ」と、うまくやりすごすことだけを覚える調達・購買担当者もいます。

　会社と交通機関の間のみを生き、オフィスでは機械的で事務的なメールをやりとりするだけでおしまいの人がいます。しかし、調達・購買業務とは、そのていどの仕事でしょうか。より良い結果を求めて試行錯誤したり、もっと広い世界を見たりして、日々の業務のなかに感動を覚えることはできないでしょうか。

　もしかしたら、会社の中での花形部門は、設計・開発や、営業やマーケティングかもしれません。ただ、可憐な花だけが花ではなく、また花を届けることだけが働くことではありません。花を育てる過程の中にも輝きがあると私は思うのです。

　調達・購買関係者と話していると、他部門への苦情や批判をよく耳にします。「設計・開発が好き勝手に決める」「生産管理が無茶な納期ばかりを設定する」……。しかし、その苦悩のきしみ音は「あなたはどうしたいのか」と問いを突きつけます。「調達・購買部員としてどう考えるのか」「どうすればいいのか」という問いです。「自分に意見はない。ただ他部門が悪いだけだ」とはさすがにいえません。

　業務のなかに自分なりの気づきがなければ、新たな発見はありません。多くのものを得られるかもしれない人が、業務の深いところに触れないまま通りすぎています。しかし、発見があれば、それは次の学びにつながるでしょう。業務のささやかな気づきにつながり、それが社内への発信へとつながればいい。その思いで私は25の知識・スキルを書きました。

　そして個々人のスキルアップは、混迷の時代を泳いで生き抜ける強い人材を創り上げるでしょう。本書は20年前にこの業務をはじめた私に捧げています。

◆　　　　　◆　　　　　◆

新人のころ、私は夜中のオフィスの住人でした。とはいっても、単に仕事が多すぎて夜中まで働いていただけです。

　オフィスで全体の冷房が切れた音。そこから私は急いでパソコンの電源を切りながら、書類を整理し始めました。施錠し、小走りで終電に駆け込む必要があったためです。地下鉄の小さな駅に向かう道で「このままでいいんだろうか」と思ったことを昨日のように思い出します。

　見積書依頼がまずく先輩から怒鳴られたこと。設計者との会話で頻出する専門用語がわからないくせに、知ったふりをして、机に戻ると必死に勉強したこと。東北の寒い地まで製品を取りに行き、納期を守るために、泣きながらハンドキャリーしたこと。そして、ある日の帰宅時もまた、誰もいなくなったオフィスの施錠を繰り返していたこと。

　設計・開発者ならば、製品を開発したり、製品がうまく機能したりしたときにバンザイがあります。しかし、調達・購買部門は常に見積書と注文書の山に囲まれバンザイがありません。

　社内からは怒鳴られ、サプライヤからは無理な納期の苦情が届く。生産管理部門や品質管理部門からは矢のような催促の電話が鳴り響き、そうかと思うと、上司からはコスト削減目標に届いていないと叱咤される。

　私の原体験は、あのぐちゃぐちゃな現場にあります。

　私はその後、転職したり、全国の調達・購買担当者の集まりをつくったり、コンサルティングをしたりするなかで、調達・購買担当者の多くが同じ悩みを抱えていると気づきました。そして、同じ悩みを持ち、現状を打破しようと試みている多くの同士たちの存在も知ることもできました。

　世の中には「これさえやれば大丈夫」「これで一発逆転できる」といった書籍に溢れています。しかし、実際には地道に改善していくしかありません。重要なのは変える強い意思を持つことです。

　私は出会った人たちとともに、調達・購買分野の一つひとつの問題を解決したり、役立つ知識を紹介したりしました。それでもまだ満足する状況にはありません。これからも当分野の深化や発展に努力するつもりです。

　私は全国の調達・購買担当者を救いたいと、それほど大袈裟な夢があったわけではありません。ただ、せっかく携わることになった仕事をなんとか面白くしたいと考えました。本書は、つまらない仕事を楽しい仕事に変え、一人ひとりがいまの業務で活躍するための私なりの答えでした。この本の内容一つひとつが実感とともにお読みいただけたなら、それは私がその苦しみを知っているからです。

ところでみなさんは「流れ星に願いをかけると叶う」ということを信じていますか。私は信じています。流れ星は数秒しか見られないため、たった数秒で願いをかけられるのであれば、その願いをずっと胸に秘めているはずで、そのような人の願いが叶わないはずはありません。私はずっと「調達・購買業務を変えたい」と願ってきました。みなさんにも願ってほしいと思っています。

　そしてその願いが、全国に散らばる調達・購買担当者を鼓舞し、そしてその先で調達・購買部門の地位向上を実現させるはずです。

　夢や希望は子どもたちだけが持つものではありません。

　いつか出会うあなたから、壮大な夢を聞かせてください。

2021年9月

坂口　孝則

　なお本書で誤記があった場合には、随時、下のURLでご報告いたします。

https://www.future-procurement.com/seigo.pdf

〈参考文献〉

永井昭弘『事例で学ぶ RFP作成術実践マニュアル』（日経BP）

長尾清一『ベンダー・マネジメントの極意』（日経BP）

木村雅晴『貿易実務がぜんぶ自分でできる本』（ソシム）

太田光雄『営業マンのための貿易実務』（パブフル）

国際商業会議所日本委員会『インコタームズ2020 (Incoterms 2020)』

索 引

———— 著者略歴 ————

坂口　孝則（さかぐち　たかのり）

調達・購買業務コンサルタント。製品原価・コスト分野、サプライチェーンの専門家。大学卒業後、電機メーカー、自動車メーカーで調達・購買業務に従事。未来調達研究所株式会社所属。調達・購買分野でのコンサルティング、ならびに企業内研修やセミナー、講演を行う。

調達・購買担当者同士の交流イベント、「日本の調達部」運営。最新トピックスの解説や情報交換などを行っている。また、未来調達研究所のホームページからは無料で各種学習教材がダウンロードでき、大きな反響を呼んでいる。

『調達力・購買力の基礎を身につける本』、『調達・購買の教科書 Part2 インフラ系企業〈電力、建設、エンジニアリング企業〉編』、『調達・購買の強化書』、『調達・購買実践塾』（いずれも日刊工業新聞社）、『未来の稼ぎ方』、『営業と詐欺のあいだ』、『牛丼一杯の儲けは9円』（いずれも幻冬舎）など著書36作。

●ホームページ「未来調達研究所株式会社」：
　https://www.future-procurement.com/
●Twitter：@earthcream
●メールアドレス：info@future-procurement.com

＊ホームページから、1万人がダウンロードした無料の調達・購買教材を
　入手できます

調達・購買の教科書　第2版　　　　　　　　　　NDC336

2013年 1 月20日	初版 1 刷発行
2020年11月18日	初版11刷発行
2021年10月28日	第 2 版 1 刷発行
2024年 5 月10日	第 2 版 3 刷発行

（定価はカバーに表示してあります）

Ⓒ　著　　者　　坂口孝則
　　発 行 者　　井水治博
　　発 行 所　　日刊工業新聞社
　　　　　　　　〒103-8548　東京都中央区日本橋小網町14-1
　　電　　話　　書籍編集部　03（5644）7490
　　　　　　　　販売・管理部　03（5644）7403
　　F A X　　03（5644）7400
　　振替口座　　00190-2-186076
　　U R L　　https://pub.nikkan.co.jp/
　　e-mail　　info_shuppan@nikkan.tech
　　印刷・製本　　新日本印刷（株）

落丁・乱丁本はお取り替えいたします。　　　　2021 Printed in Japan

ISBN 978-4-526-08164-4